图解法律 系列

图解 公司法

法规应用研究中心 / 编

开拓体例 让法律阅读更轻松　图文并茂 让法律学习更高效

中国法制出版社
CHINA LEGAL PUBLISHING HOUSE

出版说明

书前的你，是否也有这样的学习烦恼：

笔记满满当当，可好像没学会什么。

资料用书看了几遍，还是似懂非懂，好像没有记忆点。

怎么才能做到过目不忘、一学就会呢？

本书就介绍了一个很实用的工具——思维导图，带你扫除阴霾，赶超学霸！

"图解法律系列"是运用图表的形式，将可视化思维融入法律工具书的编排和解读中，思维导图和核心知识点相融合，使专业、纸面的法律条文变得生动、立体。精美的版面设计和双色印刷提升了读者的阅读体验；条文与注释结合让重点内容清晰明了、轻松掌握；图形化的思维导图使法条逻辑清晰顺畅。

本丛书具有以下几大特点：

一、专业性

从立法部门对条文的专业解读中提炼要点注释。编选案例均来源于最高人民法院、最高人民检察院发布的指导性案例、公报案例、人民法院案例库参考案例，以及中国裁判文书网和各级人民法院发布的典型案例，并梳理归纳裁判要点，从而更好地指导法律实践。

二、体系性

对修改条文进行了新旧对照，用引注线的方式标注解释条文中的法律专业术语和关键内容，并逐条关联学习中常用的司法解释及其他法律。同时，用思维导图和流程图将重点内容清晰化，强调记忆点，帮助读者全面搭建法律知识图谱。

三、实用性

本书既可做法规书用于阅读法律条文，又可做注释书用于学习内容要点，更可做案例书用于学习裁判要点。一书在手，减少阅读时间，降低学习成本。

四、便捷性

本书采用双色印刷，清晰明了，提升了读者的阅读体验；小开本装帧方便日常携带，随拿随用，方便读者查找和学习。

我们力争做到内容的直观性、形式的生动性、使用的便捷性，打造一本全面实用、好看好用的新型学法适法用书！

目 录

中华人民共和国公司法

第一章 总 则

第 一 条	【立法目的】	2
第 二 条	【调整范围】	3
第 三 条	【公司的法律地位】	4
第 四 条	【股东有限责任和基本权利】	5
第 五 条	【公司章程】	6
第 六 条	【公司名称】	8
第 七 条	【公司名称中的公司类型】	9
第 八 条	【公司住所】	10
第 九 条	【经营范围】	11
第 十 条	【担任法定代表人的主体范围】	12
第十一条	【法定代表人行为的法律后果】	14
第十二条	【公司形式变更】	15
第十三条	【子公司和分公司】	16
第十四条	【转投资】	18
第十五条	【转投资和为他人提供担保的内部程序】	20
第十六条	【职工权益和教育培训】	22

第十七条	【工会和职工代表大会】	24
第十八条	【党组织】	26
第十九条	【公司基本义务】	27
第二十条	【公司社会责任】	28
第二十一条	【不得滥用股东权利】	30
第二十二条	【关联交易】	32
第二十三条	【公司人格否认】	34
第二十四条	【电子通信方式开会和表决】	36
第二十五条	【决议的无效】	37
第二十六条	【决议的撤销】	38
第二十七条	【决议的不成立】	39
第二十八条	【瑕疵决议的法律后果】	40

第二章 公司登记

第二十九条	【设立登记的原则】	42
第三十条	【设立登记的申请材料】	44
第三十一条	【申请设立登记的法律效果】	45
第三十二条	【公司登记事项】	46
第三十三条	【营业执照】	47
第三十四条	【变更登记和登记效力】	48
第三十五条	【申请变更登记的材料】	50
第三十六条	【换发营业执照】	52
第三十七条	【注销登记】	53
第三十八条	【分公司的设立登记】	54

第三十九条	【公司登记的撤销】	55
第 四 十 条	【信息公示】	56
第四十一条	【公司登记便利化】	57

第三章 有限责任公司的设立和组织机构

第一节 设　　立		60
第四十二条	【股东人数】	60
第四十三条	【设立协议】	62
第四十四条	【设立责任】	63
第四十五条	【公司章程制定】	64
第四十六条	【公司章程记载事项】	66
第四十七条	【注册资本】	67
第四十八条	【出资方式】	68
第四十九条	【股东履行出资义务】	69
第 五 十 条	【公司设立时股东的资本充实责任】	70
第五十一条	【董事会催缴出资】	71
第五十二条	【股东失权】	72
第五十三条	【抽逃出资】	74
第五十四条	【股东提前缴纳出资】	75
第五十五条	【出资证明书】	76
第五十六条	【股东名册】	77
第五十七条	【股东查阅权】	78

3

第二节 组织机构 ··· 80

第五十八条 【股东会的组成和定位】 ··· 80
第五十九条 【股东会的职权】 ··· 82
第 六 十 条 【一人有限责任公司的股东决定】 ··· 84
第六十一条 【首次股东会会议】 ··· 85
第六十二条 【股东会会议的类型和召开要求】 ··· 86
第六十三条 【股东会会议的召集和主持】 ··· 87
第六十四条 【股东会会议的通知和记录】 ··· 88
第六十五条 【股东表决权】 ··· 89
第六十六条 【股东会决议通过比例】 ··· 90
第六十七条 【董事会的职权】 ··· 92
第六十八条 【董事会的组成】 ··· 94
第六十九条 【审计委员会和监事会的选择设置】 ··· 95
第 七 十 条 【董事的任期和辞任】 ··· 96
第七十一条 【董事的解任】 ··· 97
第七十二条 【董事会会议的召集和主持】 ··· 98
第七十三条 【董事会的议事方式和表决程序】 ··· 99
第七十四条 【经理及其职权】 ··· 100
第七十五条 【不设董事会的董事及其职权】 ··· 102
第七十六条 【监事会的组成、会议召集和主持】 ··· 103
第七十七条 【监事的任期和辞任】 ··· 104
第七十八条 【监事会的职权】 ··· 106
第七十九条 【监事的质询建议权和监事会的调查权】 ··· 108
第 八 十 条 【董事、高级管理人员配合监事会行使职权】 ··· 109

第八十一条　【监事会的议事方式和表决程序】……………………………………110
第八十二条　【监事会行使职权的费用承担】……………………………………111
第八十三条　【不设监事会的监事及其职权】……………………………………112

第四章　有限责任公司的股权转让

第八十四条　【股权的自愿转让】…………………………………………………114
第八十五条　【股权的强制转让】…………………………………………………116
第八十六条　【股权转让引起的变更股东名册和变更登记】……………………118
第八十七条　【公司在股权转让后的义务】………………………………………120
第八十八条　【股权转让情形下的出资责任】……………………………………121
第八十九条　【股东股权收购请求权】……………………………………………122
第 九 十 条　【股东资格继承】……………………………………………………124

第五章　股份有限公司的设立和组织机构

第一节　设　立……………………………………………………………………126
第九十一条　【设立方式】…………………………………………………………126
第九十二条　【发起人的人数及住所要求】………………………………………127
第九十三条　【发起人筹办公司的义务及发起人协议】…………………………128
第九十四条　【公司章程制订】……………………………………………………129
第九十五条　【公司章程记载事项】………………………………………………130
第九十六条　【注册资本】…………………………………………………………132
第九十七条　【发起人认购股份】…………………………………………………134
第九十八条　【发起人履行出资义务】……………………………………………136

5

第九十九条	【发起人瑕疵出资的违约责任】	138
第一百条	【公开募集股份的招股说明书和认股书】	139
第一百零一条	【公开募集股份的验资】	140
第一百零二条	【股东名册】	142
第一百零三条	【成立大会的召开】	143
第一百零四条	【成立大会的职权】	144
第一百零五条	【股款返还和不得抽回股本】	145
第一百零六条	【董事会授权代表申请设立登记】	146
第一百零七条	【股东、董事、监事、高级管理人员的设立责任及资本充实责任】	147
第一百零八条	【变更公司形式的股本折合及公开发行股份规制】	148
第一百零九条	【公司特定文件材料的置备】	149
第一百一十条	【股东查阅权】	150

第二节 股东会 151

第一百一十一条	【股东会的组成和定位】	151
第一百一十二条	【股东会的职权和一人股份有限公司的股东决定】	152
第一百一十三条	【股东会会议的类型和召开要求】	154
第一百一十四条	【股东会会议的召集和主持】	156
第一百一十五条	【股东会会议的通知和股东临时提案权】	158
第一百一十六条	【股东表决权和股东会决议通过比例】	160
第一百一十七条	【累积投票制】	162
第一百一十八条	【表决权的代理行使】	163
第一百一十九条	【股东会会议记录】	164

第三节 董事会、经理 165

- 第一百二十条 【董事会的职权和组成、董事的任期及辞任、解任】 165
- 第一百二十一条 【审计委员会和监事会的选择设置】 166
- 第一百二十二条 【董事长和副董事长的产生办法、董事会会议的召集和主持】 167
- 第一百二十三条 【董事会会议的类型和召开要求】 168
- 第一百二十四条 【董事会的表决程序和会议记录】 169
- 第一百二十五条 【董事出席董事会会议及其决议责任】 170
- 第一百二十六条 【经理及其职权】 171
- 第一百二十七条 【董事兼任经理】 172
- 第一百二十八条 【不设董事会的董事及其职权】 173
- 第一百二十九条 【董事、监事、高级管理人员的报酬披露】 174

第四节 监事会 176

- 第一百三十条 【监事会的组成和监事的任期】 176
- 第一百三十一条 【监事会的职权及其行使职权的费用承担】 178
- 第一百三十二条 【监事会会议类型、表决程序和会议记录】 179
- 第一百三十三条 【不设监事会的监事及其职权】 180

第五节 上市公司组织机构的特别规定 182

- 第一百三十四条 【上市公司的定义】 182
- 第一百三十五条 【股东会特别决议事项】 184
- 第一百三十六条 【独立董事和章程特别记载事项】 186
- 第一百三十七条 【董事会审计委员会的职权】 187
- 第一百三十八条 【董事会秘书及其职责】 188
- 第一百三十九条 【有关联关系的董事回避表决】 190

第一百四十条　【披露股东和实际控制人的信息及禁止股票代持】 …… 192

第一百四十一条　【禁止相互持股】 …… 193

第六章　股份有限公司的股份发行和转让

第一节　股份发行 …… 196

第一百四十二条　【面额股和无面额股】 …… 196

第一百四十三条　【股份发行的原则】 …… 197

第一百四十四条　【类别股的种类】 …… 198

第一百四十五条　【发行类别股的公司章程记载事项】 …… 199

第一百四十六条　【类别股股东会决议】 …… 200

第一百四十七条　【股份的形式和记名股票】 …… 201

第一百四十八条　【面额股股票的发行价格】 …… 202

第一百四十九条　【股票的形式】 …… 203

第一百五十条　【股票交付时间】 …… 204

第一百五十一条　【公司发行新股的股东会决议】 …… 205

第一百五十二条　【授权董事会决定发行股份及其限制】 …… 206

第一百五十三条　【董事会决定发行新股的决议通过比例】 …… 207

第一百五十四条　【公开募集股份的注册和公告招股说明书】 …… 208

第一百五十五条　【证券承销】 …… 210

第一百五十六条　【银行代收股款】 …… 211

第二节　股份转让 …… 212

第一百五十七条　【股份转让自由及其例外】 …… 212

第一百五十八条　【股份转让的方式】 …… 213

第一百五十九条	【股票转让的方式】	214
第一百六十条	【股份转让的限制】	216
第一百六十一条	【异议股东股份回购请求权】	218
第一百六十二条	【公司不得收购本公司股份及其例外】	220
第一百六十三条	【禁止财务资助及其例外】	223
第一百六十四条	【股票被盗、遗失或者灭失的救济】	224
第一百六十五条	【上市公司的股票上市交易】	225
第一百六十六条	【上市公司信息披露】	226
第一百六十七条	【股东资格继承】	227

第七章 国家出资公司组织机构的特别规定

第一百六十八条	【国家出资公司组织机构法律适用及其范围】	230
第一百六十九条	【履行出资人职责的机构】	231
第一百七十条	【国家出资公司中的党组织】	232
第一百七十一条	【国有独资公司章程制定】	233
第一百七十二条	【履行出资人职责的机构行使股东会职权及其授权】	234
第一百七十三条	【国有独资公司董事会的职权和组成及董事长、副董事长的指定】	235
第一百七十四条	【国有独资公司经理的聘任及解聘】	236
第一百七十五条	【国有独资公司董事、高级管理人员的兼职限制】	237
第一百七十六条	【国有独资公司审计委员会和监事会的设置模式】	238
第一百七十七条	【合规管理】	239

第八章 公司董事、监事、高级管理人员的资格和义务

| 第一百七十八条 | 【消极资格】 | 242 |

第一百七十九条	【守法合章义务】	244
第一百八十条	【忠实义务和勤勉义务的一般规定】	245
第一百八十一条	【违反忠实义务的行为】	246
第一百八十二条	【自我交易和关联交易】	248
第一百八十三条	【利用公司商业机会】	250
第一百八十四条	【竞业限制】	252
第一百八十五条	【关联董事回避表决】	253
第一百八十六条	【归入权】	254
第一百八十七条	【列席股东会会议并接受股东质询】	255
第一百八十八条	【执行职务给公司造成损失的赔偿责任】	256
第一百八十九条	【股东代表诉讼】	258
第一百九十条	【股东直接诉讼】	260
第一百九十一条	【执行职务给他人造成损害的赔偿责任】	261
第一百九十二条	【影子董事、影子高级管理人员】	262
第一百九十三条	【董事责任保险】	263

第九章 公司债券

第一百九十四条	【公司债券的定义、发行和交易的一般规定】	266
第一百九十五条	【公司债券募集办法的公告及记载事项】	268
第一百九十六条	【以纸面形式发行的公司债券的记载事项】	270
第一百九十七条	【记名债券】	271
第一百九十八条	【债券持有人名册】	272
第一百九十九条	【公司债券的登记结算】	273
第 二 百 条	【公司债券转让自由及其合法性】	274

第二百零一条	【公司债券转让的方式】	275
第二百零二条	【可转换为股票的公司债券的发行】	276
第二百零三条	【可转换为股票的公司债券的转换】	277
第二百零四条	【债券持有人会议及其决议】	278
第二百零五条	【债券受托管理人的聘请及其负责事项】	279
第二百零六条	【债券受托管理人的职责及责任承担】	280

第十章 公司财务、会计

第二百零七条	【依法建立财务、会计制度】	282
第二百零八条	【财务会计报告的编制】	283
第二百零九条	【财务会计报告的公布】	284
第二百一十条	【公司利润分配】	286
第二百一十一条	【违法分配利润的后果及责任】	288
第二百一十二条	【利润分配的完成期限】	289
第二百一十三条	【资本公积金的来源】	290
第二百一十四条	【公积金的用途】	292
第二百一十五条	【会计师事务所的聘用及解聘】	293
第二百一十六条	【会计资料的提供】	294
第二百一十七条	【禁止另立账簿或账户】	295

第十一章 公司合并、分立、增资、减资

第二百一十八条	【公司合并方式】	298
第二百一十九条	【简易合并】	299
第二百二十条	【公司合并程序】	300

第二百二十一条	【公司合并的债权债务承继】	301
第二百二十二条	【公司分立程序】	302
第二百二十三条	【公司分立的债务承担】	303
第二百二十四条	【公司减资程序】	304
第二百二十五条	【简易减资】	306
第二百二十六条	【违法减资的后果及责任】	307
第二百二十七条	【增资时股东的优先认缴（购）权】	308
第二百二十八条	【增资时缴资或购股适用设立时的相关规定】	309

第十二章　公司解散和清算

第二百二十九条	【公司解散事由及其公示】	312
第二百三十条	【公司出现特定解散事由的存续程序】	313
第二百三十一条	【司法解散】	314
第二百三十二条	【公司自行清算】	315
第二百三十三条	【法院指定清算】	316
第二百三十四条	【清算组的职权】	318
第二百三十五条	【债权申报】	319
第二百三十六条	【制订清算方案和处分公司财产】	320
第二百三十七条	【破产清算的申请】	322
第二百三十八条	【清算组成员的忠实义务和勤勉义务】	323
第二百三十九条	【制作清算报告和申请注销登记】	324
第二百四十条	【简易注销】	325
第二百四十一条	【强制注销】	326
第二百四十二条	【破产清算的法律适用】	327

第十三章　外国公司的分支机构

第二百四十三条　【外国公司的定义】 330
第二百四十四条　【外国公司设立分支机构的程序】 331
第二百四十五条　【外国公司设立分支机构的条件】 332
第二百四十六条　【名称及公司章程置备】 333
第二百四十七条　【法律地位】 334
第二百四十八条　【从事业务活动的原则】 335
第二百四十九条　【外国公司撤销分支机构的债务清偿】 336

第十四章　法律责任

第 二 百 五 十 条　【欺诈取得公司登记的法律责任】 338
第二百五十一条　【违反信息公示规定的法律责任】 340
第二百五十二条　【虚假出资或未出资的法律责任】 341
第二百五十三条　【抽逃出资的法律责任】 342
第二百五十四条　【违反财务会计制度的法律责任】 344
第二百五十五条　【不依法通知或公告债权人的法律责任】 345
第二百五十六条　【妨害清算的法律责任】 346
第二百五十七条　【中介机构违法的法律责任】 347
第二百五十八条　【公司登记机关违法的法律责任】 348
第二百五十九条　【冒用公司或分公司名义的法律责任】 349
第 二 百 六 十 条　【未依法开业或停业、办理变更登记的法律责任】 350
第二百六十一条　【外国公司违法设立分支机构的法律责任】 351
第二百六十二条　【利用公司名义从事严重违法行为的法律责任】 352

13

第二百六十三条　【民事赔偿优先】 ·· 353

第二百六十四条　【刑事责任】 ··· 354

第十五章　附　则

第二百六十五条　【本法相关用语的含义】 ·· 356

第二百六十六条　【施行日期和过渡调整】 ·· 358

附录

最高人民法院关于适用《中华人民共和国公司法》时间效力的若干规定 ················· 359
　　（2024年6月29日）

国务院关于实施《中华人民共和国公司法》注册资本登记管理制度的规定 ············· 361
　　（2024年7月1日）

第一章 总则

第一条 【立法目的】

旧[1]	新
第一条 为了规范公司的组织和行为，保护公司、股东和债权人的合法权益，维护社会经济秩序，促进社会主义市场经济的发展，制定本法。	第一条 为了规范公司的组织和行为，保护公司、股东、**职工**和债权人的合法权益，**完善中国特色现代企业制度，弘扬企业家精神**，维护社会经济秩序，促进社会主义市场经济的发展，**根据宪法**，制定本法。

要点注释

2023年公司法修订，本条规定的变化主要有：一是增加"完善中国特色现代企业制度，弘扬企业家精神"的表述；二是增加"职工"作为本法应当依法保护的对象；三是明确根据宪法，制定本法。

思维导图

本法保护的对象
- 公司
- 股东
- 职工
- 债权人

拓展应用

《立法法》[2]
第5条

---

[1] 左栏中的"旧"指的是2018年10月26日修正后的公司法，表格中的阴影部分为删去内容；右栏中的"新"指的是2023年12月29日修订后的公司法，表格中的黑体字为修改部分。

[2] 全称为《中华人民共和国立法法》。为表述方便，在不影响理解的前提下，本书在引用法律名称时，均省略全称中的"中华人民共和国"字样。

第二条 【调整范围】

旧	新
第二条 本法所称公司是指依照本法在中国境内设立的有限责任公司和股份有限公司。	第二条 本法所称公司,是指依照本法在中华人民共和国境内设立的有限责任公司和股份有限公司。①

指由一定人数的股东组成、公司全部资本分为等额股份、股东以其所认购股份为限对公司承担责任、公司以其全部资产对公司债务承担责任的公司。其主要特点是：公司的全部资本分成等额股份；股东只以其所认购的股份为限对公司承担责任；公司只以其全部资产来承担公司的债务。

指由一定人数的股东组成、股东只以其出资额为限对公司承担责任、公司只以其全部资产对公司债务承担责任的公司。其主要特点是：所有的股东都是只以其对公司的出资额为限对公司承担责任；公司只以其全部资产来承担公司的债务；股东对超出公司全部资产的债务不承担责任。

要点注释

公司法适用的公司有两种：一是有限责任公司；二是股份有限公司。根据本条的规定，在我国只能设立有限责任公司和股份有限公司两种，而不允许设立无限公司和两合公司。

◇思维导图

公司形式
- 有限责任公司
- 股份有限公司

公司类型划分举例
- 信用标准
  - 人合公司
  - 资合公司
  - 人合兼资合公司
- 规模标准
  - 大型公司
  - 中型公司
  - 小型公司
- 是否公开招股标准
  - 公开型公司
  - 封闭型公司
- 公司支配关系标准
  - 母公司
  - 子公司
- 登记标准
  - 本国公司
  - 外国公司

① 编者注：右栏阴影部分为名词解释。

第三条 【公司的法律地位】

旧	新
第三条第一款 公司是企业法人，有独立的法人财产，享有法人财产权。公司以其全部财产对公司的债务承担责任。 **第五条第二款** 公司的合法权益受法律保护，不受侵犯。	**第三条** 公司是企业法人，有独立的法人财产，享有法人财产权。公司以其全部财产对公司的债务承担责任。 公司的合法权益受法律保护，不受侵犯。

企业法人：指具有民事权利能力和民事行为能力，依法独立享有民事权利和承担民事义务的组织。

企业：泛指一切从事生产、流通或者服务性活动以谋取经济利益的经济组织，凡追求经济目的的经济组织，都属于企业的范畴，所以企业是指以营利为目的的组织。

要点注释

本条在原法第三条第一款与第五条第二款规定的基础上作出修改，对是公司的法律地位及其权利和责任作出原则性规定。

思维导图

公司独立性
- 财产独立
- 人格独立
- 责任独立

拓展应用

《民法典》
第57~60条

案例精析

石某某诉隆德县某商贸公司、许某某股东出资纠纷案

案号：宁夏回族自治区固原市中级人民法院（2023）宁04民终385号民事判决书

来源：人民法院案例库2023-08-2-265-001[①]

裁判要点

有限责任公司股东资格认定需要在区分内部关系与外部关系的前提下，结合当事人是否有出资设立公司的意思表示，是否履行了股东的出资义务，是否在对外具有公示性质的工商登记、公司章程和股东名册的记载中被列为公司股东等因素综合判定。在公司外部关系的案件中，应当充分考虑商事外观主义；在公司内部关系中，应当充分考虑股东是否实际享有股东权利，如通过参加股东会、取得公司分红参与公司的经营管理等来认定股东身份。在判断属于投资款或者借款时，充分考虑是否存在共同经营、共享收益、共担风险的投资合作特征。

[①] 参见人民法院案例库，https://rmfyalk.court.gov.cn/dist/home.html，2024年3月11日访问。下文同一出处案例不再提示。

第四条 【股东有限责任和基本权利】

旧	新
第三条第二款 有限责任公司的股东以其认缴的出资额为限对公司承担责任；股份有限公司的股东以其认购的股份为限对公司承担责任。 **第四条** 公司股东依法享有资产收益、参与重大决策和选择管理者等权利。	**第四条** 有限责任公司的股东以其认缴的出资额为限对公司承担责任；股份有限公司的股东以其认购的股份为限对公司承担责任。 公司**股东**对公司依法享有资产收益、参与重大决策和选择管理者等权利。

> 指持有公司股份的人或向公司出资的人。

要点注释

出资者向公司投入资产，目的是取得收益。出资后，出资者已不占有该项资产，不能再直接支配已作投资的资产，所享有的权利在内容上也发生了变化，即由原来的对财产的占有、使用、收益和处分的权利，演变成从公司经营该资产的成果中获得收益、参与公司作出重大决策以及选择公司具体经营管理者等的权利。这时出资者就具有了公司股东的新身份，其所享有的权利也随之演变为股权，即对公司的控制权以及从公司生产经营成果中获得收益的权利。

思维导图

股东权利
- 资产收益权
- 参与公司重大决策权
- 选择管理者权

拓展应用

《民法典》
第125条、第268条

《公司法》
第23条、第49~50条

第五条 【公司章程】

旧	新
第十一条 设立公司必须依法制定公司章程。公司章程对公司、股东、董事、监事、高级管理人员具有约束力。	第五条 设立公司应当依法制定公司章程。公司章程对公司、股东、董事、监事、高级管理人员具有约束力。

> 指公司依法制定的，规定公司名称、住所、经营范围、经营管理制度等重大事项的基本文件。公司章程是公司组织和活动的基本准则，常被称作"公司的宪法"。

要点注释

公司法明确规定，订立公司章程是设立公司的条件之一。审批机构和登记机关要对公司章程进行审查，以决定是否给予批准或者给予登记。公司没有公司章程，不能获得批准；公司没有公司章程，也不能获得登记。公司章程有违反法律、行政法规的内容的，公司登记机关有权要求公司做相应修改。公司章程一经有关部门批准，并经公司登记机关核准即对外产生法律效力。公司、公司股东以及董事、监事和高级管理人员都要受到公司章程的约束。

思维导图

公司章程的约束对象：
- 公司
- 股东
- 董事
- 监事
- 高级管理人员

拓展应用

《民法典》第 79 条

《上市公司章程指引》

案例精析

某甲公司诉上海某乙公司股东知情权纠纷案

案号：上海市第二中级人民法院（2013）沪二中民四（商）终字第 S1264 号民事判决书

来源：人民法院案例库 2023-10-2-267-002

裁判要点

1. 公司章程可以合理扩展股东法定知情权的范围。从公司治理的角度而言，公司章程的作用主要体现在以下两个方面：一是公司设立和运作的指导文件；二是对股东权利义务进行规定。其中，股东知情权不仅是股东行使股权的基础，亦是保护股权的重要手段。因此，公司章程对股东知情权的规定亦应得到尊重。从维护诚信角度来看，公司章程是股东自愿达成的公司自治规则，只要不违反法律禁止性规定，对公司及股东均有约束力。

2. 公司章程可以规定母公司股东出于正当理由对子公司资料的查阅权。就股权结构与公司架构而言，母公司股东行使查阅子公司资料的权利实质是母公司行使对子公司的知情权。在母公司完全控股尤其系全资控股子公司的情况下，子公司利益与母公司利益具有高度一致性，充分保障母公司的知情权在根本上与子公司的利益是一致的。

3. 公司章程可以规定审计作为股东行使知情权的方式。我国公司法规定股东可以查阅范围包括公司章程、公司会议记录、公司会计报告等。这仅是股东行使知情权的部分载体。股东知情权的真正客体是公司的存续经营管理状况与财务状况，且主要是财务状况。第三方审计具有客观性、准确性优势，是股东行使知情权，了解公司真实财务信息的重要方式。因此，公司章程规定的审计原则上可以作为股东知情权的行使方式，但同时也要防止对公司经营造成不利影响，故股东不能随意行使审计权。在个案中股东行使审计权的方式，还要综合考虑案情予以判断。一是股东行使审计权必须要有正当且迫切的理由；二是股东行使审计权要限定审计范围，一般应将审计限定在股东要求查清的具体财务问题和具体时间段内，不能无限制地对公司进行全面审计；三是审计过程中应依法保护公司的商业秘密。

7

第六条 【公司名称】

第六条 公司应当有自己的名称。公司名称应当符合国家有关规定。公司的名称权受法律保护。

> 公司名称在一定意义上与自然人的姓名有相同的功用，它是公司这个法人实体的标志，凭借这个标志使公司与其他的公司或者社会组织有明确的区别，有了公司名称，也有利于明确公司所享有的权利和履行的义务，或者说使公司这个权利义务主体有明确的标志。

要点注释

本条是2023年公司法修订时新增的条文。根据民法典第五十八条、第一千零一十三条的规定，法人应当有自己的名称。法人享有名称权，有权依法决定、使用、变更、转让或者许可他人使用自己的名称。企业名称应当使用规范汉字。民族自治地方的企业名称可以同时使用本民族自治地方通用的民族文字。

思维导图

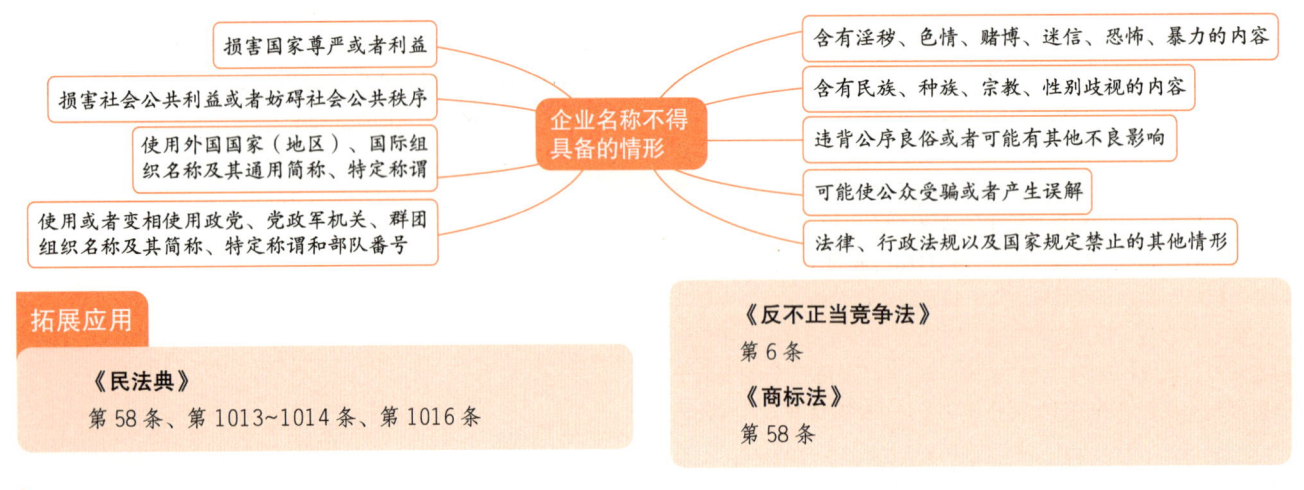

企业名称不得具备的情形：
- 损害国家尊严或者利益
- 损害社会公共利益或者妨碍社会公共秩序
- 使用外国国家（地区）、国际组织名称及其通用简称、特定称谓
- 使用或者变相使用政党、党政军机关、群团组织名称及其简称、特定称谓和部队番号
- 含有淫秽、色情、赌博、迷信、恐怖、暴力的内容
- 含有民族、种族、宗教、性别歧视的内容
- 违背公序良俗或者可能有其他不良影响
- 可能使公众受骗或者产生误解
- 法律、行政法规以及国家规定禁止的其他情形

拓展应用

《民法典》
第58条、第1013~1014条、第1016条

《反不正当竞争法》
第6条

《商标法》
第58条

第七条 【公司名称中的公司类型】

旧	新
第八条 依照本法设立的有限责任公司，**必须**在公司名称中标明有限责任公司或者有限公司字样。 依照本法设立的股份有限公司，**必须**在公司名称中标明股份有限公司或者股份公司字样。	**第七条** 依照本法设立的有限责任公司，**应当**在公司名称中标明有限责任公司或者有限公司字样。 依照本法设立的股份有限公司，**应当**在公司名称中标明股份有限公司或者股份公司字样。

要点注释

公司名称是市场主体登记一般事项，公司只能登记一个名称，经登记的公司名称受法律保护。公司名称由申请人依法自主申报。

思维导图

公司名称的属性
- 专有使用权
- 排他使用权
- 损害赔偿权

拓展应用

《企业名称登记管理规定实施办法》

《市场主体登记管理条例》第 10 条

案例精析

中粮某公司诉桐城市中粮某肉业有限公司、安徽海某食品有限公司不正当竞争纠纷案

案号：安徽省高级人民法院（2015）皖民三终字第 00065 号民事判决书

来源：人民法院案例库 2023-09-2-488-008

裁判要点

注册企业名称应当遵循诚实信用原则，对他人在先权利如注册商标、企业名称等予以避让。

第八条 【公司住所】

旧	新
第十条 公司以其主要办事机构所在地为住所。	第八条 公司以其主要办事机构所在地为住所。

指公司主要办事机构所在地，公司可以建立多处生产、营业场所，但是经公司登记机关登记的公司住所只能有一个，并且公司住所应当是在为其登记的公司登记机关的辖区内。

要点注释

公司在实际运营过程中可能存在多个办事机构或者经营场所，但公司只能登记一个住所，即主要办事机构所在地。公司变更住所跨登记机关辖区的，应当在迁入新的住所前，向迁入地登记机关申请变更登记。迁出地登记机关无正当理由不得拒绝移交市场主体档案等相关材料。根据《市场主体登记管理条例》的规定，市场主体歇业期间，可以法律文书送达地址代替住所或者主要经营场所。

拓展应用

《民法典》
第63条、第511条

《民事诉讼法》
第22条、第88~89条

《市场主体登记管理条例》
第11条、第27条、第30条

《最高人民法院关于适用〈中华人民共和国民事诉讼法〉的解释》
第3条

思维导图

确定公司法定住所的意义
- 可以确定公司的诉讼管辖地
- 可以确定法律文书的送达地点
- 有利于确定债务的履行地
- 有利于确定公司的登记机关

第九条 【经营范围】

旧	新
第十二条 公司的经营范围由公司章程规定，并依法登记。公司可以修改公司章程，改变经营范围，但是应当办理变更登记。 公司的经营范围中属于法律、行政法规规定须经批准的项目，应当依法经过批准。	**第九条** 公司的经营范围由公司章程规定。公司可以修改公司章程，变更经营范围。 公司的经营范围中属于法律、行政法规规定须经批准的项目，应当依法经过批准。

▶ 指公司在经营活动中所涉及的领域。

要点注释

公司的经营范围由公司在公司章程中作出规定。公司自主决定经营范围必须具有合法性，属于法律、行政法规规定须经批准的项目，应当依法经过批准。公司的经营范围并不是固定不变的，允许公司改变、调整经营范围，但是在需要变更经营范围的时候，应当依照法定的程序修改公司章程，记载变更的内容。

思维导图

市场主体经营范围
- 一般经营项目
- 许可经营项目
  - 前置许可经营项目
  - 后置许可经营项目

拓展应用

《民法典》
第505条

《市场主体登记管理条例》
第14条、第26条

《市场主体登记管理条例实施细则》
第12条、第19条、第22条、第36~37条、第68条

第十条 【担任法定代表人的主体范围】

旧	新
第十三条 公司法定代表人依照公司章程的规定，由**董事长、执行董事或者经理担任**，并依法登记。公司法定代表人变更，应当办理变更登记。	第十条 公司的**法定代表人**按照公司章程的规定，由**代表公司执行公司事务的董事或者经理**担任。 担任法定代表人的董事或者经理辞任的，视为同时辞去法定代表人。 法定代表人辞任的，公司应当在法定代表人辞任之日起三十日内确定新的法定代表人。

> 指依照法律或者法人章程的规定，代表法人从事民事活动的负责人。

要点注释

2023年公司法修订，将有资格担任法定代表人的主体从原来规定的"董事长、执行董事或者经理"改为"代表公司执行公司事务的董事或者经理"。

担任法定代表人的董事或者经理辞任的，也无法继续担任法定代表人。法定代表人作为公司的意思表示机关，一旦辞任而又未及时确定新的法定代表人时，势必会对公司运营及交易安全带来较大影响。故而，公司应当在法定代表人辞任之日起三十日内确定新的法定代表人。

思维导图

公司法定代表人的担任
- 任命
- 资格要求
- 登记与公告

公司法定代表人的辞任
- 原因
- 程序
- 辞任后的处理

拓展应用

《民法典》
第 61~62 条
《民事诉讼法》
第 51 条
《公司法》
第 70 条
《市场主体登记管理条例》
第 12 条

案例精析

1. 韦某与某房地产开发公司等请求变更公司登记纠纷案

来源：《最高人民法院公报》2022 年第 12 期

裁判要点

法定代表人是对外代表公司从事民事活动的公司负责人，法定代表人登记依法具有公示效力。就公司内部而言，公司与法定代表人之间为委托法律关系，法定代表人代表权的基础是公司的授权，自公司任命时取得至免除任命时终止。公司权力机关依公司章程规定免去法定代表人的职务后，法定代表人的代表权即为终止。

有限责任公司股东会依据章程规定免除公司法定代表人职务的，公司执行机关应当执行公司决议，依法办理公司法定代表人工商变更登记。

2. 盛某诉成都某大教育投资有限公司、四川某园林绿化工程有限公司、周某请求变更公司登记纠纷案

案号：四川省成都市中级人民法院（2020）川 01 民终 2506 号民事判决书

来源：人民法院案例库 2023-08-2-264-004

裁判要点

在无证据证明存在冒名登记的情况下，如公司未就法定代表人变更作出决议，公司法定代表人请求变更法定代表人工商登记的，人民法院不予支持。法定代表人的变更属于公司自治的范围，人民法院无法代替公司选举新的法定代表人，故公司变更法定代表人不属于人民法院民事诉讼审理范围。法定代表人工商信息具有公示效力，债权人在与公司进行商事交易时，亦是基于对公示的法定代表人的信任而建立的交易，现该法定代表人已被纳入失信被执行人，涤除将损害债权人利益。

第十一条 【法定代表人行为的法律后果】

> 第十一条　法定代表人以公司名义从事的民事活动，其法律后果由公司承受。
>
> 公司章程或者股东会对法定代表人职权的限制，不得对抗善意相对人。
>
> 法定代表人因执行职务造成他人损害的，由公司承担民事责任。公司承担民事责任后，依照法律或者公司章程的规定，可以向有过错的法定代表人追偿。

要点注释

本条是 2023 年公司法修订新增的条文，是民法典第六十一条、第六十二条关于法人的法定代表人行为之法律后果的规定在公司法上的体现。法定代表人只能在法律或公司章程规定的权限范围内行使代表权，但公司内部对法定代表人职权的限制，不得对抗善意相对人。

思维导图

向法定代表人追偿的条件
- 法定代表人存在过错
- 法律或者公司章程有明确规定

拓展应用

《民法典》
第 61~62 条、第 504 条

《最高人民法院关于审理民间借贷案件适用法律若干问题的规定》
第 22 条

案例精析

张某诉阆中某房地产开发有限公司请求变更公司登记纠纷案

案号：四川省阆中市人民法院（2021）川 1381 民初 5475 号民事判决书

来源：人民法院案例库 2023-08-2-264-003

裁判要点

公司登记的法定代表人与公司之间失去实质利益关联，且没有参与任何实际经营，属于"挂名法定代表人"，应当允许"挂名法定代表人"提出涤除登记诉讼。

第十二条 【公司形式变更】

旧	新
第九条 有限责任公司变更为股份有限公司，应当符合本法规定的股份有限公司的条件。股份有限公司变更为有限责任公司，应当符合本法规定的有限责任公司的条件。 有限责任公司变更为股份有限公司的，或者股份有限公司变更为有限责任公司的，公司变更前的债权、债务由变更后的公司承继。	**第十二条** 有限责任公司变更为股份有限公司，应当符合本法规定的股份有限公司的条件。股份有限公司变更为有限责任公司，应当符合本法规定的有限责任公司的条件。 有限责任公司变更为股份有限公司的，或者股份有限公司变更为有限责任公司的，公司变更前的债权、债务由变更后的公司承继。

> 承继：指某一法律关系中的权益、义务或责任等由一方转移到另一方的过程。

要点注释

公司法赋予公司经营一定的灵活性，承认公司形式间可以依法转化。但是，注意必须符合变更后公司形式的法定条件。变更前后的公司仍是一个市场主体，只是换了一种公司经营方式，所以前后公司之间是承继者和被承继者的关系，变更前公司的债权债务并不因变更而消灭，而是由变更后的公司承继。

拓展应用

《市场主体登记管理条例》
第 11 条、第 27 条

《市场主体登记管理条例实施细则》
第 37 条

《最高人民法院关于审理与企业改制相关的民事纠纷案件若干问题的规定》
第 4~11 条

思维导图

有限责任公司 ⇄ 股份有限公司

第十三条 【子公司和分公司】

旧	新
第十四条　公司可以设立分公司。设立分公司，应当向公司登记机关申请登记，领取营业执照。分公司不具有法人资格，其民事责任由公司承担。 公司可以设立子公司，子公司具有法人资格，依法独立承担民事责任。	第十三条　公司可以设立子公司。子公司具有法人资格，依法独立承担民事责任。 公司可以设立分公司。分公司不具有法人资格，其民事责任由公司承担。

> 指全部股份或达到控股程度的股份被另一个公司所控制或依据协议受另一个公司实际控制的公司。

> 指被总公司所管辖的公司分支机构，其以总公司的名义进行经营活动，在法律上不具有独立的法人资格，民事责任由具有法人资格的总公司承担。

要点注释

子公司是相对于母公司而言的，它是独立于向它投资的母公司而存在的主体。子公司在经济上受母公司的支配与控制，但在法律上，它具有独立的法人资格。分公司是相对于总公司而言的，它是总公司的分支机构，也可以说是总公司的一个组成部分。分公司不论是在经济上还是在法律上，都不具有独立性。

思维导图

子公司的独立性特征
- 拥有独立的公司名称和公司章程
- 具有独立的组织机构
- 拥有独立的财产，能够自负盈亏，独立核算
- 以自己的名义开展经营活动，从事各类民事活动
- 独立承担公司行为所带来的一切后果和责任

分公司的非独立性特征

- 不具有法人资格,不能独立享有权利、承担责任,其一切行为的后果及责任由总公司承担
- 在人事、经营上没有自主权,其主要业务活动及主要管理人员由总公司决定并委任,并根据总公司的委托或授权进行业务活动
- 没有独立的公司名称及章程,其对外从事经营活动必须以总公司的名义,遵守总公司的章程
- 没有独立的财产,其所有资产属于总公司,并作为总公司的资产列入总公司的资产负债表中

拓展应用

《市场主体登记管理条例》
第23条、第32条

《市场主体登记管理条例实施细则》
第6条、第21条、第30~31条、第46条

裁判要点

分公司对外民事法律行为的法律后果依法由公司承担。分公司以登记在其名下的财产对外提供担保,应当适用公司法第十六条的规定,由公司股东(大)会或者董事会作出决议。

案例精析

甘肃某融资担保公司诉甘肃某生物科技公司、甘肃某房地产开发公司借款合同纠纷案

案号:甘肃省高级人民法院(2020)甘民终115号民事判决书

来源:人民法院案例库 2023-08-2-103-027

第十四条 【转投资】

旧	新
第十五条 公司可以向其他企业投资；但是，除法律另有规定外，不得成为对所投资企业的债务承担连带责任的出资人。	**第十四条** 公司可以向其他企业投资。法律规定**公司不得成为对所投资企业的债务承担连带责任的出资人的，从其规定。**

指公司作为投资主体，以公司法人财产作为对另一企业的出资，从而使本公司成为另一企业成员的行为。

要点注释

公司转投资，就是一个公司向其他的公司进行投资。但是，这种权利不是无限制的，不能将公司的所有资金或者是绝大部分资金都转出去，而使公司成为一个空壳。公司向其他企业投资，按照公司章程的规定，由董事会或者股东会决议。公司章程对投资的总额及单项投资的数额有限额规定的，不得超过规定的限额。

思维导图

不得成为普通合伙人的主体：
- 国有独资公司
- 国有企业
- 上市公司
- 公益性的事业单位
- 社会团体

拓展应用

《公司法》
第 15 条

《民法典》
第 268 条

《合伙企业法》
第 2~3 条

> 《最高人民法院关于适用〈中华人民共和国公司法〉时间效力的若干规定》
> 第 2 条

案例精析

山东某某创业投资有限公司诉山东某某纸业有限公司、陈某1、陈某2、陈某3等股权转让纠纷案

案号：山东省高级人民法院 （2021）鲁民终647号民事判决书

来源：人民法院案例库 2024-08-2-269-003

裁判要点

1.投资方与目标公司原股东或实际控制人之间"对赌协议"的效力及可履行性。目标公司股东对投资方的补偿承诺不违反法律法规的禁止性规定，应为合法有效。在合同约定的补偿条件成立的情况下，根据当事人意思自治、诚实信用原则，目标公司股东作为引资者应信守承诺，投资方应当得到约定的补偿。

2.投资方与目标公司之间"对赌协议"的效力及可履行性。投资方与目标公司订立的"对赌协议"在不存在法定无效事由的情况下，目标公司仅以存在股权回购或者金钱补偿约定为由，主张"对赌协议"无效的，人民法院不予支持，但投资方主张实际履行的，人民法院应当审查是否符合公司法关于"股东不得抽逃出资"及股份回购的强制性规定，判决是否支持其诉讼请求。投资方请求目标公司回购股权的，人民法院应当依据公司法第三十五条关于"股东不得抽逃出资"或者第一百四十二条关于股份回购的强制性规定进行审查。经审查，目标公司未完成减资程序的，人民法院应当驳回其诉讼请求。投资方请求目标公司承担金钱补偿义务的，人民法院应当依据公司法第三十五条关于"股东不得抽逃出资"和第一百六十六条关于利润分配的强制性规定进行审查。经审查，目标公司没有利润或者虽有利润但不足以补偿投资方的，人民法院应当驳回或者部分支持其诉讼请求。今后目标公司有利润时，投资方还可以依据该事实另行提起诉讼。

人民法院在审理"对赌协议"纠纷案件时，不仅应当适用合同法（民法典）的相关规定，还应当适用公司法的相关规定；既要坚持鼓励投资方对实体企业特别是科技创新企业投资原则，从而在一定程度上缓解企业融资难问题，又要贯彻资本维持原则和保护债权人合法权益原则，依法平衡投资方、公司债权人、公司之间的利益。

第十五条 【转投资和为他人提供担保的内部程序】

旧	新
第十六条 公司向其他企业投资或者为他人提供担保，依照公司章程的规定，由董事会或者股东会、股东大会决议；公司章程对投资或者担保的总额及单项投资或者担保的数额有限额规定的，不得超过规定的限额。 公司为公司股东或者实际控制人提供担保的，必须经股东会或者股东大会决议。 前款规定的股东或者受前款规定的实际控制人支配的股东，不得参加前款规定事项的表决。该项表决由出席会议的其他股东所持表决权的过半数通过。	**第十五条** 公司向其他企业投资或者为他人提供担保，按照公司章程的规定，由董事会或者股东会决议；公司章程对投资或者担保的总额及单项投资或者担保的数额有限额规定的，不得超过规定的限额。 公司为公司股东或者实际控制人提供担保的，应当经股东会决议。 前款规定的股东或者受前款规定的实际控制人支配的股东，不得参加前款规定事项的表决。该项表决由出席会议的其他股东所持表决权的过半数通过。

> 指虽不是公司的股东，但通过投资关系、协议或者其他安排，能够实际支配公司行为的人。

要点注释

法律没有禁止公司为本公司股东或者实际控制人提供担保，但是公司为本公司股东或者实际控制人提供担保的，应当由股东会作出决议。没有股东会的决议，以公司资产为本公司股东或者实际控制人提供的担保无效。需要注意的是，公司为他人提供担保是按照公司章程的规定，由董事会或者股东会决议；而公司为股东或实际控制人提供担保，是法律特别规定应当经股东会决议，公司章程不得对此作出相反的规定。

思维导图

公司转投资的内部程序 —— 应当经董事会或股东会决议

公司转投资的内部程序 —— 不得超过投资数额的限制

拓展应用

《上市公司监管指引第 8 号——上市公司资金往来、对外担保的监管要求》

案例精析

1. 某银行与某涂料股份公司、某集团公司借款合同纠纷案

来源：《最高人民法院公报》2015 年第 2 期

裁判要点

公司为公司股东或者实际控制人提供担保的，必须经股东会或者股东大会决议。该条款是关于公司内部控制管理的规定，不应以此作为评价合同效力的依据。担保人抗辩认为其法定代表人订立抵押合同的行为超越代表权，债权人以其对相关股东会决议履行了形式审查义务，主张担保人的法定代表人构成表见代表的，人民法院应予支持。

2. 某信托公司诉某建筑公司等金融借款合同纠纷案

案号：北京市西城区人民法院（2021）京 0102 民初 7664 号民事判决书

来源：人民法院案例库 2023-08-2-103-022

裁判要点

公司对外提供担保，债权人负有对公司章程、公司权力机关作出的担保决议等与担保相关文件的合理审查义务，否则担保合同对公司不产生效力。在担保人未对担保合同效力提出异议的场合，法院仍需要主动依职权审查债权人对公司对外担保尽到合理审查义务，主要理由为：

1. 无论担保人公司是否到庭参加诉讼，公司作为组织机构的属性并未变化，在诉讼中未提出异议，并不能当然视为公司整体及公司的所有股东在签署担保合同时同意公司对外提供担保，法院仍然需要主动审查公司组织机构的意思表示。

2. 法院主动审查担保合同签订时债权人是否尽到合理审查义务系查明案件事实的需要，因为查明案件基本事实是法院的职责，即使担保人未提出抗辩，法院也需依职权主动审查。

3. 法院主动审查担保合同效力有助于保护公司和中小股东权益。担保的无偿性特点决定了担保权人在获得担保债务清偿时无需支付任何对价，而公司其他债权人在获得债务清偿时系基于对待给付义务。因此，即使担保人未对担保合同效力提出异议，人民法院也应对债权人是否尽到合理审查义务进行主动审查，以平衡保护债权人和公司、公司中小股东的利益。

第十六条 【职工权益和教育培训】

旧	新
第十七条 公司必须保护职工的合法权益，依法与职工签订劳动合同，参加社会保险，加强劳动保护，实现安全生产。 公司应当采用多种形式，加强公司职工的职业教育和岗位培训，提高职工素质。	第十六条 公司应当保护职工的合法权益，依法与职工签订劳动合同，参加社会保险，加强劳动保护，实现安全生产。 公司应当采用多种形式，加强公司职工的职业教育和岗位培训，提高职工素质。

要点注释

公司应当建立和完善规章制度，积极采取措施，采用多种形式来促进和保证其实现。本条属于概括性的条款，有关具体的规定由专门的劳动法及其配套的法律法规来加以规定，如劳动法、劳动合同法、《劳动部关于贯彻执行〈中华人民共和国劳动法〉若干问题的意见》、《社会保险费征缴暂行条例》、《工伤保险条例》等。

思维导图

公司对职工的法律责任
- 签订劳动合同
- 缴纳社会保险
- 实施劳动保护
- 加强职业教育和岗位培训
- ……

拓展应用

《劳动法》
第 4 条、第 16 条、第 52 条、第 68 条、第 72 条

《劳动合同法》
第 2 条、第 4 条、第 10~11 条、第 38 条

《社会保险法》
第 2 条、第 4 条

《职业教育法》

第 20 条、第 29 条

《安全生产法》

第 4 条、第 6 条

案例精析

1. 某（苏州）集团有限公司申请破产重整案

案号：江苏省苏州市吴江区人民法院（2022）苏 0509 破 139 号民事裁定书

来源：人民法院案例库 2024-08-2-422-003

裁判要点

1. 执行过程中，发现被执行企业法人出现破产原因但具有挽救价值的，应释明引导债务人提出重整申请，通过破产程序有效保全企业营运价值，实现全体债权人的公平有序清偿和对困境企业的保护挽救。所涉债权人人数众多、债权债务关系复杂，且对辖区社会经济有重大影响的，为避免直接受理重整申请产生不稳定因素，可选择对债务人先进行预重整。

2. 破产程序启动前或破产案件审理中，可通过协调第三方垫付职工债权的方式及时保障职工权益，由第三方垫付的职工债权在破产程序中按照职工债权性质进行清偿。

2. 唐某某诉中国嘉某工业股份有限公司（集团）、刘某某职务发明创造发明人、设计人奖励、报酬纠纷案

案号：重庆市高级人民法院（2008）渝高法民终字第 246 号民事判决书

来源：人民法院案例库 2023-09-2-160-043

裁判要点

人民法院计算职务专利报酬时，可以参考市场最近似商品的平均销售价格、平均利润率，根据法律法规规定的职务专利报酬提取比例综合推算，同时还应当兼顾保护职工权益、鼓励创新与推动专利实施及企业发展之间的利益平衡。

第十七条 【工会和职工代表大会】

旧	新
第十八条 公司职工依照《中华人民共和国工会法》组织工会，开展工会活动，维护职工合法权益。公司应当为本公司工会提供必要的活动条件。公司工会代表职工就职工的劳动报酬、工作时间、福利、保险和劳动安全卫生等事项依法与公司签订集体合同。 公司依照宪法和有关法律的规定，通过职工代表大会或者其他形式，实行民主管理。 公司研究决定改制以及经营方面的重大问题、制定重要的规章制度时，应当听取公司工会的意见，并通过职工代表大会或者其他形式听取职工的意见和建议。	**第十七条** 公司职工依照《中华人民共和国工会法》组织工会，开展工会活动，维护职工合法权益。公司应当为本公司工会提供必要的活动条件。公司工会代表职工就职工的劳动报酬、工作时间、**休息休假**、劳动安全卫生和**保险福利**等事项依法与公司签订集体合同。 公司依照宪法和有关法律的规定，**建立健全以职工代表大会为基本形式的民主管理制度**，通过职工代表大会或者其他形式，实行民主管理。 公司研究决定改制、**解散、申请破产**以及经营方面的重大问题、制定重要的规章制度时，应当听取公司工会的意见，并通过职工代表大会或者其他形式听取职工的意见和建议。

> 指中国共产党领导的职工自愿结合的工人阶级群众组织，是中国共产党联系职工群众的桥梁和纽带。

要点注释

2023年公司法修订，增加了"建立健全以职工代表大会为基本形式的民主管理制度"的规定，并扩大了应当听取工会意见的重大事项范围。工会是中国共产党领导的职工自愿结合的工人阶级群众组织，是中国共产党联系职工群众的桥梁和纽带。工会依照法律规定通过职工代表大会或者其他形式，组织职工参与本单位的民主选举、民主协商、民主决策、民主管理和民主监督。

思维导图

- **工会的职权**
  - 要求纠正违反职工代表大会制度和其他民主管理制度
  - 帮助、指导职工签订劳动合同
  - 代表职工签订集体合同
  - 维护职工劳动权益
  - 组织职工参与本单位的民主选举、民主协商、民主决策、民主管理和民主监督

拓展应用

《工会法》

第2~3条、第6条、第20~23条、第31条、第43~44条

《劳动法》

第7条、第27条、第30条、第33条、第41条、第80~81条、第88条

《劳动合同法》

第4条、第6条、第41条、第43条、第51条、第53条、第56条、第77~78条

案例精析

上海某冷藏有限公司诉上海某冷藏物流有限公司公司决议效力确认纠纷案

案号：上海市第二中级人民法院（2017）沪02民终891号民事判决书

来源：人民法院案例库2024-08-2-270-003

裁判要点

与公司存在劳动关系及通过民主选举产生是成为职工监事的两个必要条件。一旦职工监事人选被确认无效，应按公司法及公司章程的规定重新组成监事会。

第十八条 【党组织】

旧	新
第十九条 在公司中，根据中国共产党章程的规定，设立中国共产党的组织，开展党的活动。公司应当为党组织的活动提供必要条件。	**第十八条** 在公司中，根据中国共产党章程的规定，设立中国共产党的组织，开展党的活动。公司应当为党组织的活动提供必要条件。

要点注释

本条是关于公司党组织活动的规定，在公司中建立党组织，展开党的活动，公司要为党的活动的开展提供支持。

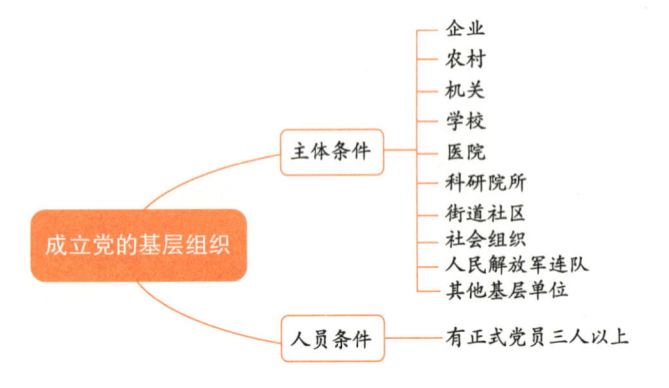

拓展应用

《宪法》
序言

《中国共产党章程》
第30条、第32~33条

思维导图

成立党的基层组织
- 主体条件
  - 企业
  - 农村
  - 机关
  - 学校
  - 医院
  - 科研院所
  - 街道社区
  - 社会组织
  - 人民解放军连队
  - 其他基层单位
- 人员条件
  - 有正式党员三人以上

第十九条 【公司基本义务】

旧	新
第五条第一款 公司从事经营活动，必须遵守法律、行政法规，遵守社会公德、商业道德，诚实守信，接受政府和社会公众的监督，承担社会责任。	**第十九条** 公司从事经营活动，应当遵守法律法规，遵守社会公德、商业道德，诚实守信，接受政府和社会公众的监督。

要点注释

公司作为企业法人，虽然以营利为目的，但其同时又是社会的成员，必须承担社会责任，如分担劳动就业压力、维护经济秩序、依法纳税、保护环境等。

思维导图

公司的基本义务
- 遵守法律法规
- 遵守社会公德、商业道德
- 诚实守信
- 不得损害社会公共利益
- 接受政府和社会公众的监督
- ……

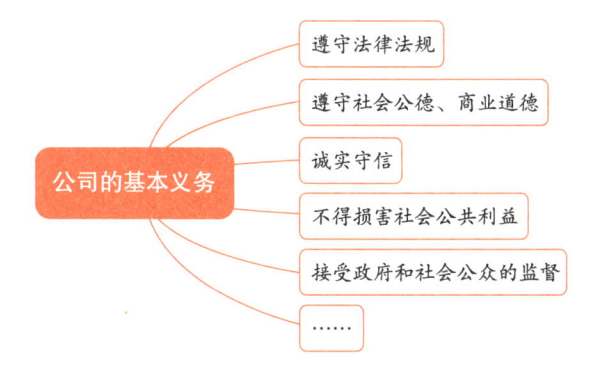

拓展应用

《民法典》
第7条、第86条

《合伙企业法》
第7条

《个人独资企业法》
第4条

《促进个体工商户发展条例》
第34条

第二十条 【公司社会责任】

> 第二十条 公司从事经营活动,应当充分考虑公司职工、消费者等利益相关者的利益以及生态环境保护等社会公共利益,承担社会责任。
>
> 国家鼓励公司参与社会公益活动,公布社会责任报告。

要点注释

公司虽然以营利为目的,但其同时又是社会的成员,必须承担社会责任,如分担劳动就业的社会责任、维护经济秩序的社会责任、依法纳税的社会责任、依法为员工办理社会保险的社会责任、保护环境的社会责任等。

思维导图

公司的社会责任
- 公司从事经营活动必须遵守法律
- 公司应当遵守职业道德
- 公司有责任为加强社会主义精神文明建设而努力
- 公司有责任维护消费者等利益相关者的合法权益
- 公司必须保护职工的合法权益
- 公司负有接受政府和社会公众监督的责任

拓展应用

《民法典》
第 9 条、第 86 条、第 132 条

案例精析

1. 北京市某区自然之友环境研究所、中华环保联合会与甲公司、乙公司环境污染公益诉讼案

来源：《最高人民法院公报》2019 年第 4 期

裁判要点

环境民事公益诉讼案件中，社会组织将实施环境污染行为的法人分支机构以及设立该分支机构的法人一并列为被告提起诉讼，应当确认该法人系适格被告。在数个法院对案件有管辖权时，应当遵循环境公益诉讼的特殊规律，将案件交由污染行为实施地、损害结果地人民法院管辖，以便准确查明事实，依法确定责任，保障受损生态环境得到及时有效修复。

2. 江苏省宿迁市人民检察院诉宿迁市某某酒店管理有限公司未成年人保护民事公益诉讼案

来源：人民法院案例库 2023-14-2-468-001

裁判要点

关于"电竞酒店"是否属于互联网上网服务营业场所的认定问题，应当综合考虑配备设施、消费模式、招揽手段、收费模式等实际经营状况对场所性质进行认定。电竞酒店，是一种随着经济和社会发展而出现的新型业态，是依托于提供电竞游戏服务的新型酒店，不仅为消费者提供与网吧等同配置的电竞游戏设备，也提供住宿服务。对于电竞酒店的性质是属于住宿场所还是互联网上网服务营业场所，法律上没有明确的规定，实践中争论也较多。电竞酒店属性不明，导致监管主体缺失，部分不良经营者利用监管漏洞向未成年人提供上网服务，侵害未成年人合法权益并损害社会公共利益。本案结合案涉电竞酒店的实际经营状况，如配备设施、消费模式、招揽手段和收费模式等实际经营状况，认定其实质上是以提供互联网上网服务作为主营业务和主要招揽手段，应属互联网上网服务营业场所，不得接纳未成年人入住。本案判决厘清了新业态下的电竞酒店与互联网上网服务营业场所之间的关系，既充分贯彻最有利于未成年人保护原则，为未成年人创造良好成长环境，也推动了电竞酒店这一新产业、新业态在法治轨道上规范发展。

第二十一条 【不得滥用股东权利】

旧	新
第二十条第一款 公司股东应当遵守法律、行政法规和公司章程，依法行使股东权利，不得滥用股东权利损害公司或者其他股东的利益；不得滥用公司法人独立地位和股东有限责任损害公司债权人的利益。 **第二十条第二款** 公司股东滥用股东权利给公司或者其他股东造成损失的，应当依法承担赔偿责任。	**第二十一条** 公司股东应当遵守法律、行政法规和公司章程，依法行使股东权利，不得滥用股东权利损害公司或者其他股东的利益。 公司股东滥用股东权利给公司或者其他股东造成损失的，应当承担赔偿责任。

要点注释

本条是关于公司股东不得滥用权利的规定，本条侧重于规定股东滥用权利对公司、其他股东承担的内部损害赔偿责任。

思维导图

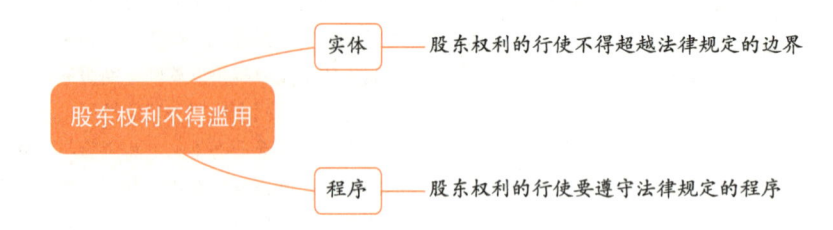

股东权利不得滥用
- 实体 —— 股东权利的行使不得超越法律规定的边界
- 程序 —— 股东权利的行使要遵守法律规定的程序

拓展应用

《民法典》
第83条、第132条

案例精析

1. 某房地产开发公司与某投资公司、张某男等确认合同效力纠纷案

来源：《最高人民法院公报》2021年第2期

裁判要点

公司股东仅存在单笔转移公司资金的行为，尚不足以否认公司独立人格的，不应依据公司法第二十条第三款判决公司股东对公司的债务承担连带责任。但该行为客观上转移并减少了公司资产，降低了公司的偿债能力，根据"举重以明轻"的原则参照《最高人民法院关于适用〈中华人民共和国公司法〉若干问题的规定（三）》第十四条关于股东抽逃出资情况下的责任形态之规定，可判决公司股东对公司债务不能清偿的部分在其转移资金的金额及相应利息范围内承担补充赔偿责任。

2. 昆明闽某纸业有限责任公司等污染环境刑事附带民事公益诉讼案

来源：最高人民法院指导性案例215号

裁判要点

公司股东滥用公司法人独立地位、股东有限责任，导致公司不能履行其应当承担的生态环境损害修复、赔偿义务，国家规定的机关或者法律规定的组织请求股东对此依照公司法第二十条的规定承担连带责任的，人民法院依法应当予以支持。

第二十二条 【关联交易】

旧	新
第二十一条 公司的控股股东、实际控制人、董事、监事、高级管理人员不得利用其关联关系损害公司利益。 违反前款规定，给公司造成损失的，应当承担赔偿责任。	**第二十二条** 公司的控股股东、实际控制人、董事、监事、高级管理人员不得利用关联关系损害公司利益。 违反前款规定，给公司造成损失的，应当承担赔偿责任。

▶ 指其出资额占有限责任公司资本总额百分之五十以上或者其持有的股份占股份有限公司股本总额百分之五十以上的股东；出资额或者持有股份的比例虽然不足百分之五十，但依其出资额或者持有的股份所享有的表决权已足以对股东会的决议产生重大影响的股东。

▶ 指公司控股股东、实际控制人、董事、监事、高级管理人员与其直接或者间接控制的企业之间的关系，以及可能导致公司利益转移的其他关系。

要点注释

本条是关于禁止关联交易的规定。

◆ 思维导图

关联关系人
- 控股股东
- 实际控制人
- 董事
- 监事
- 高级管理人员

公司关联关系类型
- 依据投资行为形成的关联关系
- 依据企业管理活动形成的关联关系
- 依据支配合同形成的关联关系
- 因家庭成员或特定关联人之间的密切关系而形成的关联关系

拓展应用

《民法典》

第 84 条

《公司法》

第 265 条

《上市公司监管指引第 8 号——上市公司资金往来、对外担保的监管要求》

第 4~6 条

《最高人民法院关于适用〈中华人民共和国公司法〉若干问题的规定（五）》

第 1 条

案例精析

某甲公司诉高某某、程某公司关联交易损害公司利益纠纷案

案号：最高人民法院（2021）最高法民再 181 号民事判决书

来源：人民法院案例库 2023-16-2-276-002

裁判要点

关联关系是指公司控股股东、实际控制人、董事、监事、高级管理人员与其直接或间接控制的企业之间的关系，以及可能导致公司利益转移的其他关系。董事及公司经营层人员除公司章程规定或者股东会同意外，不得同本公司订立合同或者进行交易。披露关联交易有赖于董事、高级管理人员积极履行忠诚及勤勉义务，将其所进行的关联交易情况向公司进行披露及报告。公司的控股股东、实际控制人、董事、监事、高级管理人员不得利用其关联关系损害公司利益。董事及公司经营层人员执行公司职务时违反法律、行政法规或者公司章程的规定，给公司造成损害的，应当依法承担赔偿责任。关联公司所获利益应当归公司所有。关联交易损害公司利益为侵权责任纠纷，应从知道或应当知道公司利益受损之日起两年内行使诉讼权利。

第二十三条 【公司人格否认】

旧	新
第二十条第三款 公司股东滥用公司法人独立地位和股东有限责任，逃避债务，严重损害公司债权人利益的，应当对公司债务承担连带责任。 **第六十三条** 一人有限责任公司的股东不能证明公司财产独立于股东自己的财产的，应当对公司债务承担连带责任。	**第二十三条** 公司股东滥用公司法人独立地位和股东有限责任，逃避债务，严重损害公司债权人利益的，应当对公司债务承担连带责任。 股东利用其控制的两个以上公司实施前款规定行为的，各公司应当对任一公司的债务承担连带责任。 只有一个股东的公司，股东不能证明公司财产独立于股东自己的财产的，应当对公司债务承担连带责任。

要点注释

针对一些股东滥用公司法人独立地位和股东有限责任损害公司债权人的利益，公司法确立了法人人格否认制度，打破股东有限责任，使得股东在特定情形下对公司债务承担连带责任。本条在统合关于公司人格否认的原有规定基础上结合最高人民法院15号指导性案例的裁判立场增加了所谓横向人格否认的情形。此外，2023年修订取消"一人有限责任公司的特别规定"一节，同时删减与之相关的诸多规定，但关于只有一个股东的公司（所谓一人公司）之股东就其个人财产与公司财产相互独立应负举证责任的规定得以保留。

思维导图

公司人格否认的适用情形
- 股东滥用公司法人独立地位和股东有限责任
- 滥用行为严重损害公司债权人利益
- 实施滥用行为的股东对公司债务承担连带责任

拓展应用

《民法典》
第83条

《全国法院民商事审判工作会议纪要》
11.【过度支配与控制】

案例精析

1. 某工程机械股份有限公司诉某工贸有限责任公司等买卖合同纠纷案

来源：最高人民法院指导案例第 15 号

裁判要点

关联公司的人员、业务、财务等方面交叉或混同，导致各自财产无法区分，丧失独立人格的，构成人格混同。关联公司人格混同，严重损害债权人利益的，关联公司相互之间对外部债务承担连带责任。

2. 上海某兴铝业有限公司等三公司关联企业实质合并破产案

案号：上海市第三中级人民法院（2019）沪 03 破监 2 号民事裁定书

来源：人民法院案例库 2023-08-2-421-005

裁判要点

破产实质合并规则是对关联企业法人人格的永久、全面否定，强调"法人人格混同"的单一标准，会产生以公司法法人人格否认制度取代破产法实质合并规则的误解，而两项制度虽相互关联但各有侧重，不可完全等同。首先，实践中应以"法人人格混同"为核心要件，法院除注重前述企业意志、财产、人员、财务、场所等混同表征的审查外，还应注重对财务数据的审查。其次，兼顾"区分成本过高"标准，对于资产区分成本的审查不应仅仅局限于现状，而应深入源头，即资产相对独立的现状往往起源于资金来源不加区分。最后，是否损害债权人公平清偿利益应通过清偿率高低进行量化判断。以逐层递进的方式审查，达到证据充分、结论恰当的证明标准。

3. 郑州某某公司诉河南某某公司等买卖合同纠纷案

案号：河南省郑州市中级人民法院（2020）豫 01 民终 16156 号民事判决书

来源：人民法院案例库 2023-08-2-084-026

裁判要点

形式上独立的两个公司，住所地、经营场所均一致，经营范围重合，且公司主要成员存在亲属关系，两个公司之间表征人格的因素（人员、业务、财务等）高度混同，导致各自财产无法区分，已丧失独立人格，构成法人人格混同。其中一公司在对外高额负债、被列为失信被执行人情形下，为另一公司的结算客户加盖自己公司的公章确认，意欲使另一公司逃避案涉债务，严重损害债权人利益，该行为违背法人制度设立的宗旨及诚实信用原则，另一公司应当就案涉债务承担连带清偿责任。

第二十四条 【电子通信方式开会和表决】

第二十四条　公司股东会、董事会、监事会召开会议和表决可以采用电子通信方式，公司章程另有规定的除外。

> 非仅指电子邮件、电视电话等传统电子通信方式，近年来出现的用于在线视频通讯的"腾讯会议""微信通话"等也属其中。

要点注释

本条为 2023 年公司法新增条款，承认股东会、董事会、监事会以电子通信方式召开和表决的效力，并允许公司通过公司章程另有规定的方式对此规定予以排除。现场会议具有直接性、互动性和集中性的特点，采用电子通信方式召开股东会、董事会成本低、效率高。

思维导图

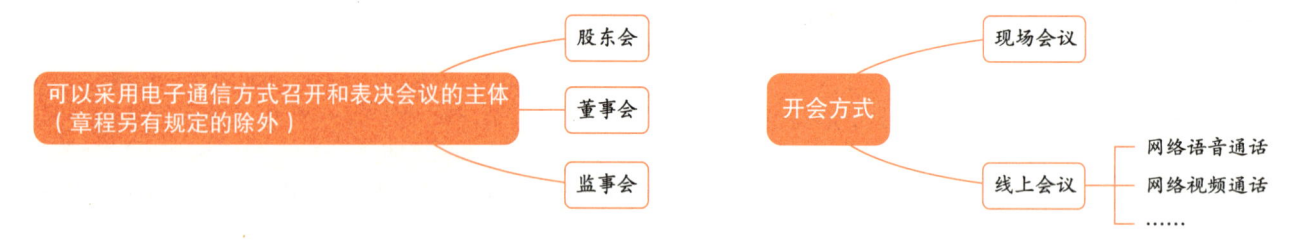

可以采用电子通信方式召开和表决会议的主体（章程另有规定的除外）
- 股东会
- 董事会
- 监事会

开会方式
- 现场会议
- 线上会议
  - 网络语音通话
  - 网络视频通话
  - ……

第二十五条 【决议的无效】

旧	新
第二十二条第一款 公司股东会或者股东大会、董事会的决议内容违反法律、行政法规的无效。	第二十五条 公司股东会、董事会的决议内容违反法律、行政法规的无效。

要点注释

本条规定只有在内容违反法律、行政法规的情形下,决议方为无效。至于决议内容违反公司章程或者决议存在程序瑕疵的,甚至未依法或依章程作出决议的,则可能导致决议的撤销不成立。

思维导图

公司股东会、董事会决议无效情形
- 违反法律
- 违反行政法规

拓展应用

《民法典》
第85条

《最高人民法院关于适用〈中华人民共和国公司法〉若干问题的规定(一)》
第3条

《最高人民法院关于适用〈中华人民共和国公司法〉若干问题的规定(四)》
第1条、第3条、第6条

《最高人民法院关于适用〈中华人民共和国公司法〉若干问题的规定(五)》
第4条

第二十六条 【决议的撤销】

旧	新
第二十二条第二款　股东会或者股东大会、董事会的会议召集程序、表决方式违反法律、行政法规或者公司章程，或者决议内容违反公司章程的，股东可以自决议作出之日起六十日内，请求人民法院撤销。 第二十二条第三款　股东依照前款规定提起诉讼的，人民法院可以应公司的请求，要求股东提供相应担保。 第二十二条第四款　公司根据股东会或者股东大会、董事会决议已办理变更登记的，人民法院宣告该决议无效或者撤销该决议后，公司应当向公司登记机关申请撤销变更登记。	第二十六条　公司股东会、董事会的会议召集程序、表决方式违反法律、行政法规或者公司章程，或者决议内容违反公司章程的，股东自决议作出之日起六十日内，可以请求人民法院撤销。但是，股东会、董事会的会议召集程序或者表决方式仅有轻微瑕疵，对决议未产生实质影响的除外。 未被通知参加股东会会议的股东自知道或者应当知道股东会决议作出之日起六十日内，可以请求人民法院撤销；自决议作出之日起一年内没有行使撤销权的，撤销权消灭。

要点注释

相比于决议无效的情形，决议可撤销事由主要是违反程序性规则或者公司章程，对于公司法律关系各方主体的实质影响相对较小。为了尽可能确保公司决策效率及公司正常运营，2023 年公司法修订，增加了轻微瑕疵不影响决议效力的规定，同时规定了未被通知参加股东会会议的股东可依法请求撤销决议以及股东撤销权的除斥期间。

思维导图

股东会、董事会决议的撤销条件
- 会议召集程序、表决方式违反法律、行政法规
- 会议召集程序、表决方式违反公司章程
- 决议内容违反公司章程

拓展应用

《最高人民法院关于适用〈中华人民共和国公司法〉时间效力的若干规定》第 1 条

第二十七条 【决议的不成立】

第二十七条 有下列情形之一的，公司股东会、董事会的决议不成立：

（一）未召开股东会、董事会会议作出决议；

（二）股东会、董事会会议未对决议事项进行表决；

（三）出席会议的人数或者所持表决权数未达到本法或者公司章程规定的人数或者所持表决权数；

（四）同意决议事项的人数或者所持表决权数未达到本法或者公司章程规定的人数或者所持表决权数。

要点注释

本条为2023年公司法新增条款。吸收了《最高人民法院关于适用〈中华人民共和国公司法〉若干问题的规定（四）》的相关规定，规定了股东会、董事会决议不成立的事由。

思维导图

股东会、董事会决议的撤销条件
- 未召开股东会、董事会会议
- 未对决议事项进行表决
- 出席会议的人数或者所持表决权数未达标
- 同意决议事项的人数或者所持表决权数未达标

案例精析

上海某冷藏有限公司诉上海某冷藏物流有限公司公司决议效力确认纠纷案

案号：上海市第二中级人民法院（2017）沪02民终891号民事判决书

来源：人民法院案例库 2024-08-2-270-003

裁判要点

公司法第五十一条第二款规定，有限责任公司的监事会应当包括股东代表和适当比例的公司职工代表，其中职工代表的比例不得低于三分之一。监事会中的职工代表由公司职工通过职工代表大会、职工大会或者其他形式民主选举产生。前述规定涉及监事会中的职工代表的比例及产生程序，属效力性强制性规范，违反前述规定的公司决议无效。

第二十八条 【瑕疵决议的法律后果】

旧	新
第二十二条第四款 公司根据股东会或者股东大会、董事会决议已办理变更登记的，人民法院宣告该决议无效或者撤销该决议后，公司应当向公司登记机关申请撤销变更登记。	**第二十八条** 公司股东会、董事会决议被人民法院宣告无效、撤销或者确认不成立的，公司应当向公司登记机关申请撤销根据该决议已办理的登记。 股东会、董事会决议被人民法院宣告无效、撤销或者确认不成立的，公司根据该决议与善意相对人形成的民事法律关系不受影响。

要点注释

2023 年修订的公司法吸收了《最高人民法院关于适用〈中华人民共和国公司法〉若干问题的规定（四）》的相关规定，明确了决议无效、被撤销或者确认不成立时不影响善意相对人。

思维导图

公司决议无效
公司决议被撤销
公司决议被确认不成立 → 法律后果 → 撤销登记 / 保护善意相对人

拓展应用

《最高人民法院关于适用〈中华人民共和国公司法〉若干问题的规定（四）》

第 6 条

《最高人民法院关于适用〈中华人民共和国公司法〉时间效力的若干规定》

第 1 条

第二章 公司登记

第二十九条 【设立登记的原则】

旧	新
第六条 设立公司,应当依法向公司登记机关申请设立登记。符合本法规定的设立条件的,由公司登记机关分别登记为有限责任公司或者股份有限公司;不符合本法规定的设立条件的,不得登记为有限责任公司或者股份有限公司。 法律、行政法规规定设立公司必须报经批准的,应当在公司登记前依法办理批准手续。 公众可以向公司登记机关申请查询公司登记事项,公司登记机关应当提供查询服务。	**第二十九条** 设立公司,应当依法向公司登记机关申请设立登记。 法律、行政法规规定设立公司必须报经批准的,应当在公司登记前依法办理批准手续。

要点注释

申请人申请市场主体设立登记,登记机关依法予以登记的,签发营业执照,营业执照签发日期为市场主体的成立日期。法律、行政法规或者国务院决定规定设立市场主体须经批准的,应当在批准文件有效期内向登记机关申请登记。

思维导图

申请办理设立登记应提交的材料:
- 申请书
- 申请人主体资格文件或者自然人身份证明
- 住所(主要经营场所、经营场所)相关文件
- 公司、非公司企业法人、农民专业合作社(联合社)章程或者合伙企业合伙协议

登记管理工作主管
- 国务院市场监督管理部门 —— 全国公司登记管理工作
- 县级以上地方人民政府市场监督管理部门 —— 本辖区公司登记管理工作

拓展应用

《民法典》
第 77 条

《市场主体登记管理条例》
第 3 条

《市场主体登记管理条例实施细则》

《国务院关于实施〈中华人民共和国公司法〉注册资本登记管理制度的规定》
第 1 条

裁判要点

在执行股权过程中，对股份有限公司发起人股东持股情况的查明，应以置备于该公司的股东名册载明内容为准。根据公司法、《公司登记管理条例》等相关法律规定，股份有限公司发起人股东持股情况并非公司登记事项，发起人股东持股比例发生变更时也无需向登记机关办理变更登记。根据 2023 年修订的新公司法规定，股份有限公司发起人的股份变更，公司应当通过国家信用信息公示系统公示。

案例精析

某医疗股份有限公司、荆某某、陈某某等股权转让执行纠纷执行复议案

案号：最高人民法院（2021）最高法执复 19 号执行裁定书
来源：人民法院案例库 2023-17-5-202-022

第三十条 【设立登记的申请材料】

旧	新
第二十九条　股东认足公司章程规定的出资后，由全体股东指定的代表或者共同委托的代理人向公司登记机关报送公司登记申请书、公司章程等文件，申请设立登记。	第三十条　申请设立公司，应当提交设立登记申请书、公司章程等文件，提交的相关材料应当真实、合法和有效。 申请材料不齐全或者不符合法定形式的，公司登记机关应当一次性告知需要补正的材料。

要点注释

2023年修订的公司法对申请设立登记材料提出了真实性、合法性、有效性的要求，新增了申请材料补正的相关规定。

思维导图

申请办理市场主体登记应当提交的材料
- 申请书
- 申请人资格文件
- 自然人身份证明
- 住所或者主要经营场所相关文件
- 公司章程
- 其他材料

流程 — 形式审查
- 材料齐全、符合法定形式 — 原则上予以确认并当场登记
- 申请材料不齐全或者不符合法定形式 — 一次性告知补充材料

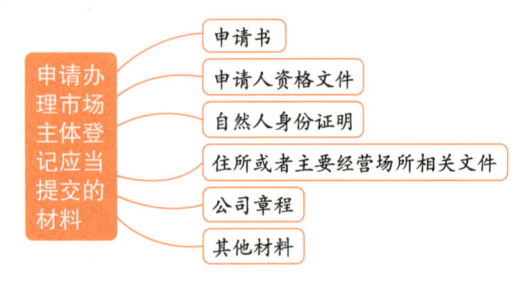

拓展应用

《市场主体登记管理条例》
第16条、第21条

第三十一条 【申请设立登记的法律效果】

旧	新
第六条第一款 设立公司,应当依法向公司登记机关申请设立登记。符合本法规定的设立条件的,由公司登记机关分别登记为有限责任公司或者股份有限公司;不符合本法规定的设立条件的,不得登记为有限责任公司或者股份有限公司。	**第三十一条** 申请设立公司,符合本法规定的设立条件的,由公司登记机关分别登记为有限责任公司或者股份有限公司;不符合本法规定的设立条件的,不得登记为有限责任公司或者股份有限公司。

要点注释

公司登记是指申请登记人按照法律、法规的规定,在公司设立、终止或相关事项发生变更时,向公司登记管理机关提出申请,公司登记管理机关审核后记载登记事项的行为。

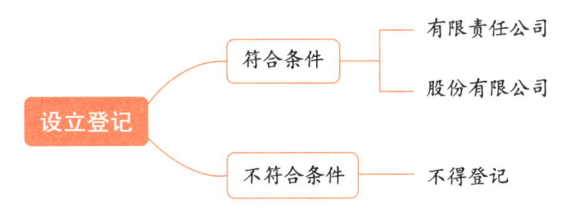

拓展应用

《公司法》
第 42 条、第 91~92 条

《市场主体登记管理条例》
第 16 条、第 19 条

思维导图

```
                  ┌─ 符合条件 ─┬─ 有限责任公司
设立登记 ─────────┤            └─ 股份有限公司
                  └─ 不符合条件 ── 不得登记
```

第三十二条 【公司登记事项】

第三十二条 公司登记事项包括：

（一）名称；

（二）住所；

（三）注册资本；

（四）经营范围；

（五）法定代表人的姓名；

（六）有限责任公司股东、股份有限公司发起人的姓名或者名称。

公司登记机关应当将前款规定的公司登记事项通过国家企业信用信息公示系统向社会公示。

要点注释

本条是2023年公司法修订新增条款，2023年修订的公司法明确了公司登记事项的内容，公司登记事项是公司必须向公司登记机关和社会提供的基本信息，同时要求其通过国家企业信用信息系统进行公示。

思维导图

市场主体的一般登记事项：
- 名称
- 主体类型
- 经营范围
- 住所或者主要经营场所
- 注册资本或者出资额
- 法定代表人、执行事务合伙人或者负责人姓名

还应当根据市场主体类型登记下列事项：
- 有限责任公司股东、股份有限公司发起人、非公司企业法人出资人的姓名或者名称
- 个人独资企业的投资人姓名及居所
- 合伙企业的合伙人名称或者姓名、住所、承担责任方式
- 个体工商户的经营者姓名、住所、经营场所
- 法律、行政法规规定的其他事项

第三十三条 【营业执照】

旧	新
第七条第一款 依法设立的公司，由公司登记机关发给公司营业执照。公司营业执照签发日期为公司成立日期。 第七条第二款 公司营业执照应当载明公司的名称、住所、注册资本、经营范围、法定代表人姓名等事项。	第三十三条 依法设立的公司，由公司登记机关发给公司营业执照。公司营业执照签发日期为公司成立日期。 公司营业执照应当载明公司的名称、住所、注册资本、经营范围、法定代表人姓名等事项。 公司登记机关可以发给电子营业执照。**电子营业执照与纸质营业执照具有同等法律效力。**

▶ 指由市场监管部门依据国家有关法律法规、按照统一标准规范核发的载有市场主体登记信息的法律电子证件。

要点注释

2023年修订的公司法对电子营业执照及其法律效力作出了规定。电子营业执照与纸质营业执照具有同等法律效力，营业执照样式、电子营业执照标准由国务院市场监督管理部门统一制定。

思维导图

营业执照
- 名称
- 住所
- 注册资本
- 经营范围
- 法定代表人姓名
- ……

拓展应用

《市场主体登记管理条例》
第21~22条、第36~37条

《市场主体登记管理条例实施细则》
第23条、第64条

第三十四条 【变更登记和登记效力】

第三十四条 公司登记事项发生变更的，应当依法办理变更登记。

公司登记事项未经登记或者未经变更登记，不得对抗善意相对人。

要点注释

本条是关于公司变更登记的规定，2023年修订的公司法明确了公司登记事项未经登记不得对抗善意相对人。

思维导图

不得对抗善意相对人情形举例
- 公司内部事务的不当处理
- 信息披露的不完整或不准确
- 公司资产的非法处置
- ……

拓展应用

《民法典》
第65条

《市场主体登记管理条例》
第24条

《最高人民法院关于适用〈中华人民共和国公司法〉若干问题的规定（三）》
第21~24条

案例精析

1. 深圳市某科技发展有限公司诉南昌市行政审批局企业行政登记案

案号：江西省南昌铁路运输中级法院（2019）赣71行终756号行政判决书

来源：人民法院案例库 2023-12-3-006-008

裁判要点

案涉公司股东的股权在被人民法院依法冻结期内，公司登记机关依案涉公司增资扩股变更登记申请，对该被冻结股权股东的出资比例进行变更登记的行为，违反了股权被冻结期间登记机关不予办理该股东的变更登记之禁止性规定，人民法院依法对该变更登记予以撤销。

2. 某某有限公司诉孙某、上海某融资租赁公司请求变更公司登记纠纷案

案号：上海市第二中级人民法院（2015）沪二中民四（商）终字第S488号民事裁定书

来源：人民法院案例库 2023-10-2-264-001

裁判要点

请求变更公司登记纠纷是股东对公司登记中记载的事项请求予以变更而产生的纠纷，原告应当具有股东身份。市场监督管理部门关于股东身份的登记信息具有公示效力，在没有第三人提出股权异议的情况下，股东缴付股本的资金来源不影响股东资格的认定。

第三十五条 【申请变更登记的材料】

第三十五条　公司申请变更登记，应当向公司登记机关提交公司法定代表人签署的变更登记申请书、依法作出的变更决议或者决定等文件。

公司变更登记事项涉及修改公司章程的，应当提交修改后的公司章程。

公司变更法定代表人的，变更登记申请书由变更后的法定代表人签署。

要点注释

本条为 2023 年公司法新增条款，规定了公司申请变更登记的文件材料及程序要求。

思维导图

申请变更登记材料
- 法定代表人签署的变更登记申请书
- 依法作出的变更决议或者决定
- 修改后的公司章程（如涉及修改公司章程）
- ……

拓展应用

《公司法》
　　第 32 条、第 34 条

《市场主体登记管理条例》
　　第 24~29 条

《最高人民法院关于适用〈中华人民共和国公司法〉若干问题的规定（三）》
　　第 24 条、第 27 条

案例精析

东某物业发展有限公司、某市工商行政管理局工商行政管理（工商）案

案号：广东省茂名市中级人民法院（2017）粤 09 行终 39 号行政判决书

来源：中国裁判文书网[①]

裁判要点

公司法第四十三条第一款规定："股东会的议事方式和表决程序，除本法有规定的外，由公司章程规定。"《公司登记管理条例》第二十七条第一款规定："公司申请变更登记，应当向公司登记机关提交下列文件：（一）公司法定代表人签署的变更登记申请书；（二）依照《公司法》作出的变更决议或者决定；（三）国家工商行政管理总局规定要求提交的其他文件。"根据上述规定，结合东某公司的《公司章程》第十六条规定："股东会会议必须经股东所持表决权过半数通过。股东会会议由股东按照认缴出资比例行使表决权。"第十九条规定："公司不设董事会，设执行董事一人，由股东会选举产生，每届任期三年。"第二十四条规定："公司法定代表人由执行董事担任。"因此，东某公司要申请办理法定代表人、执行董事变更登记，须经过股东会决议，并向某市工商局提交作出的变更决议或者决定。

[①] 参见中国裁判文书网，https://wenshu.court.gov.cn/，2024 年 3 月 19 日访问。下文同一出处案例不再提示。

第三十六条 【换发营业执照】

旧	新
第七条第三款 公司营业执照记载的事项发生变更的，公司应当依法办理变更登记，由公司登记机关换发营业执照。	**第三十六条** 公司营业执照记载的事项发生变更的，公司办理变更登记后，由公司登记机关换发营业执照。

要点注释

营业执照分为正本和副本，具有同等法律效力。市场主体应当将营业执照置于住所或者主要经营场所的醒目位置。从事电子商务经营的市场主体应当在其首页显著位置持续公示营业执照信息或者相关链接标识。营业执照记载的信息发生变更时，市场主体应当于15日内完成对应信息的更新公示。市场主体被吊销营业执照的，登记机关应当将吊销情况标注于电子营业执照中。

拓展应用

《公司法》
第32~34条

《市场主体登记管理条例》
第28条、第46条

思维导图

未按规定办理变更登记的法律后果
- 由登记机关责令改正
- 拒不改正的，处1万元以上10万元以下的罚款
- 情节严重的，吊销营业执照

第三十七条 【注销登记】

第三十七条 公司因解散、被宣告破产或者其他法定事由需要终止的，应当依法向公司登记机关申请注销登记，由公司登记机关公告公司终止。

要点注释

本条为2023年公司法新增条款，对公司终止时应当申请注销登记及公告进行了规定。

思维导图

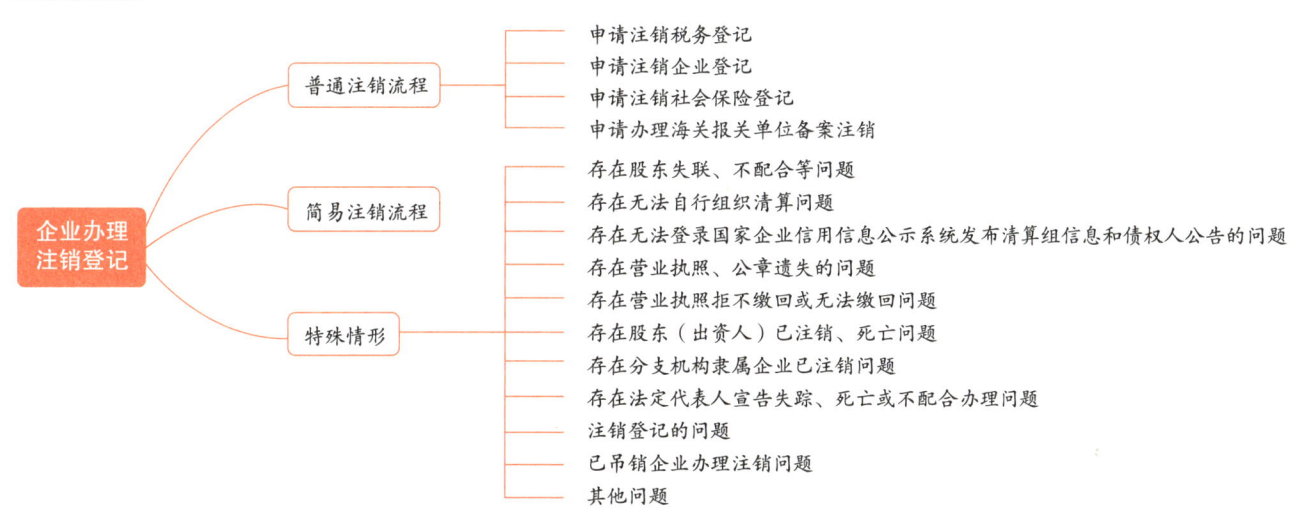

企业办理注销登记
- 普通注销流程
  - 申请注销税务登记
  - 申请注销企业登记
  - 申请注销社会保险登记
  - 申请办理海关报关单位备案注销
- 简易注销流程
- 特殊情形
  - 存在股东失联、不配合等问题
  - 存在无法自行组织清算问题
  - 存在无法登录国家企业信用信息公示系统发布清算组信息和债权人公告的问题
  - 存在营业执照、公章遗失的问题
  - 存在营业执照拒不缴回或无法缴回问题
  - 存在股东（出资人）已注销、死亡问题
  - 存在分支机构隶属企业已注销问题
  - 存在法定代表人宣告失踪、死亡或不配合办理问题
  - 注销登记的问题
  - 已吊销企业办理注销问题
  - 其他问题

第三十八条 【分公司的设立登记】

旧	新
第十四条第一款　公司可以设立分公司。设立分公司，应当向公司登记机关申请登记，领取营业执照。分公司不具有法人资格，其民事责任由公司承担。	第三十八条　公司设立分公司，应当向公司登记机关申请登记，领取营业执照。

要点注释

本条是关于设立分公司登记及领取营业执照的规定。

思维导图

分公司的非独立性
- 法人地位的非独立性
- 人事、经营方面的非独立性
- 财产的非独立性

拓展应用

《民法典》
第 74 条

《市场主体登记管理条例》
第 23 条

案例精析

某工程公司与某保险（集团）公司商品房预售合同纠纷案

来源：《最高人民法院公报》2008 年第 2 期

裁判要点

根据公司法的规定，公司可以设立分公司，分公司不具有企业法人资格，其民事责任由公司承担。因此，公司分支机构于公司法人变更过程中是否已实际经工商部门注销完毕，不影响公司基于独立法人资格行使其分支机构所享有的民事权利、承担其分支机构所负有的民事义务。

第三十九条 【公司登记的撤销】

旧	新
第一百九十八条 违反本法规定，虚报注册资本、提交虚假材料或者采取其他欺诈手段隐瞒重要事实取得公司登记的，由公司登记机关责令改正，对虚报注册资本的公司，处以虚报注册资本金额百分之五以上百分之十五以下的罚款；对提交虚假材料或者采取其他欺诈手段隐瞒重要事实的公司，处以五万元以上五十万元以下的罚款；情节严重的，撤销公司登记或者吊销营业执照。	**第三十九条** 虚报注册资本、提交虚假材料或者采取其他欺诈手段隐瞒重要事实取得公司**设立**登记的，公司登记机关**应当依照法律、行政法规的规定**予以撤销。

要点注释

2023年修订的公司法明确了公司采取欺诈手段取得设立登记时的行政责任。

思维导图

公司登记的撤销情形
- 虚报注册资本
- 提交虚假材料
- 采取其他欺诈手段隐瞒重要事实

欺诈登记的法律责任
- 由公司登记机关责令改正
- 对虚报注册资本的公司，处以虚报注册资本金额百分之五以上百分之十五以下的罚款
- 对提交虚假材料或者采取其他欺诈手段隐瞒重要事实的公司，处以五万元以上二百万元以下的罚款
- 情节严重的，吊销营业执照
- 对直接负责的主管人员和其他直接责任人员处以三万元以上三十万元以下的罚款

第四十条 【信息公示】

第四十条　公司应当按照规定通过国家企业信用信息公示系统公示下列事项：
（一）有限责任公司股东认缴和实缴的出资额、出资方式和出资日期，股份有限公司发起人认购的股份数；
（二）有限责任公司股东、股份有限公司发起人的股权、股份变更信息；
（三）行政许可取得、变更、注销等信息；
（四）法律、行政法规规定的其他信息。
公司应当确保前款公示信息真实、准确、完整。

要点注释

本条为2023年公司法新增条款，规定了公司在国家企业信用信息公示系统的法定自主公示事项，并明确公示信息应当真实、准确、完整。

思维导图

公示事项
- 有限责任公司
  - 股东认缴和实缴的出资额
  - 出资方式
  - 出资日期
  - 股东的股权、股份变更信息
  - 行政许可取得、变更、注销等信息
  - 其他信息
- 股份有限公司
  - 发起人认购的股份数
  - 发起人的股权、股份变更信息
  - 行政许可取得、变更、注销等信息
  - 其他信息

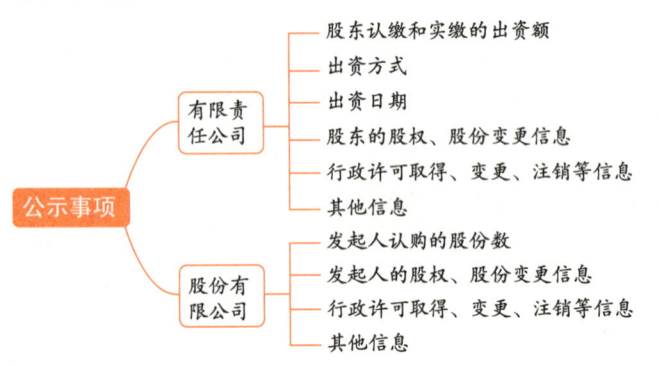

拓展应用

《市场主体登记管理条例》
第35条

《企业信息公示暂行条例》
第10条

《国务院关于实施〈中华人民共和国公司法〉注册资本登记管理制度的规定》
第4~7条

第四十一条 【公司登记便利化】

第四十一条 公司登记机关应当优化公司登记办理流程，提高公司登记效率，加强信息化建设，推行网上办理等便捷方式，提升公司登记便利化水平。

国务院市场监督管理部门根据本法和有关法律、行政法规的规定，制定公司登记注册的具体办法。

要点注释

本条为 2023 年公司法新增条款。规定了公司登记机关优化公司登记服务的要求，并授权国务院市场监督管理部门对公司登记注册进行立法。

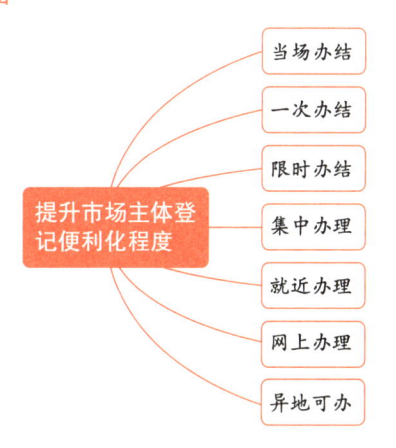

拓展应用

《公司法》
第 240 条

《市场主体登记管理条例》
第 6 条

《国务院关于实施〈中华人民共和国公司法〉注册资本登记管理制度的规定》
第 11 条

思维导图

提升市场主体登记便利化程度：
- 当场办结
- 一次办结
- 限时办结
- 集中办理
- 就近办理
- 网上办理
- 异地可办

第三章　有限责任公司的设立和组织机构

第一节 设 立

第四十二条 【股东人数】

旧	新
第二十四条 有限责任公司由五十个以下股东出资设立。 **第五十七条** 一人有限责任公司的设立和组织机构,适用本节规定;本节没有规定的,适用本章第一节、第二节的规定。 本法所称一人有限责任公司,是指只有一个自然人股东或者一个法人股东的有限责任公司。	**第四十二条** 有限责任公司由一个以上五十个以下股东出资设立。

要点注释

2023年修订的公司法明确了一人有限责任公司的法律地位。一人有限责任公司的清算组成员,可以仅由该一人股东担任。

思维导图

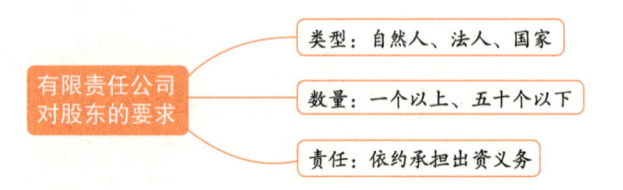

有限责任公司对股东的要求
- 类型:自然人、法人、国家
- 数量:一个以上、五十个以下
- 责任:依约承担出资义务

拓展应用

《民法典》

第1259条

《最高人民法院关于民事执行中变更、追加当事人若干问题的规定》

第20条

《最高人民法院关于适用〈中华人民共和国民法典〉有关担保制度的解释》

第10条

案例精析

1. 熊某平、沈某霞申请执行人执行异议之诉案

案号：最高人民法院（2019）最高法民再 372 号民事判决书

来源：中国裁判文书网

裁判要点

一人有限责任公司只有一个股东，缺乏社团性和相应的公司机关，没有权力分工制衡的内部治理结构，缺乏内部监督。股东既是所有者，又是管理者，个人财产和公司财产极易混同，极易损害公司债权人利益。故通过举证责任倒置，强化一人有限责任公司的财产独立性，从而加强对债权人的保护。

2. 程某某诉上海某某公司、张某、程某股东资格确认纠纷案

案号：上海市第一中级人民法院（2020）沪 01 民终 3024 号民事判决

来源：人民法院案例库 2023-10-2-262-002

裁判要点

外商投资法施行后，《最高人民法院关于审理外商投资企业纠纷案件若干问题的规定（一）》第十四条确立的"外籍隐名股东的股东资格确认及变更登记"的三项司法审查标准应作如下调整：（1）外籍隐名股东已实际投资；（2）名义股东以外的其他股东半数以上认可隐名股东股权并同意变更登记；（3）对于外商投资准入负面清单内的限制类领域，人民法院及当事人在诉讼期间应征得外商投资企业主管机关的同意；对于负面清单外的领域，无需征得外商投资企业主管机关的同意。

第四十三条 【设立协议】

> 第四十三条 有限责任公司设立时的股东可以签订设立协议，明确各自在公司设立过程中的权利和义务。

要点注释

本条是 2023 年公司法修订新增的条文。与股份有限公司发起人协议的规定不同，有限责任公司设立时的股东签订设立协议并不是强制性的，而由当事人根据实际需要自行决定。

思维导图

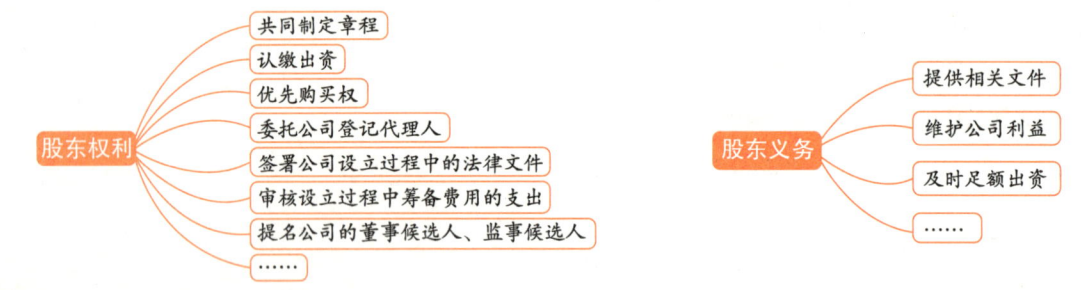

股东权利
- 共同制定章程
- 认缴出资
- 优先购买权
- 委托公司登记代理人
- 签署公司设立过程中的法律文件
- 审核设立过程中筹备费用的支出
- 提名公司的董事候选人、监事候选人
- ……

股东义务
- 提供相关文件
- 维护公司利益
- 及时足额出资
- ……

拓展应用

《最高人民法院关于适用〈中华人民共和国公司法〉若干问题的规定（三）》
第 4 条

第四十四条 【设立责任】

第四十四条 有限责任公司设立时的股东为设立公司从事的民事活动,其法律后果由公司承受。

公司未成立的,其法律后果由公司设立时的股东承受;设立时的股东为二人以上的,享有连带债权,承担连带债务。

设立时的股东为设立公司以自己的名义从事民事活动产生的民事责任,第三人有权选择请求公司或者公司设立时的股东承担。

设立时的股东因履行公司设立职责造成他人损害的,公司或者无过错的股东承担赔偿责任后,可以向有过错的股东追偿。

要点注释

本条是2023年公司法修订新增的条文。根据民法典第七十五条的规定,设立人为设立法人从事的民事活动,其法律后果由法人承受;法人未成立的,其法律后果由设立人承受,设立人为二人以上的,享有连带债权,承担连带债务。设立人为设立法人以自己的名义从事民事活动产生的民事责任,第三人有权选择请求法人或者设立人承担。

拓展应用

《民法典》

第75条

《最高人民法院关于适用〈中华人民共和国公司法〉若干问题的规定(三)》

第2条、第4~5条

《最高人民法院关于适用〈中华人民共和国公司法〉若干问题的规定(四)》

第13~15条

思维导图

设立公司法律后果的承受
- 未成立的,法律后果由设立时的股东承受(股东之间为连带关系)
- 成立的,法律后果由公司承受(公司或无过错的股东可向有过错的股东追偿)

第四十五条 【公司章程制定】

旧	新
第二十三条 设立有限责任公司,应当具备下列条件: (一)股东符合法定人数; (二)有符合公司章程规定的全体股东认缴的出资额; (三)股东共同制定公司章程; (四)有公司名称,建立符合有限责任公司要求的组织机构; (五)有公司住所。	**第四十五条** 设立有限责任公司,应当**由**股东共同制定公司章程。

要点注释

制定公司章程是公司设立的必要条件和必经程序之一。

思维导图

公司章程的特征
- 法定性
- 真实性
- 自治性
- 公开性

公司章程的对内法律效力
- 对公司的效力
- 对股东的效力
- 对股东相互之间的效力
- 对高级管理人员的效力

拓展应用

《民法典》
第 79 条

《公司法》
第 46 条

《市场主体登记管理条例》
第 8 条、第 16 条

案例精析

1. 某资产评估公司诉楼某华等其他与公司有关的纠纷案

来源：《最高人民法院公报》2012 年第 5 期

裁判要点

公司章程是公司组织及活动的基本准则。在作为特殊企业的资产评估公司章程规定股东退休时必须退股，退股时以退股月份上月为结算月份，退还其在公司享有的净资产份额时，股东与公司应该按章履行。

2. 上海某某企业管理咨询有限公司诉上海某某企业管理有限公司公司决议撤销纠纷案

案号：上海市第二中级人民法院（2019）沪 02 民终 4260 号民事判决书

来源：人民法院案例库 2024-08-2-270-002

裁判要点

在审查封闭公司的董事会决议应否撤销时，如果结合公司法及公司章程的规定判断出决议内容构成对公司章程的实质性修改，则相关决议应属股东会而非董事会的职权范围，应予撤销。

第四十六条 【公司章程记载事项】

旧	新
第二十五条 有限责任公司章程应当载明下列事项： （一）公司名称和住所； （二）公司经营范围； （三）公司注册资本； （四）股东的姓名或者名称； （五）股东的出资方式、出资额和出资**时间**； （六）公司的机构及其产生办法、职权、议事规则； （七）公司法定代表人； （八）股东会**会议**认为需要规定的其他事项。 股东应当在公司章程上签名**、**盖章。	**第四十六条** 有限责任公司章程应当载明下列事项： （一）公司名称和住所； （二）公司经营范围； （三）公司注册资本； （四）股东的姓名或者名称； （五）股东的出资额、出资方式和出资**日期**； （六）公司的机构及其产生办法、职权、议事规则； （七）公司法定代表人**的产生、变更办法**； （八）股东会认为需要规定的其他事项。 股东应当在公司章程上签名**或者**盖章。

要点注释

2023年公司法修订，在本条中明确公司法定代表人的产生、变更办法为公司章程记载事项；同时，将第二款中的"签名、盖章"改为"签名或者盖章"，从而避免是否应当同时签名及盖章的争议。

思维导图

公司章程内容：
- 公司名称和住所
- 公司经营范围
- 公司注册资本
- 股东的姓名或者名称
- 股东的出资额、出资方式和出资日期
- 公司的机构及其产生办法、职权、议事规则
- 公司法定代表人的产生、变更办法
- 股东会认为需要规定的其他事项

第四十七条 【注册资本】

旧	新
第二十六条　有限责任公司的注册资本为在公司登记机关登记的全体股东认缴的出资额。 法律、行政法规以及国务院决定对有限责任公司注册资本实缴、注册资本最低限额另有规定的，从其规定。	第四十七条　有限责任公司的注册资本为在公司登记机关登记的全体股东认缴的出资额。**全体股东认缴的出资额由股东按照公司章程的规定自公司成立之日起五年内缴足。** 法律、行政法规以及国务院决定对有限责任公司注册资本实缴、注册资本最低限额、**股东出资期限**另有规定的，从其规定。

▶ 指公司在公司登记机关登记的全体股东认缴的出资额，而非股东实缴的出资额。既包括公司设立时的股东认缴的出资额，也包括公司增资时的股东认缴的出资额。

要点注释

2023年公司法修订，增加了股东应当自公司成立之日起五年内缴足所认缴的出资额的规定。股东应当在公司章程中根据公司及股东的实际情况自行确定不超过五年的出资期限。此外，依照本条第二款的规定，法律、行政法规以及国务院决定有权设置长于或短于五年的出资期限。

思维导图

有限责任公司注册资本制
- 在登记机关登记
- 有固定的出资额
- 出资额是全体股东认缴的出资
- 认缴的出资自公司成立之日起五年内缴足

拓展应用

《证券法》
第120~121条

《最高人民法院关于适用〈中华人民共和国公司法〉若干问题的规定（二）》
第22条

第四十八条 【出资方式】

旧	新
第二十七条 股东可以用货币出资，也可以用实物、知识产权、土地使用权等可以用货币估价并可以依法转让的非货币财产作价出资；但是，法律、行政法规规定不得作为出资的财产除外。 对作为出资的非货币财产应当评估作价，核实财产，不得高估或者低估作价。法律、行政法规对评估作价有规定的，从其规定。	**第四十八条** 股东可以用货币出资，也可以用实物、知识产权、土地使用权、**股权**、**债权**等可以用货币估价并可以依法转让的非货币财产作价出资；但是，法律、行政法规规定不得作为出资的财产除外。 对作为出资的非货币财产应当评估作价，核实财产，不得高估或者低估作价。法律、行政法规对评估作价有规定的，从其规定。

要点注释

2023年修订的公司法新增股权、债权作为非货币财产出资形式。

思维导图

出资人以其他公司股权出资，认定为已履行出资义务的条件：
- 出资的股权由出资人合法持有并依法可以转让
- 出资的股权无权利瑕疵或者权利负担
- 出资人已履行关于股权转让的法定手续
- 出资的股权已依法进行了价值评估

拓展应用

《市场主体登记管理条例》
第13条

《市场主体登记管理条例实施细则》
第13条

《最高人民法院关于适用〈中华人民共和国公司法〉若干问题的规定（三）》
第7~11条

《最高人民法院关于适用〈中华人民共和国公司法〉时间效力的若干规定》
第1条

第四十九条 【股东履行出资义务】

旧	新
第二十八条 股东应当按期足额缴纳公司章程中规定的各自所认缴的出资额。股东以货币出资的，应当将货币出资足额存入有限责任公司在银行开设的账户；以非货币财产出资的，应当依法办理其财产权的转移手续。 股东不按照前款规定缴纳出资的，除应当向公司足额缴纳外，还应当向已按期足额缴纳出资的股东承担违约责任。	**第四十九条** 股东应当按期足额缴纳公司章程规定的各自所认缴的出资额。 股东以货币出资的，应当将货币出资足额存入有限责任公司在银行开设的账户；以非货币财产出资的，应当依法办理其财产权的转移手续。 股东未按期足额缴纳出资的，除应当向公司足额缴纳外，还应当对给公司造成的损失承担赔偿责任。

要点注释

按期足额缴纳出资，是股东的一项重要法定义务，必须严格履行。

思维导图

未按期履行出资义务的责任
- 向公司足额缴纳出资
- 对给公司造成的损失承担赔偿责任

案例精析

某资产管理公司乌鲁木齐办事处与甲工贸公司、乙公司、丙公司等借款合同纠纷案

来源：《最高人民法院公报》2009年第2期

裁判要点

注册资本是公司最基本的资产，确定和维持公司一定数额的资本，对于奠定公司基本的债务清偿能力，保障债权人利益和交易安全具有重要价值。股东出资是公司资本确定、维持原则的基本要求，出资是股东最基本、最重要的义务，股东应当按期足额缴纳公司章程中规定的各自所认缴的出资额。

第五十条 【公司设立时股东的资本充实责任】

旧	新
第三十条 有限责任公司成立后，发现作为设立公司出资的非货币财产的实际价额显著低于公司章程所定价额的，应当由交付该出资的股东补足其差额；公司设立时的其他股东承担连带责任。	第五十条 有限责任公司设立时，股东未按照公司章程规定实际缴纳出资，或者实际出资的非货币财产的实际价额显著低于所认缴的出资额的，设立时的其他股东与该股东在出资不足的范围内承担连带责任。

要点注释

2023年修订的公司法明确了有限责任公司股东未按期足额缴纳出资时的赔偿责任。按期、足额缴纳出资，是股东的一项重要法定义务。

思维导图

股东未履行或者未全面履行出资义务或者抽逃出资时公司的权力 → 根据公司章程或者股东会决议对其利润分配请求权、新股优先认购权、剩余财产分配请求权等股东权利作出相应的合理限制

拓展应用

《最高人民法院关于适用〈中华人民共和国公司法〉若干问题的规定（三）》

第5条、第13条、第16条

第五十一条 【董事会催缴出资】

第五十一条　有限责任公司成立后，董事会应当对股东的出资情况进行核查，发现股东未按期足额缴纳公司章程规定的出资的，应当由公司向该股东发出书面催缴书，催缴出资。

未及时履行前款规定的义务，给公司造成损失的，负有责任的董事应当承担赔偿责任。

要点注释

本条是2023年公司法修订新增的条文，旨在明确董事会有向股东催缴出资的职责。因董事会未及时履行催缴出资义务给公司造成损失的，未依法履行出资义务的股东应当依照本法第四十九条规定承担赔偿责任，负有责任的董事则因违反对公司的勤勉义务而应当承担赔偿责任。

思维导图

董事会对股东的出资义务 → 核查 → 催缴 → 未及时履行前款规定的义务，给公司造成损失 → 赔偿责任

案例精析

某科技公司、胡某生损害公司利益责任纠纷案

案号：最高人民法院（2018）最高法民再366号民事判决书
来源：中国裁判文书网

裁判要点

在公司注册资本认缴制下，公司设立时认缴出资的股东负有的出资义务与公司增资时是相同的，董事、高级管理人员负有的督促股东出资的义务也不应有所差别。

第五十二条 【股东失权】

第五十二条 股东未按照公司章程规定的出资日期缴纳出资，公司依照前条第一款规定发出书面催缴书催缴出资的，可以载明缴纳出资的宽限期；宽限期自公司发出催缴书之日起，不得少于六十日。宽限期届满，股东仍未履行出资义务的，公司经董事会决议可以向该股东发出失权通知，通知应当以书面形式发出。自通知发出之日起，该股东丧失其未缴纳出资的股权。

依照前款规定丧失的股权应当依法转让，或者相应减少注册资本并注销该股权；六个月内未转让或者注销的，由公司其他股东按照其出资比例足额缴纳相应出资。

股东对失权有异议的，应当自接到失权通知之日起三十日内，向人民法院提起诉讼。

要点注释

本条是2023年公司法修订新增的条文。股东失权并不等同于丧失股东资格，股东丧失的是其未缴纳出资的股权，股东已缴纳出资的股权不受影响。只有在股东完全没有履行出资义务的情形下，股东因其丧失全部股权，才可能丧失股东资格。

思维导图

股东失权
- 不少于六十日的宽限期
- 公司在向股东发出书面失权通知之前，应当经董事会决议
- 丧失的股权应当在六个月内转让或者注销
- 六个月内未依法转让或注销的股权，由公司其他股东按出资比例缴纳出资
- 股东失权异议之诉应自接到失权通知之日起三十日内提起

拓展应用

《刑法》
第159条

《最高人民法院关于适用〈中华人民共和国公司法〉若干问题的规定（三）》
第13~14条、第16~17条

案例精析

1. 刘某芳诉某化学科技公司等公司决议效力确认纠纷案

来源：《最高人民法院公报》2023 年第 2 期

裁判要点

有限责任公司的股东未履行出资义务或者抽逃全部出资，经公司催告缴纳或者返还，在合理期间内仍未缴纳或者返还出资的，公司可以股东会决议解除其股东资格。但如果公司股东均为虚假出资或抽逃全部出资，部分股东通过股东会决议解除特定股东的股东资格，由于该部分股东本身亦非诚信守约股东，其行使除名表决权丧失合法性基础，该除名决议应认定为无效。

2. 尤某诉无锡某有限公司股东知情权纠纷案

案号：江苏省无锡市中级人民法院（2017）苏 02 民终 1593 号民事判决书

来源：人民法院案例库 2024-08-2-267-001

裁判要点

股东知情权是股东固有的法定权利，其行使的主体应具有公司股东资格。新公司法出台后，公司法的基础理论最为显著的变化即从严格的法定资本制转变为授权资本制，如果瑕疵出资并不导致公司设立无效，一般不宜轻易否定瑕疵出资者的股东资格。在一般的瑕疵出资（如未足额出资、出资评估价值不实）情形下，如果出资者具备认定股东资格诸要素中的其他任何一个，如股东名册、公司章程记载、工商登记，一般即认定其具有股东资格。在具有股东资格后，即意味着股东享有包括自益权和共益权在内的各项权利。自益权指股东以自身利益为目的行使的权利，主要表现为财产权，如按照出资比例分取红利的权利、依照法律、公司章程转让出资的权利、优先购买其他股东转让出资的权利、优先认购公司新增资本的权利、依法分配公司解散清算后的剩余财产的权利；共益权指股东依法参加公司事务的决策和经营管理的权利，是股东基于公司利益兼为自身利益行使的权利，如股东会或股东大会参加权、提案权、质询权、在股东会或股东大会上的表决权、股东会或股东大会召集请求权、临时股东大会自行召集权与主持权、了解公司事务、查阅公司账簿和其他文件的知情权、公司解散请求权等权利。

关于瑕疵出资股东受到的权利限制，从我国公司法的规定来看，允许公司对瑕疵出资股东予以限制的权利仅限于利润分配请求权、新股优先认购权、剩余财产分配请求权等直接获得财产利益的权利，而对股东知情权的行使并未进行禁止性规定，故股东的出资瑕疵并不必然导致股东资格的丧失，亦不影响股东知情权的行使。

第五十三条 【抽逃出资】

旧	新
第三十五条　公司成立后，股东不得抽逃出资。	第五十三条　公司成立后，股东不得抽逃出资。 违反前款规定的，股东应当返还抽逃的出资；给公司造成损失的，负有责任的董事、监事、高级管理人员应当与该股东承担连带赔偿责任。

要点注释

本条是关于股东抽逃出资的禁止性规定，2023 年修订的公司法规定了股东抽逃出资的赔偿责任。

思维导图

股东抽逃出资情形：
- 制作虚假财务会计报表虚增利润进行分配
- 通过虚构债权债务关系将其出资转出
- 利用关联交易将出资转出
- 其他未经法定程序将出资抽回的行为

拓展应用

《市场主体登记管理条例》

第 45 条

《最高人民法院关于适用〈中华人民共和国公司法〉若干问题的规定（三）》

第 12 条、第 14 条、第 16~17 条、第 19 条

《最高人民检察院公安部关于公安机关管辖的刑事案件立案追诉标准的规定（二）》

第 4 条

第五十四条 【股东提前缴纳出资】

第五十四条 公司不能清偿到期债务的,公司或者已到期债权的债权人有权要求已认缴出资但未届出资期限的股东提前缴纳出资。

要点注释

本条为 2023 年公司法新增条款,规定了公司在不能清偿到期债务的情形下,公司或已到期债权的债权人要求未届出资期限的股东提前缴纳出资的权利。

◊ 思维导图

股东出资应加速到期的情形
- 公司作为被执行人的案件,人民法院穷尽执行措施无财产可供执行,已具备破产原因,但不申请破产的
- 在公司债务产生后,公司股东(大)会决议或以其他方式延长股东出资期限的

拓展应用

《破产法》
第 35 条

《最高人民法院关于适用〈中华人民共和国企业破产法〉若干问题的规定(一)》
第 2 条

《全国法院民商事审判工作会议纪要》
6.【股东出资应否加速到期】

第五十五条 【出资证明书】

旧	新
第三十一条 有限责任公司成立后，应当向股东签发出资证明书。 出资证明书应当载明下列事项： （一）公司名称； （二）公司成立日期； （三）公司注册资本； （四）股东的姓名或者名称、**缴纳**的出资额和出资日期； （五）出资证明书的编号和核发日期。 出资证明书由公司盖章。	**第五十五条** 有限责任公司成立后，应当向股东签发出资证明书，**记载**下列事项： （一）公司名称； （二）公司成立日期； （三）公司注册资本； （四）股东的姓名或者名称、**认缴和实缴**的出资额、**出资方式**和出资日期； （五）出资证明书的编号和核发日期。 出资证明书由**法定代表人签名**，并由公司盖章。

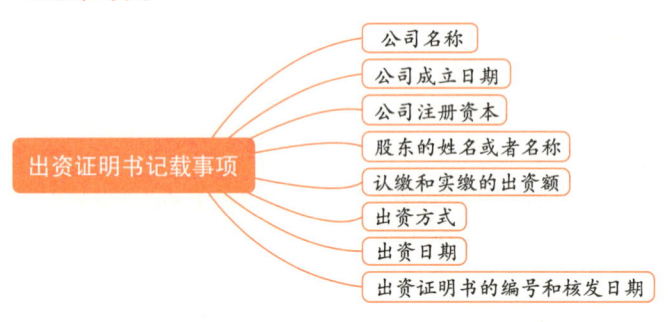

> 指有限责任公司成立后，由公司向股东签发的证明股东已经履行出资义务的法律文件，是投资人成为有限责任公司股东，并依法享有股东权利和承担股东义务的法律凭证。

要点注释

2023 年公司法修订，增加了认缴的出资额作为出资证明书的记载事项，明确出资证明书除由公司盖章外，还应当由法定代表人签名。出资证明书是有限责任公司向股东签发的证明其已经履行出资义务的法律文件，公司成立后向股东签发出资证明书是公司的一项法定义务。股东分期缴纳出资的，公司应当在股东每一次缴纳出资后向其签发出资证明书，新的出资证明书签发后，公司应当收回并注销原出资证明书。

思维导图

出资证明书记载事项
- 公司名称
- 公司成立日期
- 公司注册资本
- 股东的姓名或者名称
- 认缴和实缴的出资额
- 出资方式
- 出资日期
- 出资证明书的编号和核发日期

第五十六条 【股东名册】

旧	新
第三十二条　有限责任公司应当置备股东名册，记载下列事项： （一）股东的姓名或者名称及住所； （二）股东的出资额； （三）出资证明书编号。 记载于股东名册的股东，可以依股东名册主张行使股东权利。 公司应当将股东的姓名或者名称向公司登记机关登记；登记事项发生变更的，应当办理变更登记。未经登记或者变更登记的，不得对抗第三人。	第五十六条　有限责任公司应当置备股东名册，记载下列事项： （一）股东的姓名或者名称及住所； （二）股东**认缴和实缴**的出资额、**出资方式和出资日期**； （三）出资证明书编号； （四）**取得和丧失股东资格的日期**。 记载于股东名册的股东，可以依股东名册主张行使股东权利。

要点注释

本条规定新增股东出资日期、取得和丧失股东资格的日期之记载事项要求。2023年修订的公司法新增了有限责任公司股东名称记载事项的规定。股东名册的记载是股东向公司主张行使股东权利的重要依据。

拓展应用

《最高人民法院关于人民法院强制执行股权若干问题的规定》

第4条、第17条

《公司法》

第86~87条

▲ 思维导图

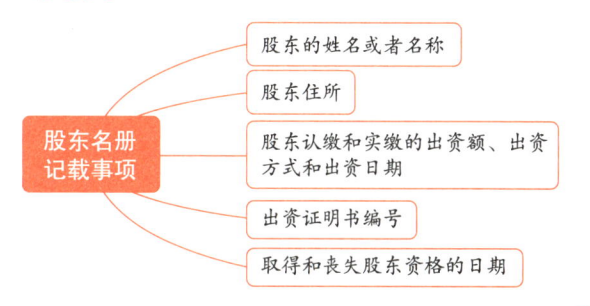

股东名册记载事项：
- 股东的姓名或者名称
- 股东住所
- 股东认缴和实缴的出资额、出资方式和出资日期
- 出资证明书编号
- 取得和丧失股东资格的日期

第五十七条 【股东查阅权】

旧	新
第三十三条 股东有权查阅、复制公司章程、股东会会议记录、董事会会议决议、监事会会议决议和财务会计报告。 股东可以要求查阅公司会计账簿。股东要求查阅公司会计账簿的，应当向公司提出书面请求，说明目的。公司有合理根据认为股东查阅会计账簿有不正当目的，可能损害公司合法利益的，可以拒绝提供查阅，并应当自股东提出书面请求之日起十五日内书面答复股东并说明理由。公司拒绝提供查阅的，股东可以请求人民法院要求公司提供查阅。	**第五十七条** 股东有权查阅、复制公司章程、**股东名册**、股东会会议记录、董事会会议决议、监事会会议决议和财务会计报告。 股东可以要求查阅公司会计账簿、**会计凭证**。股东要求查阅公司会计账簿、**会计凭证**的，应当向公司提出书面请求，说明目的。公司有合理根据认为股东查阅会计账簿、**会计凭证**有不正当目的，可能损害公司合法利益的，可以拒绝提供查阅，并应当自股东提出书面请求之日起十五日内书面答复股东并说明理由。公司拒绝提供查阅的，股东可以向人民法院提起诉讼。 股东查阅前款规定的材料，可以委托会计师事务所、律师事务所等中介机构进行。 股东及其委托的会计师事务所、律师事务所等中介机构查阅、复制有关材料，应当遵守有关保护国家秘密、商业秘密、个人隐私、个人信息等法律、行政法规的规定。 股东要求查阅、复制公司全资子公司相关材料的，适用前四款的规定。

要点注释

2023 年公司法修订，增加了股东可以查阅、复制股东名册的规定。将股东可以查账的范围扩张至公司会计凭证，明确股东查阅公司文件材料时可以委托中介机构进行，同时需要遵守保密义务。

🔺 思维导图

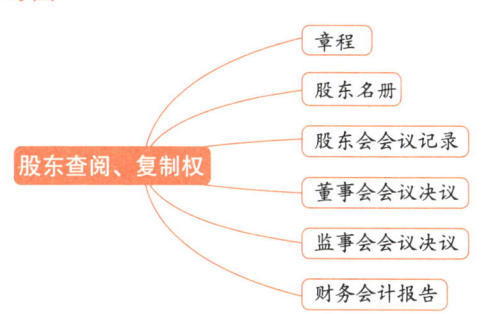

```
                    ┌─ 章程
                    ├─ 股东名册
股东查阅、复制权 ───┼─ 股东会会议记录
                    ├─ 董事会会议决议
                    ├─ 监事会会议决议
                    └─ 财务会计报告
```

拓展应用

《最高人民法院关于适用〈中华人民共和国公司法〉若干问题的规定（四）》
  第 7~12 条

案例精析

李某君、吴某、孙某、王某兴诉置业发展公司股东知情权纠纷案

来源：《最高人民法院公报》2011 年第 8 期

裁判要点

股东知情权是指股东享有了解和掌握公司经营管理等重要信息的权利，是股东依法行使资产收益、参与重大决策和选择管理者等权利的重要基础。账簿查阅权是股东知情权的重要内容。股东要求查阅公司会计账簿，但公司怀疑股东查阅会计账簿的目的是为公司涉及的其他案件的对方当事人收集证据，并以此为由拒绝提供查阅的，不属于公司法规定中股东具有不正当目的、可能损害公司合法利益的情形。

第二节 组织机构

第五十八条 【股东会的组成和定位】

旧	新
第三十六条 有限责任公司股东会由全体股东组成。股东会是公司的权力机构,依照本法行使职权。	第五十八条 有限责任公司股东会由全体股东组成。**股东会是公司的权力机构,依照本法行使职权。**

指依照《公司法》和公司章程的规定设立的,由全体股东共同组成的,对公司经营管理和各种涉及公司及股东利益的事项拥有最高决策权的机构,是股东在公司内部行使股东权的法定组织。

要点注释

　　本条是关于股东会组成及其地位的规定。股东是公司的基础,股东会因此是公司的最高权力机关,影响公司运行的重大问题、根本问题理应由全体股东参与的股东会决定。

拓展应用

《公司法》
第 60 条、第 172 条

《民法典》
第 80 条、第 85 条

▲**思维导图**

股东会、董事会、监事会之间的制衡 —
- 股东会与董事会之间的权力制衡
- 董事会内部的权力制衡
- 董事会对经理的制衡
- 监事会对董事会的制衡

案例精析

1. 钱某芳、甲公司与祝某春、乙公司、祝某安及汪某琛股东权纠纷案

来源：《最高人民法院公报》2006年第7期

裁判要点

在诉讼调解程序中，经人民法院主持，由有限责任公司全体股东召开股东会会议，就股权转让、公司债权债务及资产的处置等问题形成的《股东会决议》，对各股东均有约束力。故该有限责任公司的股东又就《股东会决议》涉及的问题提起新的诉讼时，如不属于依法应予支持的情形，则应当判令当事人各自遵守和执行股东会决议。

2. 刘某某诉常州某某化学科技有限公司等公司决议效力确认纠纷案

案号：江苏省常州市中级人民法院（2018）苏04民终1874号民事判决书

来源：人民法院案例库 2023-08-2-270-002

裁判要点

有限公司的股东未履行出资义务或者抽逃全部出资，经公司催告缴纳或者返还后，在合理期间内仍未缴纳或者返还出资，公司可以股东会决议解除该股东的股东资格。股东除名制度的目的，在于通过剥夺股东资格的方式，惩罚不诚信股东，维护公司和其他诚信股东的权利。如果公司股东均为虚假出资或抽逃全部出资，部分股东通过股东会决议解除特定股东的股东资格，由于该部分股东本身亦非诚信守约股东，其行使除名表决权丧失合法性基础，背离股东除名制度的立法目的，该除名决议应认定为无效。

第五十九条 【股东会的职权】

旧	新
第三十七条 股东会行使下列职权： （一）决定公司的经营方针和投资计划； （二）选举和更换非由职工代表担任的董事、监事，决定有关董事、监事的报酬事项； （三）审议批准董事会的报告； （四）审议批准监事会或者监事的报告； （五）审议批准公司的年度财务预算方案、决算方案； （六）审议批准公司的利润分配方案和弥补亏损方案； （七）对公司增加或者减少注册资本作出决议； （八）对发行公司债券作出决议； （九）对公司合并、分立、解散、清算或者变更公司形式作出决议； （十）修改公司章程； （十一）公司章程规定的其他职权。 对前款所列事项股东以书面形式一致表示同意的，可以不召开股东会会议，直接作出决定，并由全体股东在决定文件上签名、盖章。	**第五十九条** 股东会行使下列职权： （一）选举和更换董事、监事，决定有关董事、监事的报酬事项； （二）审议批准董事会的报告； （三）审议批准监事会的报告； （四）审议批准公司的利润分配方案和弥补亏损方案； （五）对公司增加或者减少注册资本作出决议； （六）对发行公司债券作出决议； （七）对公司合并、分立、解散、清算或者变更公司形式作出决议； （八）修改公司章程； （九）公司章程规定的其他职权。 **股东会可以授权董事会对发行公司债券作出决议。** 对**本条**第一款所列事项股东以书面形式一致表示同意的，可以不召开股东会会议，直接作出决定，并由全体股东在决定文件上签名**或者**盖章。

要点注释

2023年修订的公司法删除了股东会"决定公司的经营方针和投资计划""审议和批准公司的年度财务预算方案、决算方案"的职权，增加了股东会授权董事会对发行公司债券作出决议的职权。

思维导图

股东会职权
- 选举和更换董事、监事，决定有关董事、监事的报酬事项
- 审议批准董事会的报告
- 审议批准监事会的报告
- 审议批准公司的利润分配方案和弥补亏损方案
- 对公司增加或者减少注册资本作出决议
- 对发行公司债券作出决议
- 对公司合并、分立、解散、清算或者变更公司形式作出决议
- 修改公司章程
- 公司章程规定的其他职权

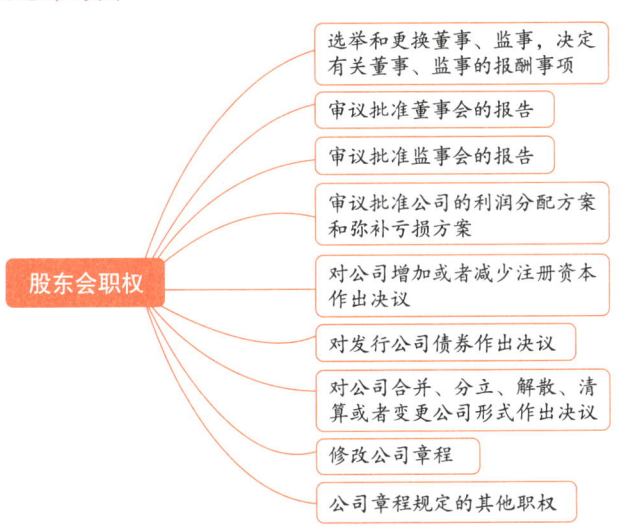

拓展应用

《最高人民法院关于适用〈中华人民共和国公司法〉若干问题的规定（四）》

第5条

案例精析

矿业开发集团与商务公司盈余分配纠纷案

来源：《最高人民法院公报》2023年第1期

裁判要点

股东要求公司分配利润的必要条件是提交载明具体分配方案的股东会决议。具体的利润分配方案应当包括待分配利润数额、分配政策、分配范围以及分配时间等具体分配事项内容。判断利润分配方案是否具体，关键在于综合现有信息能否确定主张分配的权利人根据方案能够得到的具体利润数额。如公司股东会决议确定了待分配利润总额、分配时间，结合公司章程中关于股东按照出资比例分取红利的分配政策之约定，能够确定股东根据方案应当得到的具体利润数额的，该股东会决议载明的利润分配方案应当认为是具体的。

第六十条 【一人有限责任公司的股东决定】

旧	新
第六十一条 一人有限责任公司不设股东会。股东作出**本法第三十七条第一款**所列决定时，应当采用书面形式，并由股东签名后置备于公司。	**第六十条** 只有一个股东的有限责任公司不设股东会。股东作出**前条第一款**所列**事项**的决定时，应当采用书面形式，并由股东签名**或者盖章**后置备于公司。

（1）选举和更换董事、监事，决定有关董事、监事的报酬事项；
（2）审议批准董事会的报告；
（3）审议批准监事会的报告；
（4）审议批准公司的利润分配方案和弥补亏损方案；
（5）对公司增加或者减少注册资本作出决议；
（6）对发行公司债券作出决议；
（7）对公司合并、分立、解散、清算或者变更公司形式作出决议；
（8）修改公司章程；
（9）公司章程规定的其他职权。

要点注释

虽然一人有限责任公司不设股东会，但基于公司人格独立的要求，唯一的股东在处理公司事务时也应当遵守必要的程序性规定。一人有限责任公司也应以书面形式记载其运营状况，单一股东的决议应以书面形式记录。

拓展应用

《公司法》
第59条

思维导图

一人有限责任公司行使职权
- 作出决定时，采用书面形式
- 作出决定后，将所形成的书面材料置备于公司

第六十一条 【首次股东会会议】

旧	新
第三十八条 首次股东会会议由出资最多的股东召集和主持，依照本法规定行使职权。	第六十一条 首次股东会会议由出资最多的股东召集和主持，依照本法规定行使职权。

▶ 指有限责任公司第一次召开的由全体股东参加的会议。

▶ 指向公司实际缴付的出资最多。

要点注释

本条是关于首次股东会会议召集和主持的规定。股东会首次会议应对所议事项的决定作成会议记录，出席首次会议的股东应当在会议记录上签名。

拓展应用

《公司法》
第59条、第63条

思维导图

召集和主持
- 会议的筹备
- 会议的组织
- 会议文件准备
- 会议进程确定和推动
- 有关各项决议通过
- ……

第六十二条 【股东会会议的类型和召开要求】

旧	新
第三十九条 股东会会议分为定期会议和临时会议。 定期会议应当依照公司章程的规定按时召开。代表十分之一以上表决权的股东，三分之一以上的董事，监事会或者不设监事会的公司的监事提议召开临时会议的，应当召开临时会议。	第六十二条 股东会会议分为定期会议和临时会议。 定期会议应当按照公司章程的规定按时召开。代表十分之一以上表决权的股东、三分之一以上的董事或者监事会提议召开临时会议的，应当召开临时会议。

▶ 指按照公司章程的规定在一定时期内必须召开的会议。

▶ 指公司章程中没有明确规定什么时间召开的一种不定期会议。

要点注释

股东会的定期会议应当依照公司章程的规定，按时召开。这就要求公司章程对定期会议作出具体规定。股东会的临时会议是在正常召开的定期会议之外，由于法定事项的出现而临时召开的会议，临时会议是一种因法定人员的提议而召开的会议。

思维导图

股东会会议召开
- 定期会议 —— 根据公司章程
- 临时会议
  - 代表十分之一以上表决权的股东
  - 三分之一以上的董事
  - 监事会提议召开

拓展应用

《公司法》
第113条

第六十三条 【股东会会议的召集和主持】

旧	新
第四十条 有限责任公司设立董事会的,股东会会议由董事会召集,董事长主持;董事长不能履行职务或者不履行职务的,由副董事长主持;副董事长不能履行职务或者不履行职务的,由半数以上董事共同推举一名董事主持。 有限责任公司不设董事会的,股东会会议由执行董事召集和主持。 董事会或者执行董事不能履行或者不履行召集股东会会议职责的,由监事会或者不设监事会的公司的监事召集和主持;监事会或者监事不召集和主持的,代表十分之一以上表决权的股东可以自行召集和主持。	第六十三条 股东会会议由董事会召集,董事长主持;董事长不能履行职务或者不履行职务的,由副董事长主持;副董事长不能履行职务或者不履行职务的,由过半数的董事共同推举一名董事主持。 董事会不能履行或者不履行召集股东会会议职责的,由监事会召集和主持;监事会不召集和主持的,代表十分之一以上表决权的股东可以自行召集和主持。

要点注释

本条是关于股东会会议的召集与主持方式的规定。为了确保股东会会议的顺利召开,会议需要有召集人和主持人。

拓展应用

《公司法》
第114~115条

思维导图

股东会会议的主持顺位 → 董事长 → 副董事长 → 过半数的董事共同推举一名董事 → 监事会 → 代表十分之一以上表决权的股东

第六十四条 【股东会会议的通知和记录】

旧	新
第四十一条 召开股东会会议，应当于会议召开十五日前通知全体股东；但是，公司章程另有规定或者全体股东另有约定的除外。 股东会应当对所议事项的决定作成会议记录，出席会议的股东应当在会议记录上签名。	**第六十四条** 召开股东会会议，应当于会议召开十五日前通知全体股东；但是，公司章程另有规定或者全体股东另有约定的除外。 股东会应当对所议事项的决定作成会议记录，出席会议的股东应当在会议记录上签名**或者盖章**。

要点注释

　　2023年修订的公司法将盖章作为确认股东会议记录的方式。会议记录是法律明确规定的要求，公司不得违反。股东会会议的召集人、主持人，应当对会议记录做出具体安排，指定专人进行记录。会议记录的内容，是所议事项的决议，即会议讨论的议题及其结论性意见。出席股东会议的股东，需要在会议记录上签名。会议记录是股东为决议后果承担法律责任的依据，与会股东的签名就是对决议负责认可，未参加会议、拒绝签字或签字否定决议的股东，对股东会决议不负责任。

思维导图

会议记录内容
- 时间
- 地点
- 主席
- 议事内容
- 议事结果

股东在会议记录上签名或者盖章的作用
- 具备核实作用
- 具备效力作用
- 具备证明作用

第六十五条 【股东表决权】

旧	新
第四十二条 股东会会议由股东按照出资比例行使表决权；但是，公司章程另有规定的除外。	第六十五条 股东会会议由股东按照出资比例行使表决权；但是，公司章程另有规定的除外。

指股东基于投资人的法律地位，依照公司法或者公司章程的规定，在股东会会议上对公司重大经营决策事项实施影响，而表示自己同意、不同意或放弃发表意见的权利。

要点注释

公司章程可以对股东会会议表决权的行使方式作出变通性规定。表决是股东做出决议的重要方式。

思维导图

股东表决权行使方式
- 本人投票 VS 委托投票
- 现场投票 VS 通信投票
- 直接投票 VS 累积投票

拓展应用

《全国法院民商事审判工作会议纪要》
7.【表决权能否受限】

案例精析

甲公司与乙公司、丙公司、丁公司股权确认纠纷案

来源：《最高人民法院公报》2012 年第 1 期

裁判要点

在公司注册资本符合法定要求的情况下，各股东的实际出资数额和持有股权比例应属于公司股东意思自治的范畴。股东持有股权的比例一般与其实际出资比例一致，但有限责任公司的全体股东内部也可以约定不按实际出资比例持有股权，这样的约定并不影响公司资本对公司债权担保等对外基本功能的实现。如该约定是各方当事人的真实意思表示，且未损害他人的利益，不违反法律和行政法规的规定，应属有效，股东按照约定持有的股权应当受到法律的保护。

第六十六条 【股东会决议通过比例】

旧	新
第四十三条 股东会的议事方式和表决程序，除本法有规定的外，由公司章程规定。 股东会会议作出修改公司章程、增加或者减少注册资本的决议，以及公司合并、分立、解散或者变更公司形式的决议，必须经代表三分之二以上表决权的股东通过。	第六十六条 股东会的议事方式和表决程序，除本法有规定的外，由公司章程规定。 股东会作出决议，应当经代表过半数表决权的股东通过。 股东会作出修改公司章程、增加或者减少注册资本的决议，以及公司合并、分立、解散或者变更公司形式的决议，应当经代表三分之二以上表决权的股东通过。

指公司股东会以什么方式就公司的重大问题进行讨论并作出决议。

指公司股东会决定事项如何进行表决和表决时需要多少股东赞成，才能通过某一特定的决议。

要点注释

2023 年修订的公司法新增了股东会决议应经代表过半数表决权的股东同意的规定。

◊ 思维导图

股东会决议
- 普通决议 —— 经代表过半数表决权的股东通过
- 特别决议 —— 经代表三分之二以上表决权的股东通过

须经代表三分之二以上表决权的股东通过：
- 修改公司章程
- 增加或者减少注册资本
- 公司合并
- 公司分立
- 公司解散
- 变更公司形式

> **拓展应用**
>
> 《公司法》
> 第 25 条、条 26 条
>
> 《民法典》
> 第 85 条

案例精析

1. 阿拉尔市某国有资产投资有限责任公司诉酒泉某化工有限公司借款合同纠纷案

案号：最高人民法院（2021）最高法民申 1955 号民事裁定书

来源：人民法院案例库 2023-16-2-103-005

裁判要点

股东向公司汇款的性质，需结合是否符合法律和公司章程有关增资的规定、股东增资决议、股东之间的协议、股东和公司会计账册的记载、公司审计报告的记载、股东和公司之间关于案涉款项的付款和收款凭证等各项证据加以判断。公司股东为公司运营投入目标公司的款项，属于目标公司的债务，不是公司股东的投资款项。

2. 谢某、刘某诉安徽某化工有限责任公司公司决议纠纷案

案号：安徽省合肥市中级人民法院（2014）合民二终字第 00036 号民事判决书

来源：人民法院案例库 2023-08-2-270-001

裁判要点

对股东会决议效力的审查，一方面是程序的合法性审查，另一方面也要重视决议内容的合法性审查。公司股东会决议以"补偿金"名义对股东发放巨额款项，在公司并无实际补偿事由，且无法明确款项来源的情形下，此类"补偿金"不符合公司法的"分红"程序，也超出"福利"的一般数额标准，属于变相分配公司资产，损害部分股东的利益，更有可能影响债权人的利益，应依法认定为无效。

第六十七条 【董事会的职权】

旧	新
第四十六条　董事会对股东会负责，行使下列职权： （一）召集股东会会议，并向股东会报告工作； （二）执行股东会的决议； （三）决定公司的经营计划和投资方案； （四）制订公司的年度财务预算方案、决算方案； （五）制订公司的利润分配方案和弥补亏损方案； （六）制订公司增加或者减少注册资本以及发行公司债券的方案； （七）制订公司合并、分立、解散或者变更公司形式的方案； （八）决定公司内部管理机构的设置； （九）决定聘任或者解聘公司经理及其报酬事项，并根据经理的提名决定聘任或者解聘公司副经理、财务负责人及其报酬事项； （十）制定公司的基本管理制度； （十一）公司章程规定的其他职权。	第六十七条　有限责任公司设董事会，本法第七十五条另有规定的除外。 董事会行使下列职权： （一）召集股东会会议，并向股东会报告工作； （二）执行股东会的决议； （三）决定公司的经营计划和投资方案； （四）制订公司的利润分配方案和弥补亏损方案； （五）制订公司增加或者减少注册资本以及发行公司债券的方案； （六）制订公司合并、分立、解散或者变更公司形式的方案； （七）决定公司内部管理机构的设置； （八）决定聘任或者解聘公司经理及其报酬事项，并根据经理的提名决定聘任或者解聘公司副经理、财务负责人及其报酬事项； （九）制定公司的基本管理制度； （十）公司章程规定**或者股东会授予**的其他职权。 公司章程对董事会职权的限制不得对抗善意相对人。

要点注释

2023年修订的公司法删除了董事会"制订公司的年度财务预算方案、决算方案"的职权,新增了股东会授予董事会其他职权的权力,明确了公司章程对董事会权力的限制不得对抗善意相对人。

思维导图

董事会的职权
- 召集股东会会议,并向股东会报告工作
- 执行股东会的决议
- 决定公司的经营计划和投资方案
- 制订公司的利润分配方案和弥补亏损方案
- 制订公司增加或者减少注册资本以及发行公司债券的方案
- 制订公司合并、分立、解散或者变更公司形式的方案
- 决定公司内部管理机构的设置
- 决定聘任或者解聘公司经理及其报酬事项
- 根据经理的提名决定聘任或者解聘公司副经理、财务负责人及其报酬事项
- 制定公司的基本管理制度
- 公司章程规定或者股东会授予的其他职权

拓展应用

《民法典》
第61条、第80~81条

《外商投资法》
第31条

第六十八条 【董事会的组成】

旧	新
第四十四条 有限责任公司设董事会，其成员为三人至十三人；但是，本法第五十条另有规定的除外。 两个以上的国有企业或者两个以上的其他国有投资主体投资设立的有限责任公司，其董事会成员中应当有公司职工代表；其他有限责任公司董事会成员中可以有公司职工代表。董事会中的职工代表由公司职工通过职工代表大会、职工大会或者其他形式民主选举产生。 董事会设董事长一人，可以设副董事长。董事长、副董事长的产生办法由公司章程规定。	第六十八条 有限责任公司董事会成员为三人以上，其成员中可以有公司职工代表。职工人数三百人以上的有限责任公司，**除依法设监事会并有公司职工代表的外**，其董事会成员中应当有公司职工代表。董事会中的职工代表由公司职工通过职工代表大会、职工大会或者其他形式民主选举产生。 董事会设董事长一人，可以设副董事长。董事长、副董事长的产生办法由公司章程规定。

要点注释

董事会是公司的经营决策机构，受公司股东会的委托或者委任从事经营管理活动。2023年公司法修订，取消了董事会成员人数上限的规定。公司可以根据自身情况决定董事会成员中是否要有公司职工代表。然而，一旦职工人数达到一定规模，公司除依法保护职工合法权益、组织工会并开展工会活动外，还应当依照本条规定有职工代表作为董事会成员。公司设董事会就必须设董事长，但副董事长的设置及人数则由公司根据自身情况决定。

思维导图

董事会的组成 ─┬─ 董事长
　　　　　　　├─ 副董事长
　　　　　　　└─ 董事

第六十九条 【审计委员会和监事会的选择设置】

第六十九条　有限责任公司可以按照公司章程的规定在董事会中设置由董事组成的审计委员会，行使本法规定的监事会的职权，不设监事会或者监事。公司董事会成员中的职工代表可以成为审计委员会成员。

要点注释

本条为 2023 年公司法新增条款，旨在赋予公司在内部监督机构设置方面享有选择权，规定了有限责任公司可以选择设置单层制的治理结构。

思维导图

- 监督机构
  - 审计委员会
  - 监事会

- 上市公司审计委员会职责
  - 监督及评估外部审计工作，提议聘请或者更换外部审计机构
  - 监督及评估内部审计工作，负责内部审计与外部审计的协调
  - 审核公司的财务信息及其披露
  - 监督及评估公司的内部控制
  - 负责法律法规、公司章程和董事会授权的其他事项

拓展应用

《公司法》
第 70 条

《上市公司治理准则》
第 38~39 条

第七十条 【董事的任期和辞任】

旧	新
第四十五条 董事任期由公司章程规定，但每届任期不得超过三年。董事任期届满，连选可以连任。 董事任期届满未及时改选，或者董事在任期内辞职导致董事会成员低于法定人数的，在改选出的董事就任前，原董事仍应当依照法律、行政法规和公司章程的规定，履行董事职务。	第七十条 董事任期由公司章程规定，但每届任期不得超过三年。董事任期届满，连选可以连任。 董事任期届满未及时改选，或者董事在任期内辞任导致董事会成员低于法定人数的，在改选出的董事就任前，原董事仍应当依照法律、行政法规和公司章程的规定，履行董事职务。 董事辞任的，应当以书面形式通知公司，公司收到通知之日辞任生效，但存在前款规定情形的，董事应当继续履行职务。

要点注释

2023年公司法修订，增加了董事辞任的规定，同时将原来规定中的"辞职"改为"辞任"，并新增董事辞任应当以书面形式及其生效时间的规定。

拓展应用

《民法典》
第933条

思维导图

董事不得辞任情形
- 董事在任期届满未及时改选
- 董事在任期内辞任导致董事会成员低于法定人数

第七十一条 【董事的解任】

第七十一条 股东会可以决议解任董事，决议作出之日解任生效。
无正当理由，在任期届满前解任董事的，该董事可以要求公司予以赔偿。

▶ 无正当理由解任董事，侵害了其预期利益，视为侵权行为。

要点注释

董事与公司之间为委任关系。股东会作为公司的权力机构，有权在董事任期届满前随时解任董事。股东会解任董事的，应当依法作出股东会决议。

思维导图

解任董事
├── 有正当理由 —— 无权要求公司予以赔偿
└── 无正当理由 —— 有权要求公司予以赔偿

拓展应用

《最高人民法院关于适用〈中华人民共和国公司法〉若干问题的规定（五）》
第3条

案例精析

王某治、某公司公司决议撤销纠纷案

案号：浙江省高级人民法院（2019）浙民申4018号民事裁定书

来源：中国裁判文书网

裁判要点

虽岑某平被法院列入失信人员，但其并非即刻自然解除董事长职务，其职务解除仍需经法律和章程规定的相应程序。在未经股东会会议决定罢免其董事长职务之前，其仍有权以董事长身份召集和主持董事会。即使岑某平的董事长职务于2017年9月26日被通知解除，也因某公司董事余某飞在逃，在没有选举新的董事并被推举为董事长之前，某公司董事会只有一名董事仍可正常履职。

第七十二条 【董事会会议的召集和主持】

旧	新
第四十七条　董事会会议由董事长召集和主持；董事长不能履行职务或者不履行职务的，由副董事长召集和主持；副董事长不能履行职务或者不履行职务的，由半数以上董事共同推举一名董事召集和主持。	第七十二条　董事会会议由董事长召集和主持；董事长不能履行职务或者不履行职务的，由副董事长召集和主持；副董事长不能履行职务或者不履行职务的，由过半数的董事共同推举一名董事召集和主持。

要点注释

　　本条规定了董事在董事长、副董事长不能履行或不履行召集和主持董事会会议时推举一名董事召集和主持的人数比例，将原公司法"半数以上董事"修改为"过半数的董事"，以符合全国人民代表大会常务委员会法制工作委员会关于立法技术规范的相关规定。

思维导图

股东会会议召集和主持顺序 → 董事长 → 副董事长 → 过半数的董事共同推举一名董事

案例精析

某能源集团有限公司、某物资储备有限公司确认合同无效纠纷案

案号：最高人民法院（2019）最高法民再35号民事判决书
来源：中国裁判文书网

裁判要点

　　董事长作为董事会的负责人，对于公司的总体发展、生产经营等承担着重要的职责，因此，参照《公司法》相关条文的规定，董事长因故不能履职时，理应通过法定程序让渡权力或者进行改选，而不能通过个人总体概括授权的方式让渡董事长职权。

第七十三条 【董事会的议事方式和表决程序】

旧	新
第四十八条　董事会的议事方式和表决程序，除本法有规定的外，由公司章程规定。 　　董事会应当对所议事项的决定作成会议记录，出席会议的董事应当在会议记录上签名。 　　董事会决议的表决，实行一人一票。	第七十三条　董事会的议事方式和表决程序，除本法有规定的外，由公司章程规定。 　　**董事会会议应当有过半数的董事出席方可举行。董事会作出决议，应当经全体董事的过半数通过。** 　　董事会决议的表决，应当一人一票。 　　董事会应当对所议事项的决定作成会议记录，出席会议的董事应当在会议记录上签名。

要点注释

2023年公司法修订，增加了董事会会议最低出席人数和表决通过比例的内容。董事会决议应当一人一票，即董事会全体成员，不论是董事长、副董事长，还是普通的董事，在董事会决议的表决上，都只享有一票的权利，相互之间不存在表决权大小的问题。这表明董事长、副董事长在董事会中，与其他董事的法律地位是平等的，在董事会决议的表决上，既无加重表决权，也无最后决定权。董事会是一个集体行使职权的公司内部机构，而不是一个由董事长或者副董事长个人负责的机构，每个董事可以各负其责，但由董事会整体对股东会负责。

思维导图

董事会的议事方式和表决程序
- 举行董事会条件：有过半数的董事出席
- 作出决议条件：经全体董事的过半数通过
- 决议的表决：应当一人一票
- 其他：应当对所议事项的决定作成会议记录，并由出席董事签名

拓展应用

《公司法》
第25~26条

第七十四条 【经理及其职权】

旧	新
第四十九条 有限责任公司可以设经理，由董事会决定聘任或者解聘。经理对董事会负责，行使下列职权： （一）主持公司的生产经营管理工作，组织实施董事会决议； （二）组织实施公司年度经营计划和投资方案； （三）拟订公司内部管理机构设置方案； （四）拟订公司的基本管理制度； （五）制定公司的具体规章； （六）提请聘任或者解聘公司副经理、财务负责人； （七）决定聘任或者解聘除应由董事会决定聘任或者解聘以外的负责管理人员； （八）董事会授予的其他职权。 公司章程对经理职权另有规定的，从其规定。 经理列席董事会会议。	**第七十四条** 有限责任公司可以设经理，由董事会决定聘任或者解聘。 经理对董事会负责，**根据公司章程的规定或者董事会的授权**行使职权。 经理列席董事会会议。

要点注释

2023年修订的公司法删除了对经理法定职权的具体规定，并规定经理的具体职权由公司章程规定或者由董事会授权。

思维导图

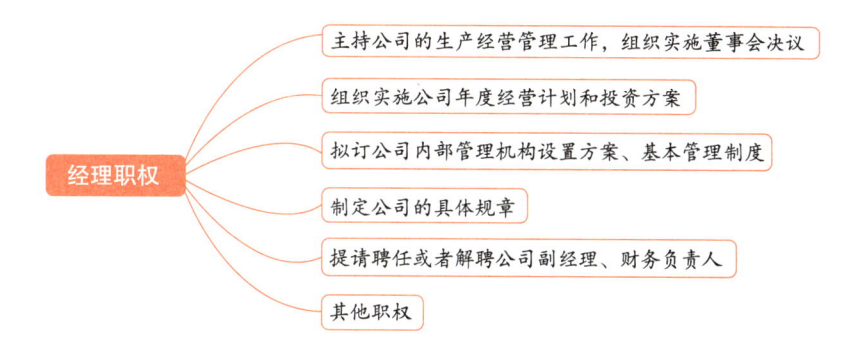

经理职权
- 主持公司的生产经营管理工作，组织实施董事会决议
- 组织实施公司年度经营计划和投资方案
- 拟订公司内部管理机构设置方案、基本管理制度
- 制定公司的具体规章
- 提请聘任或者解聘公司副经理、财务负责人
- 其他职权

案例精析

李某军诉某动力环保科技公司公司决议撤销纠纷案

来源：最高人民法院指导案例10号

裁判要点

人民法院在审理公司决议撤销纠纷案件中应当审查：会议召集程序、表决方式是否违反法律、行政法规或者公司章程，以及决议内容是否违反公司章程。在未违反上述规定的前提下，解聘总经理职务的决议所依据的事实是否属实，理由是否成立，不属于司法审查范围。

第七十五条 【不设董事会的董事及其职权】

旧	新
第五十条 股东人数较少或者规模较小的有限责任公司，可以设一名执行董事，不设董事会。执行董事可以兼任公司经理。执行董事的职权由公司章程规定。	第七十五条 规模较小或者股东人数较少的有限责任公司，可以不设董事会，设一名董事，行使本法规定的董事会的职权。该董事可以兼任公司经理。

（1）召集股东会会议，并向股东会报告工作；
（2）执行股东会的决议；
（3）决定公司的经营计划和投资方案；
（4）制订公司的利润分配方案和弥补亏损方案；
（5）制订公司增加或者减少注册资本以及发行公司债券的方案；
（6）制订公司合并、分立、解散或者变更公司形式的方案；
（7）决定公司内部管理机构的设置；
（8）决定聘任或者解聘公司经理及其报酬事项，并根据经理的提名决定聘任或者解聘公司副经理、财务负责人及其报酬事项；
（9）制定公司的基本管理制度；
（10）公司章程规定或者股东会授予的其他职权。

要点注释

本条是关于有限责任公司不设董事会的规定，实践中，多数有限责任公司股东人数较少，投资规模不大，专门设置董事会没有太大意义。

拓展应用

《公司法》
第67条、第128条

《民法典》
第81条

思维导图

可不设董事会情形 → 规模较小
可不设董事会情形 → 股东人数较少

第七十六条 【监事会的组成、会议召集和主持】

旧	新
第五十一条 有限责任公司设监事会，其成员不得少于三人。股东人数较少或者规模较小的有限责任公司，可以设一至二名监事，不设监事会。 监事会应当包括股东代表和适当比例的公司职工代表，其中职工代表的比例不得低于三分之一，具体比例由公司章程规定。监事会中的职工代表由公司职工通过职工代表大会、职工大会或者其他形式民主选举产生。 监事会设主席一人，由全体监事过半数选举产生。监事会主席召集和主持监事会会议；监事会主席不能履行职务或者不履行职务的，由半数以上监事共同推举一名监事召集和主持监事会会议。 董事、高级管理人员不得兼任监事。	第七十六条 有限责任公司设监事会，本法第六十九条、第八十三条另有规定的除外。 监事会成员为三人以上。监事会成员应当包括股东代表和适当比例的公司职工代表，其中职工代表的比例不得低于三分之一，具体比例由公司章程规定。监事会中的职工代表由公司职工通过职工代表大会、职工大会或者其他形式民主选举产生。 监事会设主席一人，由全体监事过半数选举产生。监事会主席召集和主持监事会会议；监事会主席不能履行职务或者不履行职务的，由过半数的监事共同推举一名监事召集和主持监事会会议。 董事、高级管理人员不得兼任监事。

▶ 指依照法律规定和公司章程规定，代表公司股东和职工对公司董事会、执行董事和经理依法履职情况进行监督的机关。

要点注释

有限责任公司设立监事会，并通过监事会的监督活动，维护公司股东的利益和保护职工的合法权益，监事会对股东会负责并报告工作。

思维导图

监事会
- 定位：公司的监督机构
- 组成：股东代表和适当比例的公司职工代表；三人以上
- 召集和主持监事会会议：监事会主席

第七十七条 【监事的任期和辞任】

旧	新
第五十二条 监事的任期每届为三年。监事任期届满,连选可以连任。 监事任期届满未及时改选,或者监事在任期内辞职导致监事会成员低于法定人数的,在改选出的监事就任前,原监事仍应当依照法律、行政法规和公司章程的规定,履行监事职务。	**第七十七条** 监事的任期每届为三年。监事任期届满,连选可以连任。 监事任期届满未及时改选,或者监事在任期内辞**任**导致监事会成员低于法定人数的,在改选出的监事就任前,原监事仍应当依照法律、行政法规和公司章程的规定,履行监事职务。

要点注释

与董事任期的规定不同,监事任期每届为三年,为固定任期。连选可以连任的规定与董事的规定相同。与董事的情形类似,实践中也有监事任期届满未及时改选,或者监事在任期内辞任导致监事会成员低于法定人数的情形出现。为了确保公司监事会正常运作,在改选出的监事就任前,原监事应当继续履行监事职务,这也是监事的一项法定义务。

◇思维导图

监事仍应履职情形
- 任期届满:未及时改选
- 提前辞职:导致监事会成员低于法定人数

拓展应用

《上市公司章程指引》
第138条

案例精析

1. 刘某行政其他审判监督案

案号：上海市高级人民法院（2017）沪行申 912 号行政裁定书

来源：中国裁判文书网

裁判要点

公司法第五十二条第二款规定，监事任期届满未及时改选，或者监事在任期内辞职导致监事会成员低于法定人数的，在改选出的监事就任前，原监事仍应当依照法律、行政法规和公司章程的规定，履行监事职务。刘某认为其辞职后仍然履行监事职务并不表明其仍就任公司监事一职，缺乏法律依据。根据公司法第三十七条第一款第二项之规定，对于非职工代表担任的监事的选举和更换权限属于有限责任公司股东会。

2. 上海某实业有限公司诉周某等损害公司利益责任纠纷案

案号：上海市黄浦区人民法院（2014）黄浦民二（商）初字第 1166 号民事判决书

来源：人民法院案例库 2024-08-2-276-001

裁判要点

监事在符合条件的股东书面请求其向法院提起诉讼之后，或者监事认为公司董事等经营者确实存在侵犯公司利益行为的，可以在收到股东书面诉讼请求之后三十日之内，或发现董事等经营者确实存在侵犯公司利益的行为三十日内，以公司名义提起诉讼。监事为公司诉讼代表人诉讼结果应由公司承担。监事代表诉讼后，公司和股东不得就同一理由再次向人民法院提起诉讼。

第七十八条 【监事会的职权】

旧	新
第五十三条　监事会、不设监事会的公司的监事行使下列职权： （一）检查公司财务； （二）对董事、高级管理人员执行公司职务的行为进行监督，对违反法律、行政法规、公司章程或者股东会决议的董事、高级管理人员提出罢免的建议； （三）当董事、高级管理人员的行为损害公司的利益时，要求董事、高级管理人员予以纠正； （四）提议召开临时股东会会议，在董事会不履行本法规定的召集和主持股东会会议职责时召集和主持股东会会议； （五）向股东会会议提出提案； （六）依照本法第一百五十一条的规定，对董事、高级管理人员提起诉讼； （七）公司章程规定的其他职权。	第七十八条　监事会行使下列职权： （一）检查公司财务； （二）对董事、高级管理人员执行职务的行为进行监督，对违反法律、行政法规、公司章程或者股东会决议的董事、高级管理人员提出**解任**的建议； （三）当董事、高级管理人员的行为损害公司的利益时，要求董事、高级管理人员予以纠正； （四）提议召开临时股东会会议，在董事会不履行本法规定的召集和主持股东会会议职责时召集和主持股东会会议； （五）向股东会会议提出提案； （六）依照本法第一百八十九条的规定，对董事、高级管理人员提起诉讼； （七）公司章程规定的其他职权。

要点注释

　　2023年公司法修订，将原来规定中的"罢免"改为"解任"。监事会的监督职权可分为财务监督和业务监督两大类，本条第一项为财务监督的体现，其余各项主要是业务监督的内容。

思维导图

监事会职权
- 检查公司财务
- 监督董事、高级管理人员履职情况
- 对董事、高级管理人员提出解任建议
- 要求董事、高级管理人员纠正损害公司利益的行为
- 提议召开临时股东会会议
- 召集和主持股东会会议
- 向股东会会议提出提案
- 依法对董事、高级管理人员提起诉讼
- 公司章程规定的其他职权

拓展应用

《民法典》
第 82 条

《最高人民法院关于适用〈中华人民共和国公司法〉若干问题的规定（四）》
第 23 条

裁判要点

　　根据公司法第五十三条的规定，监事负有检查公司财务及对董事、高级管理人员执行公司职务的行为进行监督的职权，当董事、高级管理人员的行为损害公司的利益时，监事应当要求董事、高级管理人员予以纠正等。在明知公司法定代表人实施损害公司利益的行为时，同时作为公司的财务人员的监事，不仅未予制止，还按照法定代表人的要求执行了损害公司利益行为的，应当认定其未尽到监事的勤勉义务，与该法定代表人对公司的损失承担连带赔偿责任。

案例精析

陕西某置业公司诉张某某、朱某某损害公司利益责任纠纷案

案号：最高人民法院（2021）最高法民申 6621 号民事裁定书
来源：人民法院案例库 2023-08-2-276-002

第七十九条 【监事的质询建议权和监事会的调查权】

旧	新
第五十四条 监事可以列席董事会会议，并对董事会决议事项提出质询或者建议。 监事会、不设监事会的公司的监事发现公司经营情况异常，可以进行调查；必要时，可以聘请会计师事务所等协助其工作，费用由公司承担。	**第七十九条** 监事可以列席董事会会议，并对董事会决议事项提出质询或者建议。 监事会发现公司经营情况异常，可以进行调查；必要时，可以聘请会计师事务所等协助其工作，费用由公司承担。

▶ 指公司经营发生异常变化。

要点注释

本条强化了监事会的监督职能。监事在调查权的行使过程中需要注意：监事会或者监事在行使这项权利的时候应尽量不影响公司正常的生产经营，并且对其中涉及的关系公司利益的信息，特别是商业秘密负有保密的义务。

思维导图

- 监事的权利
  - 质询权
  - 建议权
- 监事会的权利
  - 调查权

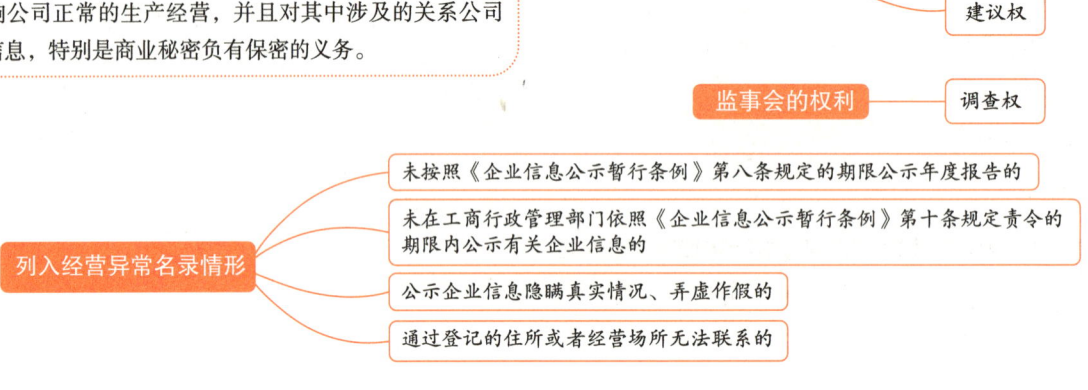

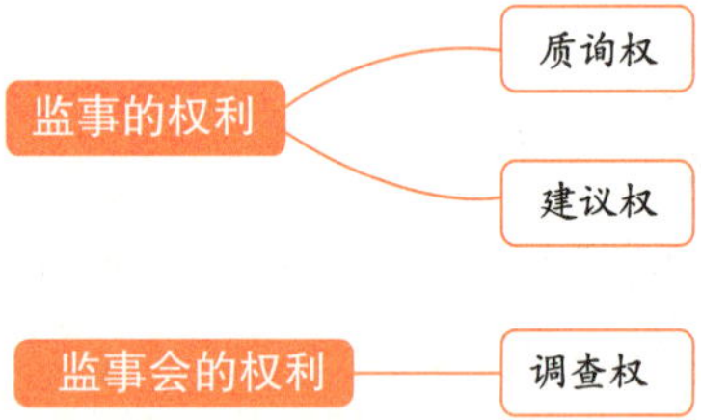

- 列入经营异常名录情形
  - 未按照《企业信息公示暂行条例》第八条规定的期限公示年度报告的
  - 未在工商行政管理部门依照《企业信息公示暂行条例》第十条规定责令的期限内公示有关企业信息的
  - 公示企业信息隐瞒真实情况、弄虚作假的
  - 通过登记的住所或者经营场所无法联系的

第八十条 【董事、高级管理人员配合监事会行使职权】

旧	新
第一百五十条第二款　董事、高级管理人员应当如实向监事会或者不设监事会的有限责任公司的监事提供有关情况和资料，不得妨碍监事会或者监事行使职权。	第八十条　监事会可以要求董事、高级管理人员提交执行职务的报告。 董事、高级管理人员应当如实向监事会提供有关情况和资料，不得妨碍监事会或者监事行使职权。

要点注释

2023年公司法修订，本条第一款内容为新增内容，增加了监事会可以要求董事、高级管理人员提交执行职务的报告的规定。本条第二款规定的是董事、高级管理人员应当按照监事会的要求履行报告义务。

思维导图

- 监事会 —— 要求董事、高级管理人员提交执行职务报告
- 董事、高级管理人员
  - 如实向监事会提供有关情况和资料
  - 不得妨碍监事会或者监事行使职权

案例精析

某股权投资有限公司与刘某梅等损害公司利益责任纠纷案

案号：北京市高级人民法院（2020）京民终696号民事判决书
来源：中国裁判文书网

裁判要点

在判断李某纯、刘某梅是否违反忠实、勤勉义务，应当审视其在职责范围内是否存在违反上述义务的行为，即其是否履行了职责。公司法第一百五十条第二款规定："董事、高级管理人员应当如实向监事会或者不设监事会的有限责任公司的监事提供有关情况和资料，不得妨碍监事会或者监事行使职权。"故，李某纯、刘某梅有义务如实向监事提供有关情况和资料，不得妨碍监事会或者监事行使职权。

第八十一条 【监事会的议事方式和表决程序】

旧	新
第五十五条 监事会每年度至少召开一次会议，监事可以提议召开临时监事会会议。 监事会的议事方式和表决程序，除本法有规定的外，由公司章程规定。 监事会决议应当经半数以上监事通过。 监事会应当对所议事项的决定作成会议记录，出席会议的监事应当在会议记录上签名。	**第八十一条** 监事会每年度至少召开一次会议，监事可以提议召开临时监事会会议。 监事会的议事方式和表决程序，除本法有规定的外，由公司章程规定。监事会决议应当经**全体监事的过半数**通过。 **监事会决议的表决，应当一人一票。** 监事会应当对所议事项的决定作成会议记录，出席会议的监事应当在会议记录上签名。

要点注释

本条是关于监事会会议制度的规定，2023年公司法修订，将监事会决议的通过比例从原来的"半数以上"改为"过半数"，增加了监事会决议的表决应当一人一票的规定。

思维导图

监事会决议
- 召开：每年度至少召开一次
- 议事方式与表决程序：公司章程规定（公司法另有规定除外）
- 表决：一人一票
- 通过：全体监事的过半数
- 其他：当对所议事项的决定作成会议记录，并由出席会议的监事签名

拓展应用

《民法典》
第1259条

第八十二条 【监事会行使职权的费用承担】

旧	新
第五十六条　监事会、不设监事会的公司的监事行使职权所必需的费用，由公司承担。	第八十二条　监事会行使职权所必需的费用，由公司承担。

▶指监事会行使职权所不可缺少的费用。

要点注释

公司给予保障的是监事会或者监事在行使职权过程中所必需的费用，非在行使职权过程中产生的费用，或者是在行使职权的过程中产生的并非必要的费用，公司无负担义务。至于"所必需的费用"究竟包括哪些具体项目，可由公司章程作出规定。

思维导图

"所必需的费用"举例
- 检查公司财务状况时，聘请会计师事务所对财务会计报告进行审计所需要支付的审计费
- 依法对董事、高级管理人员提起诉讼时，需要支付的诉讼费和委托律师所需要支付的律师代理费
- 在董事会不履行本法规定的召集和主持股东会会议职责时，召集和主持股东会会议所需要的会议经费
- 日常工作经费，如调研费用、文印材料等费用

拓展应用

《公司法》
　　第78~79条

《最高人民法院关于适用〈中华人民共和国公司法〉若干问题的规定（四）》
　　第23条

第八十三条 【不设监事会的监事及其职权】

旧	新
第五十一条第一款　有限责任公司设监事会，其成员不得少于三人。股东人数较少或者规模较小的有限责任公司，可以设一至二名监事，不设监事会。	第八十三条　规模较小或者股东人数较少的有限责任公司，可以不设监事会，设一名监事，行使本法规定的监事会的职权；经全体股东一致同意，也可以不设监事。

要点注释

规模较小或者股东人数较少的有限责任公司，可以不设监事会，设一名监事。2023年公司法修订，将只设监事的监事人数从原来的"一至二名"改为"一名"；规定该类公司经全体股东一致同意，也可以不设监事。

思维导图

中小企业划分标准
- 企业从业人员
- 营业收入
- 资产总额
- ……

中小企业类型
- 中型
- 小型
- 微型

拓展应用

《公司法》
第78~79条
《中小企业划型标准规定》

第四章　有限责任公司的股权转让

第八十四条 【股权的自愿转让】

旧	新
第七十一条 有限责任公司的股东之间可以相互转让其全部或者部分股权。 股东向股东以外的人转让股权，应当经其他股东过半数同意。股东应就其股权转让事项书面通知其他股东征求同意，其他股东自接到书面通知之日起满三十日未答复的，视为同意转让。其他股东半数以上不同意转让的，不同意的股东应当购买该转让的股权；不购买的，视为同意转让。 经股东同意转让的股权，在同等条件下，其他股东有优先购买权。两个以上股东主张行使优先购买权的，协商确定各自的购买比例；协商不成的，按照转让时各自的出资比例行使优先购买权。 公司章程对股权转让另有规定的，从其规定。	**第八十四条** 有限责任公司的股东之间可以相互转让其全部或者部分股权。 股东向股东以外的人转让股权的，应**当将**股权转让的**数量、价格、支付方式和期限等**事项书面通知其他股东，其他股东在同等条件下有优先购买权。**股东**自接到书面通知之日起三十日**内**未答复的，视为**放弃优先购买权**。两个以上股东行使优先购买权的，协商确定各自的购买比例；协商不成的，按照转让时各自的出资比例行使优先购买权。 公司章程对股权转让另有规定的，从其规定。

要点注释

有限责任公司的股东自愿向他人转让其股权，既可能是向该有限责任公司的其他股东转让股权，也可能是向该有限责任公司股东以外的人转让股权。

有限责任公司具有一定的人合性，股东向股东以外的人转让股权的，应当将股权转让的数量、价格、支付方式和期限等事项书面通知其他股东，其他股东在同等条件下有优先购买权。书面通知的具体事项，实际上也是判断何谓同等条件的要素。

▲思维导图

其他股东优先购买权
- 相关事项书面通知其他股东
- 其他股东在同等条件下有优先购买权
- 股东自接到书面通知之日起三十日内未答复的，视为放弃优先购买权

拓展应用

《最高人民法院关于适用〈中华人民共和国公司法〉若干问题的规定（四）》

第 16~22 条

《全国法院民商事审判工作会议纪要》

8.【有限责任公司的股权变动】

9.【侵犯优先购买权的股权转让合同的效力】

《最高人民法院关于适用〈中华人民共和国公司法〉时间效力的若干规定》

第 1 条

案例精析

1. 甲公司与乙公司、丙公司、丁公司股权转让合作纠纷案

来源：《最高人民法院公报》2012 年第 5 期

裁判要点

股权转让合同中，即使双方约定转让的股权系合同外的第三人所有，但只要双方的约定只是使一方负有向对方转让股权的义务，而没有实际导致股权所有人的权利发生变化，就不能以出让人对股权无处分权为由认定股权转让合同系无权处分合同进而无效。

2. 孙某某诉张某某、张某公司股权转让纠纷案

案号：最高人民法院（2019）最高法民申 4083 号民事裁定书
来源：人民法院案例库 2023-10-2-269-001

裁判要点

股权转让这一商事行为受公司法调整，股东个人是公司法确认的合法处分主体，股东对外转让登记在其名下的股权并非必须经过其配偶同意，不能仅以股权转让未经配偶同意为由否认股权转让合同的效力。但夫妻一方实施的以不合理低价转让股权的行为，股权受让人知道或者应当知道的，配偶作为债权受损方可以通过债权保全制度请求撤销。有证据证明受让人与出让人恶意串通损害出让人配偶合法权益的，该配偶有权依法主张股权转让合同无效。

第八十五条 【股权的强制转让】

旧	新
第七十二条 人民法院依照法律规定的强制执行程序转让股东的股权时，应当通知公司及全体股东，其他股东在同等条件下有优先购买权。其他股东自人民法院通知之日起满二十日不行使优先购买权的，视为放弃优先购买权。	**第八十五条** 人民法院依照法律规定的强制执行程序转让股东的股权时，应当通知公司及全体股东，其他股东在同等条件下有优先购买权。其他股东自人民法院通知之日起满二十日不行使优先购买权的，视为放弃优先购买权。

要点注释

为确保公司及全体股东知悉人民法院依法强制转让作为被执行人的股东的股权之事宜，人民法院应当及时通知公司及全体股东。与股权的自愿转让类似，在股权的强制转让情形下其他股东在同等条件下也有优先购买权，本条明确规定优先购买权的行使期间是"二十日"。

思维导图

股东优先购买权 → 强制执行程序转让股东的股权 → 通知全体股东 → 其他股东自人民法院通知之日起二十日内行使优先购买权

> **适用拓展**
>
> 《最高人民法院关于适用〈中华人民共和国公司法〉若干问题的规定（四）》
> 第22条
>
> 《最高人民法院关于人民法院强制执行股权若干问题的规定》

案例精析

1. 甲实业（集团）有限公司诉乙电力实业有限公司等股权转让纠纷案

来源：《最高人民法院公报》2016年第5期

裁判要点

虽然国有产权转让应当进产权交易所进行公开交易，但因产权交易所并不具有判断交易一方是否丧失优先购买权这类法律事项的权利，在法律无明文规定且股东未明示放弃优先购买权的情况下，享有优先购买权的股东未进场交易，并不能根据交易所自行制定的"未进场则视为放弃优先购买权"的交易规则，得出其优先购买权已经丧失的结论。

2. 吕某某诉赵某某、甘肃某投资公司、平凉某房地产公司、尚某某股东资格确认纠纷案

案号：甘肃省高级人民法院（2022）甘民申1122号民事裁定书

来源：人民法院案例库2023-08-2-262-009

裁判要点

股份有限公司不具有人合性特点，公司法对股份有限公司股东的股权转让，除发起人及公司高管在一定期限内的限制外，并没有基于维护公司人合性的转让限制，故股份有限公司的实际出资人要求显名具备代持协议合法有效和实际出资或认缴出资两个条件即可。

第八十六条 【股权转让引起的变更股东名册和变更登记】

> 第八十六条 股东转让股权的,应当书面通知公司,请求变更股东名册;需要办理变更登记的,并请求公司向公司登记机关办理变更登记。公司拒绝或者在合理期限内不予答复的,转让人、受让人可以依法向人民法院提起诉讼。
> 股权转让的,受让人自记载于股东名册时起可以向公司主张行使股东权利。

要点注释

本条为2023年公司法新增条款,规定了股权转让后公司负有变更股东名册的义务,公司不履行义务时,赋予了转让人、受让人对其提起诉讼的权利,明确了股权转让后受让人对公司主张权利的时点。

思维导图

法院可以冻结下列资料或者信息之一载明的属于被执行人的股权
- 股权所在公司的章程、股东名册等资料
- 公司登记机关的登记、备案信息
- 国家企业信用信息公示系统的公示信息

适用拓展

《市场主体登记管理条例》

第 24 条

《最高人民法院关于适用〈中华人民共和国公司法〉若干问题的规定（三）》

第 23 条、第 27 条

《最高人民法院关于人民法院强制执行股权若干问题的规定》

第 15 条、第 17 条

《全国法院民商事审判工作会议纪要》

8.【有限责任公司的股权变动】

案例精析

某集团实业有限公司、某投资管理合伙企业案外人执行异议之诉案

案号：最高人民法院（2020）最高法民终 845 号民事判决书

来源：中国裁判文书网

裁判要点

《最高人民法院关于人民法院办理执行异议和复议案件若干问题的规定》第二十五条第一款第四项规定："对案外人的异议，人民法院应当按照下列标准判断其是否系权利人：股权按照工商行政管理机关的登记和企业信用信息公示系统公示的信息判断。"公司法第三十二条第三款规定："公司应当将股东的姓名或者名称向公司登记机关登记；登记事项发生变更的，应当办理变更登记。未经登记或者变更登记的，不得对抗第三人。"公司的工商登记对社会具有公示公信效力，善意第三人有权信赖公司登记机关的登记文件，工商登记表现的权利外观应作为认定股权权属的依据。

第八十七条 【公司在股权转让后的义务】

旧	新
第七十三条 依照本法第七十一条、第七十二条转让股权后，公司应当注销原股东的出资证明书，向新股东签发出资证明书，并相应修改公司章程和股东名册中有关股东及其出资额的记载。对公司章程的该项修改不需再由股东会表决。	第八十七条 依照本法转让股权后，公司应当**及时**注销原股东的出资证明书，向新股东签发出资证明书，并相应修改公司章程和股东名册中有关股东及其出资额的记载。对公司章程的该项修改不需再由股东会表决。

要点注释

股权转让后尚未向公司登记机关办理变更登记，原股东将仍登记于其名下的股权转让、质押或者以其他方式处分，受让股东以其对于股权享有实际权利为由，请求认定处分股权行为无效的，人民法院可以参照民法典第三百一十一条的规定处理。

思维导图

股权转让后的程序性义务
- 注销原股东的出资证明书
- 向新股东签发出资证明书
- 修改公司章程和股东名册

拓展应用

《公司法》
第84~85条

《民法典》
第311条

《市场主体登记管理条例》
第24条

《最高人民法院关于适用〈中华人民共和国公司法〉若干问题的规定（三）》
第27~28条

第八十八条 【股权转让情形下的出资责任】

第八十八条　股东转让已认缴出资但未届出资期限的股权的,由受让人承担缴纳该出资的义务;受让人未按期足额缴纳出资的,转让人对受让人未按期缴纳的出资承担补充责任。

未按照公司章程规定的出资日期缴纳出资或者作为出资的非货币财产的实际价额显著低于所认缴的出资额的股东转让股权的,转让人与受让人在出资不足的范围内承担连带责任;受让人不知道且不应当知道存在上述情形的,由转让人承担责任。

要点注释

2023年修订的公司法吸收了《最高人民法院关于适用〈中华人民共和国公司法〉若干问题的规定(三)》的相关规定,新增了未届期股权转让后的出资责任规定,明确了瑕疵出资股权转让后的出资责任规定。

思维导图

股权转让的出资责任
- 已认缴出资但未届出资期限的股权的:受让人承担、转让人补充
- 未按照公司章程规定的出资日期缴纳出资或者作为出资的非货币财产的实际价额显著低于所认缴的出资额的股东转让股权的:转让人与受让人承担连带责任、善意受让人无责

拓展应用

《公司法》
第50条、第54条

《最高人民法院关于适用〈中华人民共和国公司法〉若干问题的规定(三)》
第18条

《最高人民法院关于适用〈中华人民共和国公司法〉时间效力的若干规定》第4条

第八十九条　【股东股权收购请求权】

旧	新
第七十四条　有下列情形之一的，对股东会该项决议投反对票的股东可以请求公司按照合理的价格收购其股权： （一）公司连续五年不向股东分配利润，而公司该五年连续盈利，并且符合本法规定的分配利润条件的； （二）公司合并、分立、转让主要财产的； （三）公司章程规定的营业期限届满或者章程规定的其他解散事由出现，股东会会议通过决议修改章程使公司存续的。 自股东会会议决议通过之日起六十日内，股东与公司不能达成股权收购协议的，股东可以自股东会会议决议通过之日起九十日内向人民法院提起诉讼。	第八十九条　有下列情形之一的，对股东会该项决议投反对票的股东可以请求公司按照合理的价格收购其股权： （一）公司连续五年不向股东分配利润，而公司该五年连续盈利，并且符合本法规定的分配利润条件的； （二）公司合并、分立、转让主要财产的； （三）公司章程规定的营业期限届满或者章程规定的其他解散事由出现，股东会通过决议修改章程使公司存续。 自股东会决议作出之日起六十日内，股东与公司不能达成股权收购协议的，股东可以自股东会决议作出之日起九十日内向人民法院提起诉讼。 **公司的控股股东滥用股东权利，严重损害公司或者其他股东利益的，其他股东有权请求公司按照合理的价格收购其股权。** **公司因本条第一款、第三款规定的情形收购的本公司股权，应当在六个月内依法转让或者注销。**

要点注释

　　有限责任公司是兼具资合性与人合性的公司，它不仅需要依靠股东的出资来保证公司的设立和运营，同时也需要依靠股东的共同努力来经营管理公司。因此，有限责任公司设立以后，其股东不得随意退出公司。

思维导图

股东股权收购请求权行使条件
- 公司连续五年不向股东分配利润，而公司该五年连续盈利，并且符合法定的分配利润条件
- 公司合并、分立、转让主要财产
- 公司章程规定的营业期限届满或者章程规定的其他解散事由出现，股东会通过决议修改章程使公司存续

拓展应用

《市场主体登记管理条例实施细则》

第 36 条

《最高人民法院关于适用〈中华人民共和国公司法〉若干问题的规定（一）》

第 3 条

《最高人民法院关于适用〈中华人民共和国公司法〉时间效力的若干规定》

第 4 条

案例精析

袁某晖与某公司请求公司收购股份纠纷案

来源：《最高人民法院公报》2016 年第 1 期

裁判要点

根据公司法规定，对股东会决议转让公司主要财产投反对票的股东有权请求公司以合理价格回购其股权。非因自身过错未能参加股东会的股东，虽未对股东会决议投反对票，但对公司转让主要财产明确提出反对意见的，其请求公司以公平价格收购其股权，法院应予支持。

第九十条 【股东资格继承】

旧	新
第七十五条 自然人股东死亡后，其合法继承人可以继承股东资格；但是，公司章程另有规定的除外。	第九十条 自然人股东死亡后，其合法继承人可以继承股东资格；但是，公司章程另有规定的除外。

要点注释

股东的出资额是股东的个人合法财产，将依照民法典继承编的规定，由他人依法继承。但是，继承编规定的继承，仅限于财产权的范围，对于具有人身专属性的身份关系，继承编并没有作出规定。而有限责任公司具有人合性，要成为公司的股东，不仅需要有一定的出资额，而且需要与其他股东之间存在相互信任的关系。按照继承编继承了股东遗产的人，能否具有股东资格，成为公司的股东，还需要予以明确。

思维导图

法定继承顺序
- 第一顺序：配偶、子女、父母
- 第二顺序：兄弟姐妹、祖父母、外祖父母

拓展应用

《民法典》

第124~125条、第1122条

《最高人民法院关于适用〈中华人民共和国公司法〉若干问题的规定（四）》

第16条

案例精析

周某与某房地产开发有限公司股东资格确认纠纷案

案号：最高人民法院（2017）最高法民辖终64号民事裁定书

来源：中国裁判文书网

裁判要点

股东资格的确认是对股权归属的确认，而股权属于综合性权利，既包含财产性权利，又包含非财产性权利，股东资格确认纠纷亦涉及诉讼标的额。

第五章　股份有限公司的设立和组织机构

第一节 设 立

第九十一条 【设立方式】

旧	新
第七十七条 股份有限公司的设立，可以采取发起设立或者募集设立的方式。 　　发起设立，是指由发起人认购公司应发行的全部股份而设立公司。 　　募集设立，是指由发起人认购公司应发行股份的一部分，其余股份向社会公开募集或者向特定对象募集而设立公司。	**第九十一条** 设立股份有限公司，可以采取发起设立或者募集设立的方式。 　　发起设立，是指由发起人认购设立公司时应发行的全部股份而设立公司。 　　募集设立，是指由发起人认购设立公司时应发行股份的一部分，其余股份向特定对象募集或者向社会公开募集而设立公司。

要点注释

　　发起人在设立股份有限公司时，可以根据发起人及公司的具体情况，决定在设立之时是否向社会公众发行股份。根据股份有限公司在设立时是否向社会公众发行股份，本条将股份有限公司的设立，分为发起设立和募集设立两种。

思维导图

股份有限公司设立方式
- 发起设立
- 募集设立
  - 向特定对象募集
  - 向不特定对象募集

拓展应用

《证券法》
第 11 条

《最高人民法院关于适用〈中华人民共和国公司法〉若干问题的规定（三）》
第 1~6 条

第九十二条 【发起人的人数及住所要求】

旧	新
第七十八条 设立股份有限公司,应当有二人以上二百人以下为发起人,其中须有半数以上的发起人在中国境内有住所。	第九十二条 设立股份有限公司,应当有一人以上二百人以下为发起人,其中应当有半数以上的发起人在中华人民共和国境内有住所。

▶ 指为设立公司而签署公司章程、向公司认购出资或者股份并履行公司设立职责的人。

要点注释

2023年公司法修订,将发起人的人数下限从"二人"改为"一人",即发起人可设立一人股份有限公司。发起人是否在中华人民共和国境内有住所,要视其经常居住地或者主要办事机构所在地是否在中华人民共和国境内。

思维导图

发起人在中华人民共和国境内有住所
- 中国公民:公民以其户籍所在地为居住地或者其经常居住地在中华人民共和国境内
- 外国公民:经常居住地在中华人民共和国境内
- 法人:主要办事机构所在地在中华人民共和国境内

拓展应用

《公司法》
第42条

《最高人民法院关于适用〈中华人民共和国公司法〉若干问题的规定(三)》
第1条

第九十三条 【发起人筹办公司的义务及发起人协议】

旧	新
第七十九条　股份有限公司发起人承担公司筹办事务。 发起人应当签订发起人协议，明确各自在公司设立过程中的权利和义务。	第九十三条　股份有限公司发起人承担公司筹办事务。 发起人应当签订发起人协议，明确各自在公司设立过程中的权利和义务。

要点注释

本条是强制性规范。首先，明确规定了发起人有承担公司筹办事务的义务，公司的筹办是公司设立完成的重要前提。其次，发起人签订发起人协议的规定突出了发起人协议在公司设立过程中的重要地位，此协议的内容除符合本法的相关规定外，还同时受到民法典等相关法律的规范。

拓展应用

《民法典》
第75条

《最高人民法院关于适用〈中华人民共和国公司法〉若干问题的规定（二）》
第22条

《最高人民法院关于适用〈中华人民共和国公司法〉若干问题的规定（三）》
第1~6条

思维导图

公司的筹办事务
- 材料的准备
- 申请文件的提交
- 召集主持召开创立大会
- ……

第九十四条 【公司章程制订】

第九十四条　设立股份有限公司，应当由发起人共同制订公司章程。

要点注释

本条为 2023 年公司法新增条款，规定了股份有限公司应由发起人共同制订公司章程。公司章程是公司股东共同一致的意思表示，载明了公司组织和活动的基本准则，是公司的自治规则，对公司、股东、董事、监事、高级管理人员具有约束力，是维持公司高效有序运转的基础性文件。

思维导图

- 公司章程制定主体
  - 有限责任公司：股东
  - 股份有限公司：发起人

- 公司章程效力
  - 股东与股东之间的共同法律行为问题
  - 股东与公司之间的合同问题
  - 董监高的权利义务问题

拓展应用

《民法典》
第 79 条

《公司法》
第 5 条、第 104 条

第九十五条 【公司章程记载事项】

旧	新
第八十一条　股份有限公司章程应当载明下列事项： （一）公司名称和住所； （二）公司经营范围； （三）公司设立方式； （四）公司股份总数、每股金额和注册资本； （五）发起人的姓名或者名称、认购的股份数、出资方式和出资时间； （六）董事会的组成、职权和议事规则； （七）公司法定代表人； （八）监事会的组成、职权和议事规则； （九）公司利润分配办法； （十）公司的解散事由与清算办法； （十一）公司的通知和公告办法； （十二）股东大会会议认为需要规定的其他事项。	第九十五条　股份有限公司章程应当载明下列事项： （一）公司名称和住所； （二）公司经营范围； （三）公司设立方式； （四）公司**注册资本、已发行的**股份数和设立时发行的股份数，面额股的每股金额； （五）**发行类别股的，每一类别股的股份数及其权利和义务**； （六）发起人的姓名或者名称、认购的股份数、出资方式； （七）董事会的组成、职权和议事规则； （八）公司法定代表人**的产生、变更办法**； （九）监事会的组成、职权和议事规则； （十）公司利润分配办法； （十一）公司的解散事由与清算办法； （十二）公司的通知和公告办法； （十三）股东会认为需要规定的其他事项。

要点注释

　　2023年修订的公司法修改了股份有限公司章程的载明事项，以期与股份有限公司的授权资本制、无面额股、类别股等新规定相适应。

思维导图

公司章程记载事项
- 公司名称和住所
- 公司经营范围
- 公司设立方式
- 公司注册资本
- 已发行的股份数
- 设立时发行的股份数
- 面额股的每股金额
- 发行类别股的,每一类别股的股份数及其权利和义务
- 发起人的姓名或者名称、认购的股份数、出资方式
- 董事会的组成、职权和议事规则
- 公司法定代表人的产生、变更办法
- 监事会的组成、职权和议事规则
- 公司利润分配办法
- 公司的解散事由与清算办法
- 公司的通知和公告办法
- 其他事项

拓展应用

《上市公司章程指引》

《国有企业公司章程制定管理办法》

第九十六条 【注册资本】

旧	新
第八十条　股份有限公司采取发起设立方式设立的，注册资本为在公司登记机关登记的全体发起人认购的股本总额。在发起人认购的股份缴足前，不得向他人募集股份。 股份有限公司采取募集方式设立的，注册资本为在公司登记机关登记的实收股本总额。 法律、行政法规以及国务院决定对股份有限公司注册资本实缴、注册资本最低限额另有规定的，从其规定。	第九十六条　股份有限公司的注册资本为在公司登记机关登记的已发行股份的股本总额。在发起人认购的股份缴足前，不得向他人募集股份。 法律、行政法规以及国务院决定对股份有限公司注册资本最低限额另有规定的，从其规定。

要点注释

2023年修订的公司法修改了股份有限公司注册资本的定义，以期与股份有限公司的出资制度、授权资本制等新规定相适应。

拓展应用

《证券法》
第121条

《保险法》
第69条

《商业银行法》
第13条

《注册资本登记制度改革方案》

《市场主体登记管理条例》

《市场主体登记管理条例实施细则》
第36条

《最高人民法院关于适用〈中华人民共和国公司法〉若干问题的规定（二）》
第22条

思维导图

暂不实行注册资本认缴登记制的行业
- 采取募集方式设立的股份有限公司
- 商业银行
- 外资银行
- 金融资产管理公司
- 信托公司
- 财务公司
- 金融租赁公司
- 汽车金融公司
- 消费金融公司
- 货币经纪公司
- 村镇银行
- 贷款公司
- 农村信用合作联社
- 农村资金互助社
- 证券公司
- 期货公司
- 基金管理公司
- 保险公司
- 保险专业代理机构、保险经纪人
- 外资保险公司
- 直销企业
- 对外劳务合作企业
- 融资性担保公司
- 劳务派遣企业
- 典当行
- 保险资产管理公司
- 小额贷款公司

案例精析

某建筑公司与甲投资管理公司、乙投资公司执行异议之诉

案号：最高人民法院（2013）民提字第 226 号民事判决书
来源：中国裁判文书网

裁判要点

1993 年 1 月 7 日，财政部发布的《房地产开发企业会计制度》第 311 号科目"资本公积"部分规定："一、本科目核算企业取得的资本公积，包括接受捐赠、资本溢价、法定资产重估增值、资本汇率折算差额……"对于资本溢价的范围，第二款明确规定"投资人交付的出资额大于注册资本而产生的差额，作为资本溢价。"公司法（1994 年 7 月 1 日起施行）第一百七十八条规定，国务院财政主管部门规定列入资本公积金的其他收入，应当列入公司资本公积金。据此可知，股东对公司的实际出资大于应缴注册资本部分的，应属于公司的资本公积金。

第九十七条 【发起人认购股份】

旧	新
第八十三条 以发起设立方式设立股份有限公司的，发起人应当书面认足公司章程规定其认购的股份，并按照公司章程规定缴纳出资。以非货币财产出资的，应当依法办理其财产权的转移手续。 发起人不依照前款规定缴纳出资的，应当按照发起人协议承担违约责任。 发起人认足公司章程规定的出资后，应当选举董事会和监事会，由董事会向公司登记机关报送公司章程以及法律、行政法规规定的其他文件，申请设立登记。 **第八十四条** 以募集设立方式设立股份有限公司的，发起人认购的股份不得少于公司股份总数的百分之三十五；但是，法律、行政法规另有规定的，从其规定。	**第九十七条** 以发起设立方式设立股份有限公司的，发起人应当认足公司章程规定**的公司设立时应发行**的股份。 以募集设立方式设立股份有限公司的，发起人认购的股份不得少于**公司章程规定**的公司**设立时应发行**股份总数的百分之三十五；但是，法律、行政法规另有规定的，从其规定。

要点注释

2023 年修订的公司法将股份有限公司的出资方式调整为实缴制，本条是对股份有限公司发起人认购股份的要求。

思维导图

股份有限公司设立
- 发起设立：认足公司章程规定的公司设立时应发行的股份
- 募集设立：不得少于公司章程规定的公司设立时应发行股份总数的百分之三十五（法律、行政法规另有规定的除外）

拓展应用

《公司法》

第 48 条

《市场主体登记管理条例》

第 13 条

《最高人民法院关于适用〈中华人民共和国公司法〉若干问题的规定（三）》

第 4 条、第 6 条

案例精析

滁州甲公司诉赵某某等追收未缴出资纠纷案

案号：安徽省滁州市中级人民法院（2019）皖 11 民终 3138 号民事判决书

来源：人民法院案例库 2023-08-2-292-002

裁判要点

债务人或第三人与债权人订立合同，约定将股权形式上转让至债权人名下，债务人到期清偿债务，债权人将该股权返还给债务人或第三人；债务人到期没有清偿债务，债权人可以对股权进行拍卖、变卖、折价偿还债务。该合同名为股权转让，其真实意思表示为股权让与担保，应当以当事人的真实意思表示确定双方之间的权利义务关系。双方虽然已办理股权变更登记，但债权人实质上并不是股东，公司以发起人股东未全面履行出资义务为由，主张名义上的股权受让人对转让人出资不足的部分承担连带缴纳义务的，不予支持。

第九十八条 【发起人履行出资义务】

旧	新
第八十二条 发起人的出资方式，适用本法第二十七条的规定。	第九十八条 发起人应当在公司成立前按照其认购的股份全额缴纳股款。发起人的出资，适用本法第四十八条、第四十九条第二款关于有限责任公司股东出资的规定。

要点注释

2023年公司法修订，明确发起人认购的股份采取实缴制，增加有限责任公司股东出资的部分规定适用于股份有限公司发起人的出资。

思维导图

发起人的出资
- 出资方式
- 出资评估
- 缴纳方式

拓展应用

《最高人民法院关于适用〈中华人民共和国公司法〉若干问题的规定（三）》

第6~11条

案例精析

1. 某酒店、某置业公司等股东出资纠纷案

案号：最高人民法院（2020）最高法民再 85 号民事判决书

来源：中国裁判文书网

裁判要点

我国法律允许股东以能够估价的实物出资，因非货币出资在财产变动上的特殊性，法律规定出资人应将财产从自己名下移转至公司名下，使其成为法人财产，避免公司将来处分财产面临的法律风险。同时，从公司实际利用发挥资本功效的角度而言，办理权属变更仅解决了财产归属和处分权的问题，出资人应将财产实际交付公司，从而使公司能够直接使用而直接获得收益，故已经办权属变更手续但未实际交付的，出资人不享有相应的股东权利。根据权利义务相适应的原则，在出资人完成实际交付且办理权属变更手续而享有相应股东权利的情况下，应将财产实际交付之日认定为完成出资义务的时间。

2. 王某贵、肖某芬与刘某民，某公司等民间借贷纠纷案

案号：重庆市高级人民法院（2015）渝高法民终字第 00533 号民事判决书

来源：中国裁判文书网

裁判要点

虽然胡某良、韩某洧分别将其持有的忠县甲公司 30%、21% 的股权转让给了俞某，胡某勇也将其持有的忠县甲公司 49% 的股权转让给了浙江甲公司，但是发起人的出资义务并不随股权的转让一并转让。而且胡某良、胡某勇、韩某洧在股权转让之前就已抽逃出资，故胡某良、胡某勇、韩某洧应当承担补缴出资的责任。俞某或浙江甲公司是否支付股权转让价款系另一法律关系，不影响胡某良、胡某勇、韩某洧承担补缴出资的责任。

第九十九条 【发起人瑕疵出资的违约责任】

旧	新
第九十三条　股份有限公司成立后，发起人未按照公司章程的规定缴足出资的，应当补缴；其他发起人承担连带责任。 　　股份有限公司成立后，发现作为设立公司出资的非货币财产的实际价额显著低于公司章程所定价额的，应当由交付该出资的发起人补足其差额；其他发起人承担连带责任。	第九十九条　发起人不按照其认购的股份缴纳股款，或者作为出资的非货币财产的实际价额显著低于所认购的股份的，其他发起人与该发起人在出资不足的范围内承担连带责任。

要点注释

本条是关于股份有限公司发起人未依法履行出资义务时，其他发起人的连带责任的规定。

思维导图

发起人出资不足的责任
- 向公司补足充足的资金
- 在未出资本息范围内对公司债务不能清偿的部分承担补充赔偿责任
- 向按章程规定出资的股东承担违约责任

案例精析

叶某与夏某平发起人责任纠纷案

案号：江苏省南京市中级人民法院（2015）宁商终字第681号民事裁定书

来源：中国裁判文书网

裁判要点

公司设立之前，公司发起人之间首先是一种合伙关系，全体发起人均为合伙体的成员，在公司未设立成功的情况下，合伙体应对设立过程中产生的债权债务进行清理。

第一百条 【公开募集股份的招股说明书和认股书】

旧	新
第八十五条　发起人向社会公开募集股份，必须公告招股说明书，并制作认股书。认股书应当载明本法第八十六条所列事项，由认股人填写认购股数、金额、住所，并签名、盖章。认股人按照所认购股数缴纳股款。	第一百条　发起人向社会公开募集股份，应当公告招股说明书，并制作认股书。认股书应当载明本法第一百五十四条第二款、第三款所列事项，由认股人填写认购的股份数、金额、住所，并签名或者盖章。认股人应当按照所认购股份足额缴纳股款。

指公司或发起人向社会公开募集股份时向社会公众公开的书面说明文件。

要点注释

招股说明书属于民法典第四百七十三条规定的要约邀请。认股书由于明确记载了认购股份数、金额等内容，实为发起人向认股人发出的要约。认股人填写认股书并签名或者盖章是一种承诺，表明认股人同意认购股份，自此认购股份的合同成立，发起人和认股人都应当履行合同义务。

思维导图

招股说明书载明事项
- 发行的股份总数
- 面额股的票面金额和发行价格或者无面额股的发行价格
- 募集资金的用途
- 认股人的权利和义务
- 股份种类及其权利和义务
- 本次募股的起止日期及逾期未募足时认股人可以撤回所认股份的说明

拓展应用

《民法典》
第473条

《公司法》
第154条

《证券法》
第86条

第一百零一条 【公开募集股份的验资】

旧	新
第八十九条第一款　发行股份的股款缴足后,必须经依法设立的验资机构验资并出具证明。发起人应当自股款缴足之日起三十日内主持召开公司创立大会。创立大会由发起人、认股人组成。	第一百零一条　向社会公开募集股份的股款缴足后,应当经依法设立的验资机构验资并出具证明。

要点注释

本条是关于公开募集股份的验资的规定。为了确保公司资本充实以及向认股人披露公司募集股份的具体情况,验资则是必不可少的法律程序。发起人之间有发起人协议和法定责任约束,无需验资证明。

思维导图

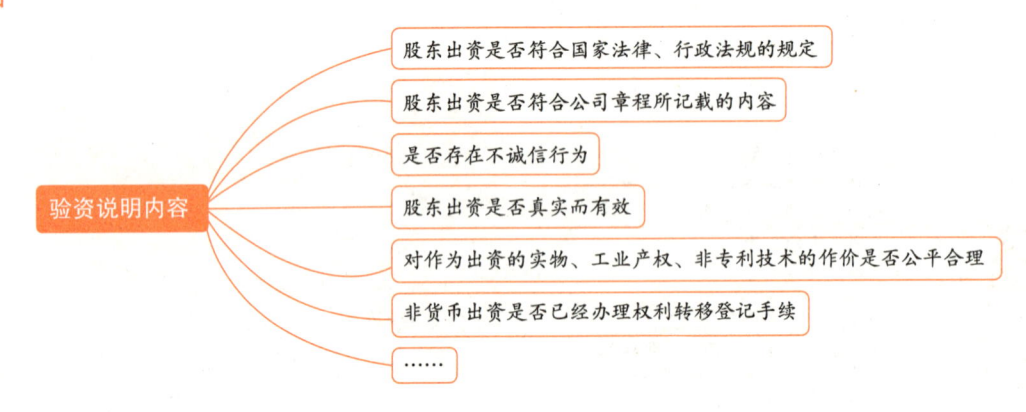

验资说明内容
- 股东出资是否符合国家法律、行政法规的规定
- 股东出资是否符合公司章程所记载的内容
- 是否存在不诚信行为
- 股东出资是否真实而有效
- 对作为出资的实物、工业产权、非专利技术的作价是否公平合理
- 非货币出资是否已经办理权利转移登记手续
- ……

拓展应用

《注册会计师法》

第 14 条

《最高人民法院关于金融机构为企业出具不实或者虚假验资报告资金证明如何承担民事责任问题的通知》

案例精析

1. 重庆某制造公司与李某、黄某等追收未缴出资纠纷案

来源：重庆市第五中级人民法院 2023 年度商事审判十大典型案例之九[①]

裁判要点

李某所称已履行的出资义务，既未进行验资也无外部公示，这种内部关联账目调整的行为违反了资本充实原则，损害了重庆某制造公司外部债权人的利益。法院对李某抗辩已履行出资义务的意见不予认可。遂判决李某履行出资义务，黄某作为名义股东应当承担补充赔偿责任。

2. 某投资公司与某上市公司虚假陈述案

来源：青岛市中级人民法院金融审判典型案例（2014—2023）案例之六[②]

裁判要点

法院经审理认为，某投资公司系专业投资机构，其具备高于普通证券市场投资人的投资技能和专业研究分析能力。同时，该案交易方式存在特殊之处，即某上市公司通过非公开发行股份的方式购买某投资公司所持有的某农投公司股权，某投资公司进行该交易时，较之通过公开募集股份的发行市场或证券交易市场所进行的投资行为而言，应负有更高的专业注意义务。自 2015 年签订《合作协议》至 2018 年签订《发行股份购买资产协议》，某上市公司多次接待了投资者的调研活动，某投资公司有机会亦有可能了解某上市公司的生产经营情况，但某投资公司的证据不足以证明其尽到了谨慎投资义务。另外，该案《合作协议》中，某上市公司的控股股东及某上市公司的实际控制人对某投资公司作了保障性承诺，某投资公司持有某上市公司的股票系基于对兜底承诺的信赖，而非基于对某上市公司所公开的虚假陈述信息的合理信赖。故，某投资公司的投资决定与某上市公司的虚假陈述之间的交易因果关系不能成立，某上市公司等依法不应承担赔偿责任。

---

① 参见重庆市第五中级人民法院网站，http://cq5zy.cqfygzfw.gov.cn/article/detail/2024/01/id/7738529.shtml，最后访问时间：2024 年 4 月 9 日。

② 参见青岛中院微信公众号，https://mp.weixin.qq.com/s/TcszcDvgo0xnCffKAWZ1sw，最后访问时间：2024 年 4 月 9 日。

第一百零二条 【股东名册】

旧	新
第一百三十条 公司发行记名股票的，**应当置备股东名册，记载下列事项**： （一）股东的姓名或者名称及住所； （二）各股东所持股份数； （三）各股东所持股票的编号； （四）各股东取得股份的日期。 发行无记名股票的，公司应当记载其股票数量、编号及发行日期。	**第一百零二条** 股份有限公司应当制作股东名册并置备于公司。股东名册应当记载下列事项： （一）股东的姓名或者名称及住所； （二）各股东所**认购的股份种类及股份数**； （三）**发行纸面形式的股票的**，股票的编号； （四）各股东取得股份的日期。

> 指以纸张为媒体，纸质股票样式在纸面上印有公司名称、公司登记成立的日期、股票种类、票面金额及代表的股份数、股票的编号，以及盖有公司的印章和董事长签名等主要事项的股票。

要点注释

2023年修订的公司法删除了与无记名股票有关的规定。股东名册是有限责任公司依法对本公司股东的基本信息、出资情况及股东资格变动事宜予以登记造册的法律文件，置备股东名册是公司的一项法定义务。

思维导图

股东名册记载事项
- 股东的姓名或者名称及住所
- 各股东所认购的股份种类及股份数
- 发行纸面形式的股票的，股票的编号
- 各股东取得股份的日期

拓展应用

《公司法》

第144条、第147条

《最高人民法院关于适用〈中华人民共和国公司法〉若干问题的规定（三）》

第23条

第一百零三条 【成立大会的召开】

旧	新
第八十九条第一款 发行股份的股款缴足后，必须经依法设立的验资机构验资并出具证明。发起人应当自股款缴足之日起三十日内主持召开公司创立大会。创立大会由发起人、认股人组成。 第九十条第一款 发起人应当在创立大会召开十五日前将会议日期通知各认股人或者予以公告。创立大会应有代表股份总数过半数的发起人、认股人出席，方可举行。	第一百零三条 募集设立股份有限公司的发起人应当自公司设立时应发行股份的股款缴足之日起三十日内召开公司成立大会。发起人应当在成立大会召开十五日前将会议日期通知各认股人或者予以公告。成立大会应当有持有表决权过半数的认股人出席，方可举行。 以发起设立方式设立股份有限公司成立大会的召开和表决程序由公司章程或者发起人协议规定。

要点注释

2023 年修订的公司法将"创立大会"调整为"成立大会"，并明确发起设立股份有限公司的成立大会按照公司章程或者发起人协议召开。

思维导图

公司成立大会要件
- 自公司设立时应发行股份的股款缴足之日起三十日内召开
- 召开十五日前将会议日期通知或公告
- 有持有表决权过半数的认股人出席

案例精析

某银行、某资产管理有限公司案外人执行异议之诉案

案号：最高人民法院（2020）最高法民终 422 号民事判决书

来源：中国裁判文书网

裁判要点

案涉甲银行、乙银行股权于 2016 年 11 月 8 日被冻结，甲银行、乙银行创立大会分别于 2015 年 11 月 20 日、2015 年 11 月 22 日召开，两银行创立大会的召开时间与国家企业信用信息公示系统显示的两公司名称和市场主体类型变更时间，相互佐证，能够证明案涉股权在甲银行、乙银行作为股份有限公司设立一年内被人民法院冻结。

第一百零四条 【成立大会的职权】

旧	新
第九十条第二款 创立大会行使下列职权： （一）审议发起人关于公司筹办情况的报告； （二）通过公司章程； （三）选举董事会成员； （四）选举监事会成员； （五）对公司的设立费用进行审核； （六）对发起人用于抵作股款的财产的作价进行审核； （七）发生不可抗力或者经营条件发生重大变化直接影响公司设立的，可以作出不设立公司的决议。 第九十条第三款 创立大会对前款所列事项作出决议，必须经出席会议的认股人所持表决权过半数通过。	第一百零四条 公司成立大会行使下列职权： （一）审议发起人关于公司筹办情况的报告； （二）通过公司章程； （三）选举董事、监事； （四）对公司的设立费用进行审核； （五）对发起人非货币财产出资的作价进行审核； （六）发生不可抗力或者经营条件发生重大变化直接影响公司设立的，可以作出不设立公司的决议。 成立大会对前款所列事项作出决议，应当经出席会议的认股人所持表决权过半数通过。

要点注释

本条是关于成立大会的职权和表决程序的规定。

拓展应用

《公司法》
第59条、第103条、第112条

思维导图

公司成立大会的职权：
- 审议发起人关于公司筹办情况的报告
- 通过公司章程
- 选举董事、监事
- 对公司的设立费用进行审核
- 对发起人非货币财产出资的作价进行审核
- 发生不可抗力或者经营条件发生重大变化直接影响公司设立的，可以作出不设立公司的决议

第一百零五条 【股款返还和不得抽回股本】

旧	新
第八十九条第二款 发行的股份超过招股说明书规定的**截止期限尚未募足的**，或者发行股份的股款缴足后，发起人在三十日内未召开**创立**大会的，认股人可以按照所缴股款并加算银行同期存款利息，要求发起人返还。 **第九十一条** 发起人、认股人缴纳股款或者交付**抵作股款**的出资后，除未按期募足股份、发起人未按期召开**创立**大会或者**创立**大会决议不设立公司的情形外，不得抽回其股本。	**第一百零五条** 公司设立时应发行的股份未募足，或者发行股份的股款缴足后，发起人在三十日内未召开**成立**大会的，认股人可以按照所缴股款并加算银行同期存款利息，要求发起人返还。 发起人、认股人缴纳股款或者交付**非货币财产**出资后，除未按期募足股份、发起人未按期召开**成立**大会或者**成立**大会决议不设立公司的情形外，不得抽回其股本。

要点注释

本条是关于公司发起人、认股人不得任意抽回股本的规定。一旦公司未成立，则发起人与认股人基于认股书所形成的合同之目的不能实现，发起人因其违约行为应当承担责任。

拓展应用

《民法典》
第 75 条

《公司法》
第 53 条

思维导图

股款返还要件 —— 股份未募足
              —— 未依法召开成立大会

第一百零六条 【董事会授权代表申请设立登记】

旧	新
第九十二条　董事会应于创立大会结束后三十日内，向公司登记机关报送下列文件，申请设立登记： （一）公司登记申请书； （二）创立大会的会议记录； （三）公司章程； （四）验资证明； （五）法定代表人、董事、监事的任职文件及其身份证明； （六）发起人的法人资格证明或者自然人身份证明； （七）公司住所证明。 以募集方式设立股份有限公司公开发行股票的，还应当向公司登记机关报送国务院证券监督管理机构的核准文件。	第一百零六条　董事会应当授权代表，于公司成立大会结束后三十日内向公司登记机关申请设立登记。

要点注释

申请设立登记的主体是董事会。由于董事会是公司的业务执行机关，所以，在成立大会选举董事会成员组成董事会后，董事会就应当负责向公司登记机关申请设立登记，以使公司最终成立。

思维导图

申请办理市场主体登记材料：
- 申请书
- 申请人资格文件、自然人身份证明
- 住所或者主要经营场所相关文件
- 公司、非公司企业法人、农民专业合作社（联合社）章程或者合伙企业合伙协议
- 法律、行政法规和国务院市场监督管理部门规定提交的其他材料

第一百零七条 【股东、董事、监事、高级管理人员的设立责任及资本充实责任】

第一百零七条 本法第四十四条、第四十九条第三款、第五十一条、第五十二条、第五十三条的规定，适用于股份有限公司。

要点注释

本条是关于股东、董事、监事、高级管理人员的设立责任及资本充实责任的规定，为本次修法新增内容。

思维导图

- 第44条 —— 有限责任公司设立时的股东之设立责任
- 第49条第3款 —— 股东瑕疵出资的赔偿责任
- 第51条 —— 董事会催缴出资及负有责任的董事承担赔偿责任
- 第52条 —— 未履行出资义务的股东失权及其救济
- 第53条 —— 抽逃出资及股东返还抽逃出资和负有责任的董事、监事、高级管理人员承担连带赔偿责任

拓展应用

《公司法》

第44条、第49条第3款、第51~53条

《最高人民检察院、公安部关于公安机关管辖的刑事案件立案追诉标准的规定（二）》

第4条

第一百零八条 【变更公司形式的股本折合及公开发行股份规制】

旧	新
第九十五条 有限责任公司变更为股份有限公司时，折合的实收股本总额不得高于公司净资产额。有限责任公司变更为股份有限公司，为增加资本公开发行股份时，应当依法办理。	**第一百零八条** 有限责任公司变更为股份有限公司时，折合的实收股本总额不得高于公司净资产额。有限责任公司变更为股份有限公司，为增加**注册**资本公开发行股份时，应当依法办理。

要点注释

本条是关于有限责任公司变更股份有限公司的规定。为确保变更后的股份有限公司之资本充实及保护公司债权人利益，折合的实收股本总额应以公司净资产额为限。

思维导图

有限责任公司变更为股份有限公司
- 折合的实收股本总额不得高于公司净资产额
- 可为增加注册资本公开发行股份

拓展应用

《市场主体登记管理条例》
第 24 条

《市场主体登记管理条例实施细则》
第 37 条

案例精析

牛某丽、某公司等特许经营合同纠纷案

案号：最高人民法院（2021）最高法民申 5367 号民事裁定书
来源：中国裁判文书网

裁判要点

双方当事人虽然在补充协议中约定牛某丽与某公司应在某足道北京通州玉桥店正式开业前确认牛某丽的投资款总额，但直至原审诉讼时也未对该投资款总额达成一致意见。案涉合同与补充协议对投资款具体包括的项目以及牛某丽主张某公司补足投资款的期限，也均未予以约定。至牛某丽起诉之日前，某公司已由一人有限责任公司变更为有限责任公司。因此，某公司对公司性质变更后形成的债务，应以该公司财产对外独立承担偿还责任。

第一百零九条 【公司特定文件材料的置备】

旧	新
第九十六条　股份有限公司应当将公司章程、股东名册、公司债券存根、股东大会会议记录、董事会会议记录、监事会会议记录、财务会计报告置备于本公司。	第一百零九条　股份有限公司应当将公司章程、股东名册、股东会会议记录、董事会会议记录、监事会会议记录、财务会计报告、债券持有人名册置备于本公司。

- 是公司的行为准则。
- 是确认股东身份和股权的法定依据。
- 是公司决策过程的重要证明，也是股东权益保障的重要依据。
- 记录了董事会的会议过程、讨论事项、决议结果等。
- 包含公司的财务状况、经营成果和现金流量等信息。
- 记录了公司的所有债券持有人及其债券持有情况。

记录了监事会的会议过程、监督事项、决议结果等。

要点注释

本条是关于股份有限公司应当将重要资料置备于公司的规定。保障股东利益，股份有限公司应当将公司章程、股东名册、股东会会议记录等重要文件置备于公司，方便股东查阅。

思维导图

股份有限公司特定文件材料的置备
- 公司章程
- 股东名册
- 股东会会议记录
- 董事会会议记录
- 监事会会议记录
- 财务会计报告
- 债券持有人名册

拓展应用

《公司法》
第5条、第102条、第119条、第124条

第一百一十条 【股东查阅权】

旧	新
第九十七条 股东有权查阅公司章程、股东名册、公司债券存根、股东大会会议记录、董事会会议决议、监事会会议决议、财务会计报告，对公司的经营提出建议或者质询。	**第一百一十条** 股东有权查阅、**复制**公司章程、股东名册、股东会会议记录、董事会会议决议、监事会会议决议、财务会计报告，对公司的经营提出建议或者质询。 连续一百八十日以上单独或者合计持有公司百分之三以上股份的股东要求查阅公司的会计账簿、会计凭证的，适用本法第五十七条第二款、第三款、第四款的规定。公司章程对持股比例有较低规定的，从其规定。 股东要求查阅、复制公司全资子公司相关材料的，适用前两款的规定。 上市公司股东查阅、复制相关材料的，应当遵守《中华人民共和国证券法》等法律、行政法规的规定。

▶ 指由公司置备的，记载股东个人信息和股权信息的法定簿册。公司向股东发放股息、派发新股或者通知召开股东会，往往需要确定股东名册。

▶ 指股东会对所议事项及结果所作的并由主持人和出席会议的股东签名的会议记录。

要点注释

2023年修订的公司法明确了股份有限公司股东的主动享有查阅权、复制权的范围。新增股份有限公司股东查阅公司会计账簿、会计凭证的相关规定，新增股份有限公司股东对子公司查阅、复制权的规定，新增上市公司股东查阅、复制权应援引证券法等法律法规的规定。

思维导图

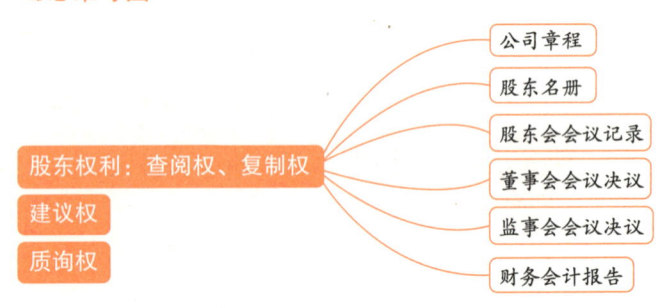

- 股东权利：查阅权、复制权
  - 公司章程
  - 股东名册
  - 股东会会议记录
  - 董事会会议决议
  - 监事会会议决议
  - 财务会计报告
- 建议权
- 质询权

第二节　股东会

第一百一十一条　【股东会的组成和定位】

旧	新
第九十八条　股份有限公司股东**大**会由全体股东组成。股东**大**会是公司的权力机构，依照本法行使职权。	第一百一十一条　股份有限公司股东会由全体股东组成。股东会是公司的权力机构，依照本法行使职权。

要点注释

2023 年修订的公司法将股份有限公司权力机构由"股东大会"改为"股东会"，不再区分有限责任公司、股份有限公司权力机构的称谓。

思维导图

股份有限公司组织机构
- 权力机构：股东会
- 决策机构：董事会
- 监督机构：监事会

案例精析

甲公司与乙公司侵权纠纷案

来源：《最高人民法院公报》2010 年第 2 期

裁判要点

股份公司股东大会作出决议后，在被确认无效前，该决议的效力不因股东是否认可而受到影响。股东大会决议的内容是否已实际履行，并不影响该决议的效力。公司因接受赠与而增加的资本公积金属于公司所有，是公司的资产，股东不能主张该资本公积金中与自己持股比例相对应的部分归属于自己，上市公司股权分置改革中，公司股东大会作出决议将资本公积金向流通股股东转增股份时，公司的流通股股东可以按持股比例获得相应的新增股份，而非流通股股东不能以其持股比例向公司请求支付相应的新增股份。即使该股东大会决议无效，也只是产生流通股股东不能取得新增股份的法律效果，而非流通股股东仍然不能取得该新增的股份。

第一百一十二条 【股东会的职权和一人股份有限公司的股东决定】

旧	新
第九十九条　本法第三十七条第一款关于有限责任公司股东会职权的规定，适用于股份有限公司股东大会。	第一百一十二条　本法第五十九条第一款、第二款关于有限责任公司股东会职权的规定，适用于股份有限公司股东会。 本法第六十条关于只有一个股东的有限责任公司不设股东会的规定，适用于只有一个股东的股份有限公司。

要点注释

本条是关于股份公司股东会职权的规定，股东会是股份有限公司的权力机关，其职权范围与有限责任公司的股东会职权范围基本相同。

思维导图

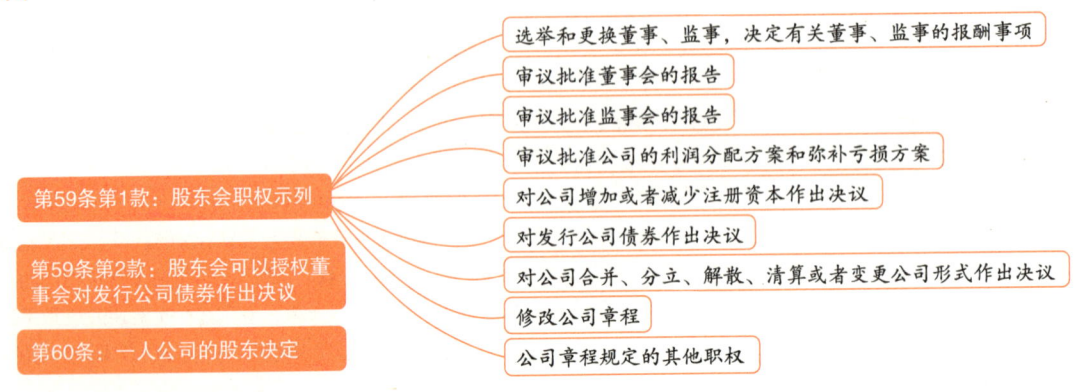

第59条第1款：股东会职权示列
- 选举和更换董事、监事，决定有关董事、监事的报酬事项
- 审议批准董事会的报告
- 审议批准监事会的报告
- 审议批准公司的利润分配方案和弥补亏损方案
- 对公司增加或者减少注册资本作出决议
- 对发行公司债券作出决议
- 对公司合并、分立、解散、清算或者变更公司形式作出决议
- 修改公司章程
- 公司章程规定的其他职权

第59条第2款：股东会可以授权董事会对发行公司债券作出决议

第60条：一人公司的股东决定

拓展应用

《公司法》
第 59 条

《民法典》
第 80 条

案例精析

1. 刘某某诉蒋某甲、常州某公司等民间借贷纠纷案

案号：北京市第二中级人民法院（2020）京 02 民再 151 号民事判决书

来源：人民法院案例库 2023-16-2-103-012

裁判要点

一人公司股东如不能证明公司财产独立于股东自己的财产的，需对公司债务承担连带责任。债权人以一人公司的股东与公司存在财产混同为由起诉要求股东对公司债务承担连带责任，应实行举证责任倒置，由被告股东对个人财产与公司财产之间不存在混同承担举证责任。股东经合法传唤未到庭应诉应承担不利后果。

2. 丁某云与黄某、某置地公司执行监督案

案号：最高人民法院（2021）最高法执监 252 号执行裁定书

来源：人民法院案例库 2023-17-5-203-011

裁判要点

根据民事诉讼法第一百零五条的规定，财产保全应限于请求的范围，或者与本案有关的财物。一人有限责任公司具有独立于公司一人股东的独立法人人格；虽然一人股东作为被保全人，但该一人股东的一人有限责任公司并非当事人保全裁定的保全义务人，执行机构不得在保全阶段未经法定程序对被保全人开办的一人有限责任公司财产直接采取保全措施。

第一百一十三条 【股东会会议的类型和召开要求】

旧	新
第一百条 股东大会应当每年召开一次年会。有下列情形之一的，应当在两个月内召开临时股东大会： （一）董事人数不足本法规定人数或者公司章程所定人数的三分之二时； （二）公司未弥补的亏损达实收股本总额三分之一时； （三）单独或者合计持有公司百分之十以上股份的股东请求时； （四）董事会认为必要时； （五）监事会提议召开时； （六）公司章程规定的其他情形。	**第一百一十三条** 股东会应当每年召开一次年会。有下列情形之一的，应当在两个月内召开临时股东会会议： （一）董事人数不足本法规定人数或者公司章程所定人数的三分之二时； （二）公司未弥补的亏损达股本总额三分之一时； （三）单独或者合计持有公司百分之十以上股份的股东请求时； （四）董事会认为必要时； （五）监事会提议召开时； （六）公司章程规定的其他情形。

> 指在公司正常运营过程中，因特定事项或紧急情况而召开的股东会议。

要点注释

本条是关于股东会年会与临时会议召开条件的规定。根据股东会召开时间的不同，股东会会议可分为定期会议和临时会议两种。

思维导图

召开临时股东会会议
- 董事人数不足本法规定人数或者公司章程所定人数的三分之二
- 公司未弥补的亏损达股本总额三分之一
- 单独或者合计持有公司百分之十以上股份的股东请求
- 董事会认为必要
- 监事会提议召开
- 公司章程规定的其他情形

拓展应用

《公司法》
第 115 条、第 135 条

《证券法》
第 14 条

《上市公司股东大会规则》
第 4 条

案例精析

某医药集团股份公司诉某保险集团股份有限公司、第三人某集团公司盈余分配纠纷案

案号：北京市西城区人民法院（2021）京 0102 民初 14238 号民事判决书

来源：人民法院案例库 2023-08-2-274-002

裁判要点

股利分配请求权行使需具备以下条件：首先，公司必须有实际可供分配的利润。其次，公司的利润分配方案是否得到股东会或股东大会的通过。股东根据公司法第四十三条、第一百零四条规定，通过召开定期会议或临时会议，在股东会或股东大会通过利润分配方案，使股东享有的利润处于确定状态，使股东的抽象层面的股利分配请求权转化为具体层面的股利分配给付请求权，股东才能行使该请求权。

第一百一十四条　【股东会会议的召集和主持】

旧	新
第一百零一条　股东大会会议由董事会召集，董事长主持；董事长不能履行职务或者不履行职务的，由副董事长主持；副董事长不能履行职务或者不履行职务的，由半数以上董事共同推举一名董事主持。 　　董事会不能履行或者不履行召集股东大会会议职责的，监事会应当及时召集和主持；监事会不召集和主持的，连续九十日以上单独或者合计持有公司百分之十以上股份的股东可以自行召集和主持。	**第一百一十四条**　股东会会议由董事会召集，董事长主持；董事长不能履行职务或者不履行职务的，由副董事长主持；副董事长不能履行职务或者不履行职务的，由过半数的董事共同推举一名董事主持。 　　董事会不能履行或者不履行召集股东会会议职责的，监事会应当及时召集和主持；监事会不召集和主持的，连续九十日以上单独或者合计持有公司百分之十以上股份的股东可以自行召集和主持。 　　单独或者合计持有公司百分之十以上股份的股东请求召开临时股东会会议的，董事会、监事会应当在收到请求之日起十日内作出是否召开临时股东会会议的决定，并书面答复股东。

要点注释

　　公司法规定一定比例股权的股东和监事会遇有法定情形而董事会拒不召开股东会时享有召集权，以保证股东会作为公司最高权力机关发挥应有的作用，在一定程度上可以防止实际控制公司的经营者为所欲为而损害股东利益的情况发生，体现了公司法保护股东利益的主旨。

思维导图

股东会会议的召集 → 董事会 → 监事会 → 连续九十日以上单独或者合计持有公司百分之十以上股份的股东

股东会会议的主持 → 董事长 → 副董事长 → 过半数的董事共同推举的一名董事

拓展应用

《上市公司股东大会规则》
第6~12条

案例精析

徐某与某进出口有限公司公司决议纠纷案

案号：江苏省常州市中级人民法院（2018）苏04民终1906号民事判决书

来源：中国裁判文书网

裁判要点

股东会决议召集程序或者表决方式有轻微瑕疵的，且对决议未产生影响的，股东请求撤销股东会决议，人民法院不予支持。实践中可以程序瑕疵是否会导致各股东无法公平地参与多数意思的形成，以及获取对此所需的信息为判定标准。

第一百一十五条 【股东会会议的通知和股东临时提案权】

旧	新
第一百零二条 召开股东大会会议，应当将会议召开的时间、地点和审议的事项于会议召开二十日前通知各股东；临时股东大会应当于会议召开十五日前通知各股东；发行无记名股票的，应当于会议召开三十日前公告会议召开的时间、地点和审议事项。 单独或者合计持有公司百分之三以上股份的股东，可以在股东大会召开十日前提出临时提案并书面提交董事会；董事会应当在收到提案后二日内通知其他股东，并将该临时提案提交股东大会审议。临时提案的内容应当属于股东大会职权范围，并有明确议题和具体决议事项。 股东大会不得对前两款通知中未列明的事项作出决议。 无记名股票持有人出席股东大会会议的，应当于会议召开五日前至股东大会闭会时将股票交存于公司。	**第一百一十五条** 召开股东会会议，应当将会议召开的时间、地点和审议的事项于会议召开二十日前通知各股东；临时股东会**会议**应当于会议召开十五日前通知各股东。 单独或者合计持有公司百分之**一**以上股份的股东，可以在股东会**会议**召开十日前提出临时提案并书面提交董事会。临时提案应当有明确议题和具体决议事项。董事会应当在收到提案后二日内通知其他股东，并将该临时提案提交股东会审议；但临时提案**违反法律、行政法规或者公司章程的规定**，或者不属于股东会职权范围**的除外。公司不得提高提出临时提案股东的持股比例**。 公开发行股份的公司，应当以公告方式作出前两款规定的通知。 股东会不得对通知中未列明的事项作出决议。

要点注释

2023年公司法修订，本条内容的变化主要有：一是因应公司不再发行无记名股票的制度革新，删除与之相关的内容；二是降低股东行使临时提案权的持股比例要求，从"百分之三"改为"百分之一"；三是公司不得提高提出临时提案股东的持股比例，若公司降低该比例则并无不可；四是提出公开发行股份的公司应以公告方式通知股东。

思维导图

提出临时提案的条件
- 单独或者合计持有公司百分之一以上股份的股东
- 书面形式
- 有明确议题和具体决议事项
- 不违反法律、行政法规或者公司章程的规定
- 属于股东会职权范围

拓展应用

《上市公司股东大会规则》
第 13~19 条

《上市公司章程指引》
第 54 条

案例精析

上海甲公司、上海乙公司公司决议撤销纠纷案

案号：最高人民法院（2016）最高法民终 582 号民事判决书
来源：中国裁判文书网

裁判要点

关于某百货对议案 6 的修改，是否违反《章程》的问题。某百货 2016 年第一次临时股东大会《通知》公告的议案 6，系指某百货第六届董事会第二十一次会议决议第十五项《关于本次非公开发行股票构成关联交易的议案》，其内容是"由于本次发行对象物美控股集团有限公司持有公司 30% 以上股份，因此本次非公开发行股票构成关联关系"。但在临时股东大会实际提交审议的议案 6 中，某百货董事会修改了《通知》中已列明的决议事项，增加了上海甲公司、上海乙公司构成关联交易的内容，违反了《章程》第五十三条第二款、第三款与《议事规则》第十六条第一款、第二款关于"单独或者合计持有公司 3% 以上股份的股东，可以在股东大会召开 10 日前提出临时提案并书面提交召集人。召集人应当在收到提案后 2 日内发出股东大会补充通知，公告临时提案的内容。除前款规定的情形外，召集人在发出股东大会通知公告后，不得修改股东大会通知中未列明的提案或增加新提案"的规定。因此，即使上海甲公司、上海乙公司提出临时议案，请求将其作为非公开发行股票的发行对象，某百货董事会作为召集人，亦无权修改股东大会通知中已经列明的提案，原审法院认定某百货董事会对议案 6 的修改，不违反《章程》规定错误。某百货 2016 年第一次临时股东大会决议通过的第六项决议，应予撤销。

第一百一十六条 【股东表决权和股东会决议通过比例】

旧	新
第一百零三条 股东出席股东大会会议，所持每一股份有一表决权。但是，公司持有的本公司股份没有表决权。 股东大会作出决议，必须经出席会议的股东所持表决权过半数通过。但是，股东大会作出修改公司章程、增加或者减少注册资本的决议，以及公司合并、分立、解散或者变更公司形式的决议，必须经出席会议的股东所持表决权的三分之二以上通过。	**第一百一十六条** 股东出席股东会会议，所持每一股份有一表决权，**类别股股东除外**。公司持有的本公司股份没有表决权。 股东会作出决议，**应当**经出席会议的股东所持表决权过半数通过。 股东会作出修改公司章程、增加或者减少注册资本的决议，以及公司合并、分立、解散或者变更公司形式的决议，**应当**经出席会议的股东所持表决权的三分之二以上通过。

> 指股东对股东会决议的某一事项表示意见的权利。

要点注释

2023年修订的公司法新增了类别股股东所持表决权的例外规则。表决权是股东基于其所拥有的股份而产生的权利，是股东固有的权利，公司章程和股东会的决议都不能予以剥夺。股份有限公司的资本总额按照一定的标准划分为若干均等的份额，因此，每一股的资本额都是相等的，其权利也一律平等。

◬ **思维导图**

```
                          ┌─ 修改公司章程
           ┌─ 三分之二以上通过 ─┼─ 增加或者减少注册资本
股东会决议 ─┤                  └─ 公司合并、分立、解散或者变更公司形式
           └─ 过半数通过
```

拓展应用

《上市公司股东大会规则》
第 23 条

案例精析

陈某和与某实业公司公司决议效力确认纠纷案

案号：江苏省无锡市中级人民法院（2017）苏 02 民终 1313 号民事判决书

来源：中国裁判文书网

裁判要点

公司法规定，股东会会议作出减少注册资本的决议，必须经代表三分之二以上表决权的股东通过。该规定中"减少注册资本"仅指公司减少注册资本，而并非涵括减资在股东之间的分配。由于减资存在同比减资和不同比减资两种情况，不同比减资会直接突破公司设立时的股权分配情况，如果只要经三分之二以上表决权的股东通过就可以作出不同比减资的决议，实际上是以多数决的形式改变公司设立时经发起人一致决所形成的股权架构，故对于不同比减资，应由全体股东一致同意，除非全体股东另有约定。

161

第一百一十七条 【累积投票制】

旧	新
第一百零五条 股东大会选举董事、监事，可以依照公司章程的规定或者股东大会的决议，实行累积投票制。 本法所称累积投票制，是指股东大会选举董事或者监事时，每一股份拥有与应选董事或者监事人数相同的表决权，股东拥有的表决权可以集中使用。	**第一百一十七条** 股东会选举董事、监事，可以按照公司章程的规定或者股东会的决议，实行累积投票制。 本法所称累积投票制，是指股东会选举董事或者监事时，每一股份拥有与应选董事或者监事人数相同的表决权，股东拥有的表决权可以集中使用。

要点注释

指一种与直接投票制相对应的公司董（监）事选举制度。在累积投票制下，每一有表决权的股份享有与拟选出的董（监）事人数相同的表决权，股东可以自由地在各候选人间分配其表决权，既可分散投于多人，也可集中投于一人，然后根据各候选人得票多少的顺序决定董（监）事人选。

累积投票制在一定程度上为中小股东的代言人进入董（监）事会提供了保障。按通常投票法，股东必须在候选人中间平分选票。累积投票制则可以让股东将所有的选票投给一位候选人。假定某股东拥有一百股，每股一票，将选出六位董事，通常的办法是让该股东给每一位董事候选人投一百票，总共六百票。而累积投票制则可以将该六百票投给一位董事候选人，或根据自己的意愿分投。股份有限公司累积投票制的适用范围为股份有限公司董（监）事的选举。股份有限公司股东会在选举董（监）事时，可以根据公司章程的规定或者股东会的决议，实行累积投票制。公司法对于股份有限公司选举董（监）事是否采取累积投票制，实行的是任意主义而非强制主义。

思维导图

累积投票制适用条件
- 股份有限公司范围内
- 有公司章程的规定或者股东会的决议

拓展应用

《上市公司治理准则》
第 17 条

《上市公司股东大会规则》
第 32 条

第一百一十八条 【表决权的代理行使】

旧	新
第一百零六条　股东可以委托代理人出席股东大会会议，代理人应当向公司提交股东授权委托书，并在授权范围内行使表决权。	第一百一十八条　股东委托代理人出席股东会会议的，应当明确代理人代理的事项、权限和期限；代理人应当向公司提交股东授权委托书，并在授权范围内行使表决权。

要点注释

2023年修订的公司法新增了股东委托书应明确的内容。本条规定细化了委托书应当载明的事项，包括代理人代理的事项、权限和期限。代理人不要求具备股东资格。

思维导图

股东委托代理人出席股东会会议表决权的行使
- 明确代理事项、权限和期限
- 提交股东授权委托书
- 在授权范围内行使

拓展应用

《民法典》
第165条

《上市公司治理准则》
第15条

《上市公司股东大会规则》
第20条

《非上市公众公司监督管理办法》
第10条

第一百一十九条 【股东会会议记录】

旧	新
第一百零七条 股东**大**会应当对所议事项的决定作成会议记录，主持人、出席会议的董事应当在会议记录上签名。会议记录应当与出席股东的签名册及代理出席的委托书一并保存。	**第一百一十九条** 股东会应当对所议事项的决定作成会议记录，主持人、出席会议的董事应当在会议记录上签名。会议记录应当与出席股东的签名册及代理出席的委托书一并保存。

要点注释

本条是关于股东会会议记录的规定，股东会会议决议和会议记录实为两份不同的法律文件，不应混淆。会议决议主要反映的是所议事项的表决结果，会议记录则是股东会会议召开的全过程反映。

拓展应用

《上市公司股东大会规则》
第41条

《上市公司章程指引》
第51条、第67条、第73~74条、第133条

思维导图

股东会会议记录
- 会议的时间、地点、议程和召集人姓名或者名称
- 会议主持人以及出席或列席会议的董事、监事、董事会秘书、经理和其他高级管理人员的姓名
- 出席会议的股东和代理人人数、所持有表决权的股份总数及占公司股份总数的比例
- 对每一提案的审议经过发言要点和表决结果
- 股东的质询意见或建议以及相应的答复或说明
- 律师及计票人、监票人姓名
- 公司章程规定应当载入会议记录的其他内容

第三节 董事会、经理

第一百二十条 【董事会的职权和组成、董事的任期及辞任、解任】

旧	新
第一百零八条 股份有限公司设董事会，其成员为五人至十九人。 董事会成员中可以有公司职工代表。董事会中的职工代表由公司职工通过职工代表大会、职工大会或者其他形式民主选举产生。 本法第四十五条关于有限责任公司董事任期的规定，适用于股份有限公司董事。 本法第四十六条关于有限责任公司董事会职权的规定，适用于股份有限公司董事会。	第一百二十条 股份有限公司设董事会，本法第一百二十八条另有规定的除外。 本法第六十七条、第六十八条第一款、第七十条、第七十一条的规定，适用于股份有限公司。

要点注释

2023年修订的公司法删除了关于股份有限公司董事会成员人数上限的规定，并将下限降低至三人。

拓展应用

《公司法》
第67~71条、第128条

思维导图

- 第67条 —— 董事会的职权
- 第68条第1款 —— 董事会的组成
- 第70条 —— 董事任期、选任和辞任
- 第71条 —— 董事解任和赔偿
- 第128条 —— 设董事和不设董事会的情形

第一百二十一条 【审计委员会和监事会的选择设置】

第一百二十一条 股份有限公司可以按照公司章程的规定在董事会中设置由董事组成的审计委员会，行使本法规定的监事会的职权，不设监事会或者监事。

审计委员会成员为三名以上，过半数成员不得在公司担任除董事以外的其他职务，且不得与公司存在任何可能影响其独立客观判断的关系。公司董事会成员中的职工代表可以成为审计委员会成员。

审计委员会作出决议，应当经审计委员会成员的过半数通过。

审计委员会决议的表决，应当一人一票。

审计委员会的议事方式和表决程序，除本法有规定的外，由公司章程规定。

公司可以按照公司章程的规定在董事会中设置其他委员会。

要点注释

本条为2023年公司法新增条款。规定了股份有限公司可以选择设置单层制的治理结构，并明确了审计委员会的人数要求、成员组成、表决机制等相关内容，新增了公司可以按照章程在董事会中设置其他委员会的规定。

思维导图

委员会
- 审计委员会
- 战略委员会
- 提名委员会
- 薪酬与考核委员会

拓展应用

《国务院办公厅关于进一步完善国有企业法人治理结构的指导意见》

《上市公司治理准则》
第38~39条、第49~51条

《证券公司监督管理条例》
第20条

第一百二十二条　【董事长和副董事长的产生办法、董事会会议的召集和主持】

旧	新
第一百零九条　董事会设董事长一人，可以设副董事长。董事长和副董事长由董事会以全体董事的过半数选举产生。 　　董事长召集和主持董事会会议，检查董事会决议的实施情况。副董事长协助董事长工作，董事长不能履行职务或者不履行职务的，由副董事长履行职务；副董事长不能履行职务或者不履行职务的，由半数以上董事共同推举一名董事履行职务。	第一百二十二条　董事会设董事长一人，可以设副董事长。董事长和副董事长由董事会以全体董事的过半数选举产生。 　　董事长召集和主持董事会会议，检查董事会决议的实施情况。副董事长协助董事长工作，董事长不能履行职务或者不履行职务的，由副董事长履行职务；副董事长不能履行职务或者不履行职务的，由过半数的董事共同推举一名董事履行职务。

要点注释

　　本条规定将董事在董事长、副董事长不能履行或不履行召集和主持董事会会议时推举一名董事召集和主持的人数比例从"半数以上"改为"过半数"。副董事长的职责，主要是协助董事长工作，包括日常的协助履职，以及在董事长不能履行职务或者不履行职务时的代行职权。

思维导图

董事长的职责和权限
- 主持股东大会和召集、主持董事会会议
- 检查董事会决议的实施情况，并向董事会报告
- 提名公司总经理和其他高层管理人员的聘用、决定报酬、待遇以及解聘，并报董事会批准和备案
- 审查总经理提出的各项发展计划及执行结果
- 定期审阅公司的财务报表和其他重要报表
- 签署批准公司招聘的各级管理人员和专业技术人员
- 签署对外重要经济合同、上报印发的各种重要报表、文件、资料
- ……

第一百二十三条 【董事会会议的类型和召开要求】

旧	新
第一百一十条　董事会每年度至少召开两次会议，每次会议应当于会议召开十日前通知全体董事和监事。 代表十分之一以上表决权的股东、三分之一以上董事或者监事会，可以提议召开**董事会**临时会议。董事长应当自接到提议后十日内，召集和主持董事会会议。 董事会召开临时会议，可以另定召集董事会的通知方式和通知时限。	第一百二十三条　董事会每年度至少召开两次会议，每次会议应当于会议召开十日前通知全体董事和监事。 代表十分之一以上表决权的股东、三分之一以上董事或者监事会，可以提议召开临时**董事会**会议。董事长应当自接到提议后十日内，召集和主持董事会会议。 董事会召开临时会议，可以另定召集董事会的通知方式和通知时限。

要点注释

本条是关于股份有限公司董事会会议召开要求的规定。本条唯一的变化是将"董事会临时会议"调整为"临时董事会会议"。

拓展应用

《证券交易所管理办法》
第 20 条

思维导图

临时董事会会议的提议召开的主体
- 代表十分之一以上表决权的股东
- 三分之一以上董事
- 监事会

股份有限公司董事会会议
- 定期会议
- 临时会议

董事会会议通知内容
- 会议日期和地点
- 会议期限
- 事由及议题
- 发出通知的日期

第一百二十四条 【董事会的表决程序和会议记录】

旧	新
第一百一十一条　董事会会议应有过半数的董事出席方可举行。董事会作出决议，必须经全体董事的过半数通过。 董事会决议的表决，实行一人一票。 第一百一十二条第二款　董事会应当对会议所议事项的决定作成会议记录，出席会议的董事应当在会议记录上签名。	第一百二十四条　董事会会议应当有过半数的董事出席方可举行。董事会作出决议，应当经全体董事的过半数通过。 董事会决议的表决，应当一人一票。 董事会应当对所议事项的决定作成会议记录，出席会议的董事应当在会议记录上签名。

要点注释

本条是关于董事会的表决程序和会议记录的规定，董事会会议召开最低人数要求与决议赞成票人数要求均为全体董事的过半数，而非出席董事的过半数。

思维导图

董事会会议
- 举行条件：过半数的董事出席
- 决议通过条件：全体董事的过半数通过
- 决议方式：一人一票
- 存档方式：对决议作出会议记录

拓展应用

《上市公司章程指引》
第 122 条

《上市公司独立董事管理办法》
第 46 条

《非上市公众公司监督管理办法》
第 10 条

《证券投资者保护基金管理办法》
第 11 条

《上市公司治理准则》
第 32 条

第一百二十五条 【董事出席董事会会议及其决议责任】

旧	新
第一百一十二条第一款 董事会会议，应由董事本人出席；董事因故不能出席，可以书面委托其他董事代为出席，委托书中应载明授权范围。 第一百一十二条第三款 董事应当对董事会的决议承担责任。董事会的决议违反法律、行政法规或者公司章程、股东大会决议，致使公司遭受严重损失的，参与决议的董事对公司负赔偿责任。但经证明在表决时曾表明异议并记载于会议记录的，该董事可以免除责任。	第一百二十五条 董事会会议，应当由董事本人出席；董事因故不能出席，可以书面委托其他董事代为出席，委托书应当载明授权范围。 董事应当对董事会的决议承担责任。董事会的决议违反法律、行政法规或者公司章程、股东会决议，**给**公司**造成**严重损失的，参与决议的董事对公司负赔偿责任；经证明在表决时曾表明异议并记载于会议记录的，该董事可以免除责任。

要点注释

责任的免除需要有证据，即只有证明在表决时该董事曾表明异议并记载于会议记录的，才能免除该董事的责任。

思维导图

董事对公司负赔偿责任：
- 董事会的决议违反了法律、行政法规或者公司章程、股东会决议
- 董事会的决议给公司造成严重损失
- 该董事参与了董事会的决议

董事免除责任：
- 在表决时曾表明异议
- 记载于会议记录

拓展应用

《民法典》
第 919~936 条

《上市公司治理准则》
第 22 条

第一百二十六条 【经理及其职权】

旧	新
第一百一十三条 股份有限公司设经理，由董事会决定聘任或者解聘。 本法第四十九条关于有限责任公司经理职权的规定，适用于股份有限公司经理。	第一百二十六条 股份有限公司设经理，由董事会决定聘任或者解聘。 经理对董事会负责，根据公司章程的规定或者董事会的授权行使职权。经理列席董事会会议。

要点注释

本条是关于股份有限公司经理的规定，2023年修订的公司法明确了股份有限公司经理的职权由公司章程或者董事会授予。与有限责任公司的规定不同，股份有限公司必须设经理。

思维导图

经理职权的来源 —— 公司章程的规定
　　　　　　　└— 董事会的授权

拓展应用

《上市公司章程指引》
第124条

案例精析

京甲商贸有限责任公司等与北京市丰台区市场监督管理局等行政登记案

案号：北京市第二中级人民法院（2021）京02行终671号行政判决书

来源：中国裁判文书网

裁判要点

本案《司法鉴定意见书》等证据证明被诉变更登记的申请材料中"王某珍"的签名并非其本人所签，甲公司、王某南对被诉变更登记未经王某珍本人同意亦予以认可，且在案并无证据证明王某珍知悉被诉变更登记，属于申请人隐瞒有关情况且提供虚假材料导致登记错误的情形，故被诉变更登记依法应予撤销。王某珍所诉董事、经理的备案事项，不属于行政诉讼受案范围。

第一百二十七条 【董事兼任经理】

旧	新
第一百一十四条 公司董事会可以决定由董事会成员兼任经理。	第一百二十七条 公司董事会可以决定由董事会成员兼任经理。

要点注释

本条是关于董事会成员可以兼任经理的规定，董事通过兼任经理或者其他高级管理人员的方式，就可能通过所兼任的高级管理人员身份更具体地参与公司经营管理。

思维导图

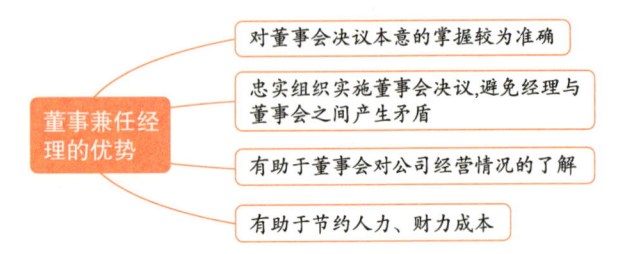

董事兼任经理的优势：
- 对董事会决议本意的掌握较为准确
- 忠实组织实施董事会决议，避免经理与董事会之间产生矛盾
- 有助于董事会对公司经营情况的了解
- 有助于节约人力、财力成本

拓展应用

《企业国有资产法》
第 25 条

《上市公司章程指引》
第 96 条

第一百二十八条 【不设董事会的董事及其职权】

第一百二十八条 规模较小或者股东人数较少的股份有限公司,可以不设董事会,设一名董事,行使本法规定的董事会的职权。该董事可以兼任公司经理。

要点注释

本条为 2023 年公司法新增条款,规定了规模较小或股东人数较少的股份有限公司设立董事会的特殊规定,对于规模较小或者股东人数较少的股份有限公司,设置董事会没有太大必要,还会徒增公司运行成本。

拓展应用

《期货交易所管理办法》
第 42 条

《证券投资者保护基金管理办法》
第 10 条

思维导图

小规模股份有限公司董事行使董事会的职权
- 负责召集股东会,并向股东会报告工作
- 执行股东会的决议
- 决定公司的经营计划和投资方案
- 制订公司的年度财务预算方案、决算方案
- 制订公司的利润分配方案和弥补亏损方案
- 制订公司增加或者减少注册资本的方案
- 拟订公司合并、分立、变更公司形式、解散的方案
- 决定公司内部管理机构的设置
- 聘任或者解聘公司经理
- 制定公司的基本管理制度

第一百二十九条 【董事、监事、高级管理人员的报酬披露】

旧	新
第一百一十六条 公司应当定期向股东披露董事、监事、高级管理人员从公司获得报酬的情况。	**第一百二十九条** 公司应当定期向股东披露董事、监事、高级管理人员从公司获得报酬的情况。

要点注释

本条是关于股份有限公司董事、监事、高级管理人员薪酬披露制度的规定。

思维导图

披露内容
- 披露对象：董事、监事、高级管理人员
- 披露频率：按照规定定期披露
- 披露内容：报酬总额、待遇或奖励等
- 披露方式：书面报告、电子公告或其他

拓展应用

《企业所得税法实施条例》
第 34 条
《上市公司股权激励管理办法》

第 3 条

案例精析

陈某林与中国证券监督管理委员会四川监管局、中国证券监督管理委员会行政复议案

案号：北京市第二中级人民法院（2017）京 02 行终 1461 号行政判决书

来源：中国裁判文书网

裁判要点

上市公司独立董事对上市公司按照证券法的规定，真实、准确、完整、及时、公平地进行信息披露，负有勤勉尽责义务，应当了解并持续关注公司生产经营情况、财务状况和公司已经发生的或者可能发生的重大事件及其影响，主动调查、获取决策所需要的资料。

思维导图

上市中央企业董事及高管人员薪酬管理原则
- 依法管理的原则
- 管资产与管人、管事相结合的原则

上市中央企业董事报酬管理
- 由上市公司及其国有控股股东以外人员担任的董事,其报酬参照国资委关于董事会试点企业外部董事报酬确定的原则及标准,按法定程序决定
- 由上市公司高管人员兼任的董事,不以董事职务取得报酬,按其在管理层的任职取得薪酬
- 由上市公司控股股东负责人兼任的董事,不以董事职务取得报酬,由国资委根据《中央企业负责人薪酬管理暂行办法》等有关规定确定其担任控股股东负责人的薪酬事项

上市中央企业高管人员薪酬管理
- 纳入国资委董事会试点的整体改制上市公司,外部董事超过董事会全体成员半数的,由董事会参照国资委关于董事会试点企业高级管理人员薪酬管理的相关指导意见,对上市公司高管人员薪酬进行管理
- 未纳入国资委董事会试点或外部董事未超过董事会全体成员半数的整体改制上市公司,其高管人员薪酬事项由国有控股股东根据《中央企业负责人薪酬管理办法》等有关规定提出方案,报国资委审核批准后,提交董事会审议决定,国有控股股东提名的董事应根据国资委批复意见履行职责

第四节　监事会

第一百三十条　【监事会的组成和监事的任期】

旧	新
第一百一十七条　股份有限公司设监事会，其成员不得少于三人。 　　监事会应当包括股东代表和适当比例的公司职工代表，其中职工代表的比例不得低于三分之一，具体比例由公司章程规定。监事会中的职工代表由公司职工通过职工代表大会、职工大会或者其他形式民主选举产生。 　　监事会设主席一人，可以设副主席。监事会主席和副主席由全体监事过半数选举产生。监事会主席召集和主持监事会会议；监事会主席不能履行职务或者不履行职务的，由监事会副主席召集和主持监事会会议；监事会副主席不能履行职务或者不履行职务的，由半数以上监事共同推举一名监事召集和主持监事会会议。 　　董事、高级管理人员不得兼任监事。 　　本法第五十二条关于有限责任公司监事任期的规定，适用于股份有限公司监事。	第一百三十条　股份有限公司设监事会，**本法第一百二十一条第一款、第一百三十三条另有规定的除外**。 　　**监事会成员为三人以上。监事会成员**应当包括股东代表和适当比例的公司职工代表，其中职工代表的比例不得低于三分之一，具体比例由公司章程规定。监事会中的职工代表由公司职工通过职工代表大会、职工大会或者其他形式民主选举产生。 　　监事会设主席一人，可以设副主席。监事会主席和副主席由全体监事过半数选举产生。监事会主席召集和主持监事会会议；监事会主席不能履行职务或者不履行职务的，由监事会副主席召集和主持监事会会议；监事会副主席不能履行职务或者不履行职务的，由**过半数的**监事共同推举一名监事召集和主持监事会会议。 　　董事、高级管理人员不得兼任监事。 　　本法第**七十七**条关于有限责任公司监事任期的规定，适用于股份有限公司监事。

要点注释

本条规定的是股份有限公司监事会的组成和监事的任期的规定,股份有限公司一旦选择监事会作为公司监督机构,应当在人数、职工比例等方面符合本条规定。

思维导图

- 监事会成员的人数 —— 3人以上
- 监事会成员的构成 —— 股东代表和适当比例的公司职工代表
- 监事会组织架构 —— 主席1人,可设副主席
- 监事会会议的召集和主持 —— 主席 —— 副主席 —— 推举的一名监事

拓展应用

《民法典》
第82条

《证券法》
第82条

《商业银行法》
第18条

177

第一百三十一条 【监事会的职权及其行使职权的费用承担】

旧	新
第一百一十八条　本法第五十三条、第五十四条关于有限责任公司监事会职权的规定，适用于股份有限公司监事会。 　　监事会行使职权所必需的费用，由公司承担。	第一百三十一条　本法第七十八条至第八十条的规定，适用于股份有限公司监事会。 　　监事会行使职权所必需的费用，由公司承担。

要点注释

　　本条是关于股份有限公司监事会职权的规定，本条规定在表述上并无实质变化，但结合本法第七十八条至第八十条关于有限责任公司监事会职权的规定来看，股份有限公司监事会的职权也得以相应强化。

拓展应用

《民法典》
第 82 条

《证券交易所管理办法》
第 29 条

《上市公司监事会工作指引》
第 20 条

《中国银保监会关于印发银行保险机构公司治理准则的通知》
第 65 条

思维导图

- 第78条 —— 监事会的一般职权
- 第79条 —— 监事的质询权、建议权和监事会的调查权
- 第80条 —— 董事、高级管理人员配合监事会行使职权

第一百三十二条 【监事会会议类型、表决程序和会议记录】

旧	新
第一百一十九条　监事会每六个月至少召开一次会议。监事可以提议召开临时监事会会议。 监事会的议事方式和表决程序，除本法有规定的外，由公司章程规定。 监事会决议应当经半数以上监事通过。 监事会应当对所议事项的决定作成会议记录，出席会议的监事应当在会议记录上签名。	第一百三十二条　监事会每六个月至少召开一次会议。监事可以提议召开临时监事会会议。 监事会的议事方式和表决程序，除本法有规定的外，由公司章程规定。 监事会决议应当经**全体监事**的过半数通过。 **监事会决议的表决，应当一人一票。** 监事会应当对所议事项的决定作成会议记录，出席会议的监事应当在会议记录上签名。

要点注释

本条是关于股份有限公司监事会会议制度的规定，2023年修订的公司法明确了监事会采取一人一票的表决机制。

思维导图

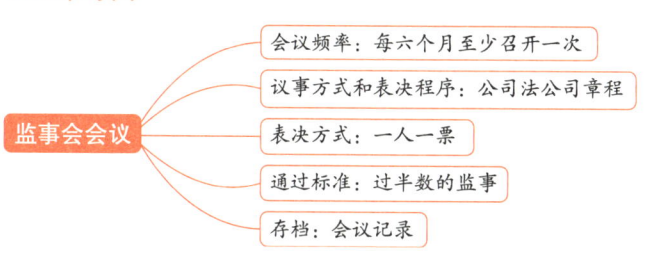

监事会会议
- 会议频率：每六个月至少召开一次
- 议事方式和表决程序：公司法公司章程
- 表决方式：一人一票
- 通过标准：过半数的监事
- 存档：会议记录

拓展应用

《证券交易所管理办法》
第32条

《上市公司章程指引》
第146条

第一百三十三条 【不设监事会的监事及其职权】

第一百三十三条 规模较小或者股东人数较少的股份有限公司，可以不设监事会，设一名监事，行使本法规定的监事会的职权。

（1）检查公司财务；
（2）对董事、高级管理人员执行职务的行为进行监督，对违反法律、行政法规、公司章程或者股东会决议的董事、高级管理人员提出解任的建议；
（3）当董事、高级管理人员的行为损害公司的利益时，要求董事、高级管理人员予以纠正；
（4）提议召开临时股东会会议，在董事会不履行本法规定的召集和主持股东会会议职责时召集和主持股东会会议；
（5）向股东会会议提出提案；
（6）依照本法第一百八十九条的规定，对董事、高级管理人员提起诉讼；
（7）公司章程规定的其他职权。

要点注释

本条为2023年公司法新增条款，规定了规模较小或股东人数较少的股份有限公司设立监事会的特殊规定。不设监事会的监事同样行使本法规定的监事会的职权。

思维导图

监事会职权行使
- 召集：每年度至少召开一次
- 方式和表决程序：章程规定（公司法另有规定除外）
- 表决方式：一人一票
- 决议通过比例：过半数

拓展应用

《民法典》

第 82 条

《证券法》

第 142 条

《上市公司治理准则》

第 44~50 条

裁判要点

监事会或者监事是公司的监督机关，防范董事、高级管理人员违规属于公司内部监督机关的职责。公司法规定内部监督机关可以根据股东的请求代表公司提起诉讼。同时，监事依法由股东会选举和更换。因此，当监事代表诉讼已经发起时，公司权力机关如果在诉讼过程中改选监事会或者更换监事，再由更换的监事申请撤诉，确实可能会损害中小投资者的权益，甚至架空监事代表诉讼制度。

案例精析

南京某科技公司与安徽某智能公司、南京某供应链公司、皇家某公司公司关联交易损害责任纠纷案

案号：江苏省南京江北新区人民法院（2022）苏 0192 民初 8001 号民事判决书

来源：人民法院案例库 2023-10-2-278-001

第五节　上市公司组织机构的特别规定

第一百三十四条　【上市公司的定义】

旧	新
第一百二十条　本法所称上市公司，是指其股票在证券交易所上市交易的股份有限公司。	第一百三十四条　本法所称上市公司，是指其股票在证券交易所上市交易的股份有限公司。

指国家批准设立的专为证券交易提供公开竞价交易场所的事业法人。

要点注释

上市公司具有以下两个特征：一是上市公司必须是已向社会发行股票的股份有限公司。即以募集设立方式成立的股份有限公司，可以依照法律规定的条件，申请其股票在证券交易所内进行交易，成为上市公司。以发起设立方式成立的股份有限公司，在公司成立后，经过批准向社会公开发行股份后，又达到公司法规定的上市条件的，也可以依法申请为上市公司。二是上市公司的股票必须在证券交易所开设的交易场所公开竞价交易。

思维导图

上市公司特征
- 符合法定上市条件的股份有限公司
- 股票必须在证券交易所上市交易

拓展应用

《证券法》
第 46 条

《刑法》
第 169 条

《审计法实施条例》
第 33 条

案例精析

1. 某电子公司诉上海证券交易所终止上市决定案

案号：上海市高级人民法院（2022）沪行终288号行政判决书

来源：人民法院案例库 2024-12-3-015-002

裁判要点

证券交易所依照证券法、《证券交易所管理办法》规定实施证券监管活动时，属于法律、法规、规章授权的组织。证券交易所根据法律授权并经证监会批准，依照自律监管规则作出的终止上市决定等监管决定，对当事人权益产生实质影响的，属于行政诉讼受案范围。依照证券法和《证券交易所管理办法》等规定，《股票上市规则》所规定的组合财务退市指标，构成了约束上市公司股票财务类强制退市的法定条件。上市公司触及《股票上市规则》规定的退市条件，证券交易所据此作出终止上市决定，符合法律规定。

2. 某电气股份公司、温某乙、刘某胜欺诈发行股票、违规披露重要信息案

案号：辽宁省丹东市中级人民法院（2017）辽06刑初11号刑事判决书

来源：人民法院案例库 2023-03-1-089-002

裁判要点

公司通过财务造假获准上市后又多次违规披露虚假财务信息，上市前后的财务造假行为相互独立，分别侵犯国家股票发行管理制度、上市公司信息披露管理制度，触犯欺诈发行股票罪、违规披露重要信息罪。主管人员和其他直接责任人员先后参与上市前后的财务造假行为，应予以数罪并罚。

第一百三十五条 【股东会特别决议事项】

旧	新
第一百二十一条 上市公司在一年内购买、出售重大资产或者担保金额超过公司资产总额百分之三十的，应当由股东大会作出决议，并经出席会议的股东所持表决权的三分之二以上通过。	第一百三十五条 上市公司在一年内购买、出售重大资产或者**向他人提供**担保的金额超过公司资产总额百分之三十的，应当由股东会作出决议，并经出席会议的股东所持表决权的三分之二以上通过。

> 指其股票在证券交易所上市交易的股份有限公司。

要点注释

上市公司的股东会作出的决议可以分为普通决议和特别决议。当股东会决议的内容涉及公司重大事项时，应当采用特别决议的方式进行。因此，本条规定，上市公司在一年内购买、出售重大资产或者向他人提供的担保金额超过公司资产总额百分之三十的，在股东会作出决议时，应当经出席会议的股东所持表决权的三分之二以上通过，以保证此类决策能代表多数股东的意见和利益。

思维导图

股东会特别决议事项
- 一年内购买、出售重大资产
- 向他人提供担保的金额超过公司资产总额百分之三十

拓展应用

《上市公司章程指引》
第 41 条、第 78 条
《刑法》
第 169 条

案例精析

江淮安中院判决皇甫某某诉张某某等民间借贷纠纷案

案号：江苏省淮安市中级人民法院（2019）苏 08 民终 369 号民事判决书

来源：《人民法院报》2020 年 04 月 09 日

裁判要点

表决权是股东行使共益权时表达意志、管控公司的一项重要权利。股东表决权与其控制、治理公司密切相关。根据公司法的规定，股东表决权的一般行使规则为，有限责任公司股东因其兼具资合性和人合性，原则上按照出资比例行使表决权，除非公司章程另有规定；股份有限公司因其资合性，严格实行一股一权原则（但公司持有的本公司股份没有表决权），公司法没有例外规定其可以另行约定其他表决权行使方式。将股东的表决权与其出资关联，体现的是决策与风险一致原则，即由出资多或股份多的股东决定公司的经营方针、董事的选任、利润的分配、资本的增减等事项，相应地承担更多的风险。公司的决议（指董事会或者股东会、股东大会决议）有普通决议和特别决议，分别决定普通事项和重大事项。有限责任公司的普通决议的议事方式和表决程序允许公司章程根据自身的实际情况予以规定，特别决议的议事方式和表决程序是必须经代表三分之二以上表决权的股东通过。股份有限公司的普通决议则是必须经出席会议的股东所持表决权过半数通过，特别决议是必须经出席会议的股东所持表决权的三分之二以上通过。因此，三分之二以上表决权的股东的意志一般能决定公司的意志。

第一百三十六条 【独立董事和章程特别记载事项】

旧	新
第一百二十二条　上市公司设独立董事，具体办法由国务院规定。	第一百三十六条　上市公司设独立董事，具体管理办法由国务院证券监督管理机构规定。 上市公司的公司章程除载明本法第九十五条规定的事项外，还应当依照法律、行政法规的规定载明董事会专门委员会的组成、职权以及董事、监事、高级管理人员薪酬考核机制等事项。

> 独立董事：指不在公司担任董事外的其他职务，并与受聘的公司及其主要股东不存在妨碍其进行独立客观判断关系的董事。

> 高级管理人员：指公司的经理、副经理、财务负责人，上市公司董事会秘书和公司章程规定的其他人员。

要点注释

2023 年修订的公司法明确了上市公司设独立董事的具体管理办法由国务院证券监督管理机构规定。本条新增对上市公司章程应载明的法定事项的规定。

拓展应用

《上市公司治理准则》
第 34~37 条

思维导图

上市公司的公司章程需载明的事项
- 《公司法》第九十五条规定的事项
- 董事会专门委员会的组成、职权
- 董事、监事、高级管理人员薪酬考核机制等

第一百三十七条 【董事会审计委员会的职权】

第一百三十七条 上市公司在董事会中设置审计委员会的,董事会对下列事项作出决议前应当经审计委员会全体成员过半数通过:

(一)聘用、解聘承办公司审计业务的会计师事务所;

(二)聘任、解聘财务负责人;

(三)披露财务会计报告;

(四)国务院证券监督管理机构规定的其他事项。

公司治理结构中的重要组成部分,主要负责公司的财务审计和监督工作,以确保公司的财务报告准确、完整、公正,并符合相关法律法规和会计准则。

要点注释

本条为2023年公司法新增条款,规定了上市公司审计委员会对有关财务和审计工作等表决事项有作出前置性批准权利的规定。

拓展应用

《上市公司独立董事管理办法》

第5条

《中央企业内部审计管理暂行办法》

第8条

《国务院关于实施〈中华人民共和国公司法〉注册资本登记管理制度的规定》

第12条

思维导图

审计委员会前置性批准事项
- 聘用、解聘承办公司审计业务的会计师事务所
- 聘任、解聘财务负责人
- 披露财务会计报告
- 国务院证券监督管理机构规定的其他事项

第一百三十八条 【董事会秘书及其职责】

旧	新
第一百二十三条 上市公司设董事会秘书，负责公司股东大会和董事会会议的筹备、文件保管以及公司股东资料的管理，办理信息披露事务等事宜。	第一百三十八条 上市公司设董事会秘书，负责公司股东会和董事会会议的筹备、文件保管以及公司股东资料的管理，办理信息披露事务等事宜。

> 指负责管理董事会文书及股东资料，辅助董事会进行日常经营管理的人员。董事会秘书服务于董事会，对董事会负责。

要点注释

　　董事会秘书只是董事会设置的服务席位，既不能代表董事会，也不能代表董事长。上市公司董事会秘书是公司的高级管理人员，承担法律、行政法规以及公司章程对公司高级管理人员所要求的义务，享有相应的工作职权，并获取相应的报酬。

拓展应用

《上市公司治理准则》
第 28 条

《上市公司信息披露管理办法》
第 31~32 条

《上市公司章程指引》
第 133 条

思维导图

董事会秘书职责
- 公司股东会和董事会会议的筹备、文件保管
- 公司股东资料的管理
- 办理信息披露事务等

案例精析

任某某等违规披露重要信息案

案号：上海市第三中级人民法院（2020）沪03刑初4号刑事判决书

来源：《人民司法·案例》2020年第26期

裁判要点

本罪处罚的主体系依法负有信息披露义务的公司、企业的主管人员和其他直接责任人员，然而司法实践中对公司企业中哪些层级的人员应当列入刑事处罚的范围，有不同的见解。就本案而言，任某某、林某某在上海某公司担任副总经理、董事会秘书等职务，盛某系该公司下属全资子公司的副总经理，上述三人均可认为是公司的高管人员，而秦某某在上海某公司担任财务经理，有观点认为秦某某仅是公司中层管理人员，接受任某某的指令制作了虚假的财务会计报表，其没有法律所赋予的忠实勤勉职责，不应列入其他直接责任人员的范围予以刑事处罚。

第一百三十九条 【有关联关系的董事回避表决】

旧	新
第一百二十四条　上市公司董事与董事会会议决议事项所涉及的企业有关联关系的，不得对该项决议行使表决权，也不得代理其他董事行使表决权。该董事会会议由过半数的无关联关系董事出席即可举行，董事会会议所作决议须经无关联关系董事过半数通过。出席董事会的无关联关系董事人数不足三人的，应将该事项提交上市公司股东大会审议。	第一百三十九条　上市公司董事与董事会会议决议事项所涉及的企业**或者个人**有关联关系的，**该董事应当及时向董事会书面报告。有关联关系的董事**不得对该项决议行使表决权，也不得代理其他董事行使表决权。该董事会会议由过半数的无关联关系董事出席即可举行，董事会会议所作决议须经无关联关系董事过半数通过。出席董事会**会议**的无关联关系董事人数不足三人的，**应当**将该事项提交上市公司股东会审议。

指上市公司董事与其直接或者间接控制的企业之间的关系或者与董事会的决议事项所涉及的个人存在直接或间接的利益关系，以及可能导致公司利益转移的其他关系。

要点注释

本条在原法第一百二十四条规定的基础上作了修改，这次修改将"所涉及的企业有关联关系"的表述修改为"所涉及的企业或者个人有关联关系"。新增了"该董事应当及时向董事会书面报告"的表述。禁止有关联关系的董事对该项决议行使表决权。新增了上市公司关联董事对关联事项的报告义务。

思维导图

关联关系事项决议表决条件
- 关联董事不得表决
- 过半数的无关联关系董事出席
- 无关联关系董事过半数通过
- 无关联关系董事人数不足三人的，提交上市公司股东会审议

拓展应用

《上市公司章程指引》

第119条

案例精析

南京中院判决宏达公司诉马某飞、凯旋公司损害公司利益责任纠纷案

案号：江苏省南京市中级人民法院（2022）苏01民终14970号民事判决书

来源：《人民法院报》2024年1月25日

裁判要点

程序合法不能豁免关联交易损害赔偿责任。一般情形下，判断关联交易是否损害公司利益，应从程序合法、实质公允两个方面进行综合审查。但是，因为关联交易损害赔偿责任的核心审查标准为实质公平原则，即使关联交易事前已经得到充分披露且程序正当，只要交易对价不公允，法院依然可能判定该关联交易损害公司利益，相关主体需承担赔偿责任，《最高人民法院关于适用〈中华人民共和国公司法〉若干问题的规定（五）》也规定信息披露、程序合法等程序事项不能作为关联交易损害赔偿责任的豁免事由。现行公司法第一百二十四条规定了上市公司关联交易的表决程序，并未要求非上市公司的关联交易须经表决程序，新公司法第一百八十二条扩大了适用关联交易的公司类型，且将关联交易对象扩大到监事以及董监高的近亲属，还包括上述人员直接或间接控制的企业和有其他关联关系的关联人，上述人员进行关联交易时应就有关事项向董事会或股东会报告且需经决议通过，新公司法的上述规定无疑强化了对关联交易的规制和约束。但上述新增规定主要是针对关联交易的信息披露程序性要求，鉴于程序事项不能解决关联交易的公平性问题，而主要满足公司治理的信息公开性要求，未尽披露义务仅证明关联交易程序存在瑕疵，即使关联交易事前已得到充分披露且程序正当，只要交易不公允，法院依然可以判定该关联交易损害公司利益，相关主体需承担赔偿责任。

第一百四十条 【披露股东和实际控制人的信息及禁止股票代持】

第一百四十条 上市公司应当依法披露股东、实际控制人的信息,相关信息应当真实、准确、完整。

禁止违反法律、行政法规的规定代持上市公司股票。

▶ 指通过投资关系、协议或者其他安排,能够实际支配公司行为的人。

要点注释

本条是本次公司法修订的新增条文,对上市公司股东、实控人违法违规代持上市公司股票进行了严格限制。新增上市公司披露股东和实际控制人信息的义务;新增禁止违反法律、行政法规代持上市公司股票的规定。

拓展应用

《上市公司信息披露管理办法》
第30条、第53条

《上市公司证券发行注册管理办法》
第46条

《最高人民法院关于适用〈中华人民共和国公司法〉时间效力的若干规定》
第3条

思维导图

上市公司信息披露的对象
— 上市公司信息披露的对象
— 实际控制人的信息

第一百四十一条 【禁止相互持股】

第一百四十一条 上市公司控股子公司不得取得该上市公司的股份。

上市公司控股子公司因公司合并、质权行使等原因持有上市公司股份的，不得行使所持股份对应的表决权，并应当及时处分相关上市公司股份。

▶ 指其股票在证券交易所上市交易的股份有限公司

指持有的股份占子公司股本总额超过 50%，或者持有股份的比例虽然低于 50%，但依其持有的股份所享有的表决权已足以对股东会的决议产生重大影响。

要点注释

本条为 2023 年公司法新增条款，规定了上市公司控股子公司不得取得该上市公司股份的限制，以及控股子公司因特定原因持有该上市公司股份的处理方式。

思维导图

上市公司控股子公司因特殊原因持股的限制
- 不得行使所持股份对应的表决权
- 应当及时处分相关上市公司股份

拓展应用

《北京证券交易所股票上市规则（试行）》
第 4.1.12 条

《上海证券交易所股票上市规则》
第 3.4.15 条

《深圳证券交易所股票上市规则》
第 3.4.15 条

《最高人民法院关于适用〈中华人民共和国公司法〉时间效力的若干规定》
第 3 条

第六章　股份有限公司的股份发行和转让

第一节　股份发行

第一百四十二条　【面额股和无面额股】

旧	新
第一百二十五条第一款　股份有限公司的资本划分为股份，每一股的金额相等。	第一百四十二条　公司的资本划分为股份。公司的全部股份，根据公司章程的规定择一采用面额股或者无面额股。采用面额股的，每一股的金额相等。 公司可以根据公司章程的规定将已发行的面额股全部转换为无面额股或者将无面额股全部转换为面额股。 采用无面额股的，应当将发行股份所得股款的二分之一以上计入注册资本。

▶指由股份有限公司发行的股东所持有的通过股票形式来表现的可以转让的资本的一部分。

要点注释

　　2023年修订的公司法新增了无面额股制度。以是否注明金额为标准，股份可分为面额股和无面额股。不过，公司只能在面额股和无面额股之间择一采用，故两类股份按照公司章程的规定转换时，必须全部转换。

🔷思维导图

公司股份类型 ─┬─ 面额股
　　　　　　 └─ 无面额股

第一百四十三条 【股份发行的原则】

旧	新
第一百二十六条　股份的发行，实行公平、公正的原则，同**种类**的每一股份应当具有同等权利。 同次发行的同**种类股票**，每股的发行条件和价格应当相同；**任何单位或者个人**所认购的股份，每股应当支付相同价额。	第一百四十三条　股份的发行，实行公平、公正的原则，同**类别**的每一股份应当具有同等权利。 同次发行的同**类别股份**，每股的发行条件和价格应当相同；**认购人**所认购的股份，每股应当支付相同价额。

指由股份有限公司发行的股东所持有的通过股票形式来表现的可以转让的资本的一部分。

要点注释

本条在原法第一百二十六条规定的基础上作出了修改。首先，本次修改将第二款中的"股票"修改为"股份"。股票是股份的外在表现形式，也是公司签发的证明股东所持股份的凭证。而股份则是公司资本的成分，是股票的价值内容。股票的类别实则取决于股份。另外，本次修订将2018年公司法中关于股票的规定放在第一百四十七条，本条中使用"股份"一词保证了体例的逻辑性。其次，将第二款中的"任何单位或者个人"统称为"认购人"，语言更加精练。

思维导图

股票发行原则 ── 公平原则
　　　　　　└─ 公正原则

拓展应用

《证券法》
第3条

第一百四十四条 【类别股的种类】

旧	新
第一百三十一条　国务院可以对公司发行本法规定以外的其他种类的股份，另行作出规定。	第一百四十四条　公司可以按照公司章程的规定发行下列与普通股权利不同的类别股： （一）优先或者劣后分配利润或者剩余财产的股份； （二）每一股的表决权数多于或者少于普通股的股份； （三）转让须经公司同意等转让受限的股份； （四）国务院规定的其他类别股。 公开发行股份的公司不得发行前款第二项、第三项规定的类别股；公开发行前已发行的除外。 公司发行本条第一款第二项规定的类别股的，对于监事或者审计委员会成员的选举和更换，类别股与普通股每一股的表决权数相同。

> 指无特殊股东权利或权利负担，并且具有正常的权利顺位的一类股份。

> 指附带有优先或劣后的股东权利、限制等特殊情形的股份。

要点注释

本条规定了类别股制度。

思维导图

类别股种类
- 优先或者劣后分配利润或剩余财产的股份
- 每一股的表决权数多于或者少于普通股的股份
- 转让须经公司同意等转让受限的股份
- 国务院规定的其他类别股

拓展应用

《公司法》
第157条、第160条
《证券法》
第9条
《优先股试点管理办法》
第2~3条

第一百四十五条 【发行类别股的公司章程记载事项】

第一百四十五条 发行类别股的公司，应当在公司章程中载明以下事项：
（一）类别股分配利润或者剩余财产的顺序；
（二）类别股的表决权数；
（三）类别股的转让限制；
（四）保护中小股东权益的措施；
（五）股东会认为需要规定的其他事项。

▶指附带有优先或劣后的股东权利、限制等特殊情形的股份。

要点注释

本条是本次公司法修订的新增条款，规定了发行类别股的公司应当在公司章程中载明的重要事项。类别股股东的权利义务有所扩大或者受到限制，这些特殊规定必须在章程中予以明确。

拓展应用

《公司法》
第95条、第144条

《优先股试点管理办法》
第10条

思维导图

发行类别股应当在公司章程中载明的重要事项
- 类别股分配利润或者剩余财产的顺序
- 类别股的表决权数
- 类别股的转让限制
- 保护中小股东权益的措施
- 股东会认为需要规定的其他事项

第一百四十六条 【类别股股东会决议】

第一百四十六条 发行类别股的公司,有本法第一百一十六条第三款规定的事项等可能影响类别股股东权利的,除应当依照第一百一十六条第三款的规定经股东会决议外,还应当经出席类别股股东会议的股东所持表决权的三分之二以上通过。

公司章程可以对需经类别股股东会议决议的其他事项作出规定。

> 指附带有优先或劣后的股东权利、限制等特殊情形的股份。

要点注释

本条是本次公司法修订的新增条款,是类别股制度的配套规则。

拓展应用

《公司法》
第116条

《优先股试点管理办法》
第10条

思维导图

类别股股东权利保护
- 经股东会决议
- 经出席类别股股东会议的股东所持表决权的三分之二以上通过

第一百四十七条 【股份的形式和记名股票】

旧	新
第一百二十五条第二款 公司的股份采取股票的形式。股票是公司签发的证明股东所持股份的凭证。 **第一百二十九条** 公司发行的股票，可以为记名股票，也可以为无记名股票。 公司向发起人、法人发行的股票，应当为记名股票，并应当记载该发起人、法人的名称或者姓名，不得另立户名或者以代表人姓名记名。	**第一百四十七条** 公司的股份采取股票的形式。股票是公司签发的证明股东所持股份的凭证。 公司发行的股票，应当为记名股票。

▶ 指在股东名册上登记有持股人的姓名、名称和地址，并在股票上也注明持有人姓名、名称的股票。

要点注释

本条在原法第一百二十五条第二款、第一百二十九条规定的基础上作出了修改。关于股票定义的规定与原第一百二十五条第二款相同。关于股票种类，本次修订删除了原第一百二十九条无记名股票的规定，即公司发行股票只能为记名股票。

拓展应用

《证券法》
第11~14条

思维导图

公司发行股票的类型 —— 记名股票

201

第一百四十八条 【面额股股票的发行价格】

旧	新
第一百二十七条 股票发行价格可以按票面金额，也可以超过票面金额，但不得低于票面金额。	第一百四十八条 面额股股票的发行价格可以按票面金额，也可以超过票面金额，但不得低于票面金额。

▶ 指在公司章程中规定的股票的面额。

要点注释

以面额股股票的发行价格等于、超过或者低于票面价格之不同情形为标准，可将其依次称作平价发行、溢价发行和折价发行。面额股股票可以平价发行或溢价发行，但不得折价发行，折价发行会导致实收股本总额低于票面金额总额，不符合资本充实原则的基本要求。此外，溢价发行所得溢价款列入资本公积金。

拓展应用

《公司法》
第 95 条

《证券法》
第 32 条

《证券发行与承销管理办法》
第 5~6 条

《上市公司证券发行注册管理办法》
第 54 条、第 56 条

◬ 思维导图

面额股股票的发行价格 ── 平价发行
　　　　　　　　　　└─ 溢价发行

第一百四十九条 【股票的形式】

旧	新
第一百二十八条 股票采用纸面形式或者国务院证券监督管理机构规定的其他形式。 股票应当载明下列主要事项： （一）公司名称； （二）公司成立日期； （三）股票种类、票面金额及代表的股份数； （四）股票的编号。 股票由法定代表人签名，公司盖章。 发起人的股票，应当标明发起人股票字样。	**第一百四十九条** 股票采用纸面形式或者国务院证券监督管理机构规定的其他形式。 股票采用纸面形式的，应当载明下列主要事项： （一）公司名称； （二）公司成立日期**或者股票发行的时间**； （三）股票种类、票面金额及代表的股份数，**发行无面额股的**，股票代表的股份数。 股票采用纸面形式的，还应当载明股票的编号，由法定代表人签名，公司盖章。 发起人股票**采用纸面形式的**，应当标明发起人股票字样。

要点注释

本条在原法第一百二十八条规定的基础上作出了修改。为与无面额股制度相适应，本次修改主要是增加了关于无面额股的配套规定，在第二款第三项增加"发行无面额股的，股票代表的股份数"的表述，并明确"股票的编号"只是纸面形式股票的应当载明事项。此外，将第二款第二项"公司成立日期"改为"公司成立日期或股票发行的时间"。

思维导图

指在票面上不记载金额，只注明股份数量或占总股本比例的股票。

采用纸面形式的股票需载明事项
- 公司名称
- 公司成立日期或者股票发行的时间
- 股票种类、票面金额及代表的股份数

拓展应用

《证券法》
第150条

第一百五十条 【股票交付时间】

旧	新
第一百三十二条 股份有限公司成立后,即向股东正式交付股票。公司成立前不得向股东交付股票。	**第一百五十条** 股份有限公司成立后,即向股东正式交付股票。公司成立前不得向股东交付股票。

要点注释

按照本条规定,股份有限公司成立后,应当立即向股东正式交付股票。公司成立前不得向股东交付股票。股票的交付时间是公司成立后。公司营业执照签发之日为公司成立日。

拓展应用

《公司法》
第 102 条

第一百五十一条 【公司发行新股的股东会决议】

旧	新
第一百三十三条　公司发行新股，股东**大**会应当对下列事项作出决议： （一）新股种类及数额； （二）新股发行价格； （三）新股发行的起止日期； （四）向原有股东发行新股的种类及数额。 第一百三十五条　公司发行新股，可以根据公司经营情况和财务状况，确定其作价方案。	第一百五十一条　公司发行新股，股东会应当对下列事项作出决议： （一）新股种类及数额； （二）新股发行价格； （三）新股发行的起止日期； （四）向原有股东发行新股的种类及数额； （**五**）发行**无面额股**的，新股发行所得股款计入注册资本的金额。 公司发行新股，可以根据公司经营情况和财务状况，确定其作价方案。

> 指在票面上不记载金额，只注明股份数量或占总股本比例的股票。

要点注释

本条在原法第一百三十三条规定的基础上进行了修改。本次修订将原一百三十五条合并入本条，将原一百三十三条中"股东大会"的表述改为"股东会"，并增加第五项"发行无面额股的，新股发行所得股款计入注册资本的金额"，完善了无面额股在新股发行中的配套规定。

思维导图

新股发行的决议事项
- 新股种类及数额
- 新股发行价格
- 新股发行的起止日期
- 向原有股东发行新股的种类及数额
- 发行无面额股的，新股发行所得股款计入注册资本的金额

拓展应用

《证券法》第12~13条

第一百五十二条 【授权董事会决定发行股份及其限制】

第一百五十二条 公司章程或者股东会可以授权董事会在三年内决定发行不超过已发行股份百分之五十的股份。但以非货币财产作价出资的应当经股东会决议。

董事会依照前款规定决定发行股份导致公司注册资本、已发行股份数发生变化的,对公司章程该项记载事项的修改不需再由股东会表决。

要点注释

本条是本次公司法修订的新增条款。为了提高融资效率,丰富完善公司资本制度,本次修订在股份有限公司中引入授权资本制度。基于此,新增本条作为授权资本制的核心条款并修订相关条款。

思维导图

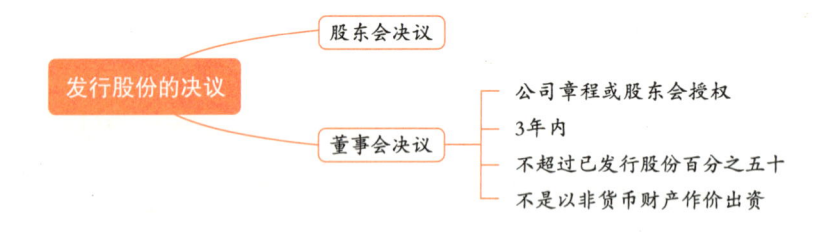

- 发行股份的决议
  - 股东会决议
  - 董事会决议
    - 公司章程或股东会授权
    - 3年内
    - 不超过已发行股份百分之五十
    - 不是以非货币财产作价出资

第一百五十三条 【董事会决定发行新股的决议通过比例】

第一百五十三条 公司章程或者股东会授权董事会决定发行新股的,董事会决议应当经全体董事三分之二以上通过。

要点注释

本条是本次公司法修订的新增条款,是对授权资本制的配套规定。

拓展应用

《公司法》
第 152 条

思维导图

董事会决议发行新股要件
- 公司章程或者股东会授权
- 决议应当经全体董事三分之二以上通过

第一百五十四条 【公开募集股份的注册和公告招股说明书】

旧	新
第八十五条　发起人向社会公开募集股份，必须公告招股说明书，并制作认股书。认股书应当载明本法第八十六条所列事项，由认股人填写认购股数、金额、住所，并签名、盖章。认股人按照所认购股数缴纳股款。 第一百三十四条　公司经国务院证券监督管理机构核准公开发行新股时，必须公告新股招股说明书和财务会计报告，并制作认股书。 本法第八十七条、第八十八条的规定适用于公司公开发行新股。 第八十六条　招股说明书应当附有发起人制订的公司章程，并载明下列事项： （一）发起人认购的股份数； （二）每股的票面金额和发行价格； （三）无记名股票的发行总数； （四）募集资金的用途； （五）认股人的权利、义务； （六）本次募股的起止期限及逾期未募足时认股人可以撤回所认股份的说明。	第一百五十四条　公司向社会公开募集股份，应当经国务院证券监督管理机构注册，公告招股说明书。 招股说明书应当附有公司章程，并载明下列事项： （一）发行的股份总数； （二）面额股的票面金额和发行价格或者无面额股的发行价格； （三）募集资金的用途； （四）认股人的权利和义务； （五）股份种类及其权利和义务； （六）本次募股的起止日期及逾期未募足时认股人可以撤回所认股份的说明。 公司设立时发行股份的，还应当载明发起人认购的股份数。

▶指发行人发行股票时，就发行中的有关事项向公众作出披露，并向非特定投资人提出购买或销售其股票的要约邀请性文件。

要点注释

股票发行注册制是指法律不限定股票发行的实质条件,只要依规定申报及公开有关资料且主管机关在一定期间内未提出异议,则发行人可发行股票的制度。依照《中华人民共和国证券法》的规定,公开发行证券,必须符合法律、行政法规规定的条件,并依法报经国务院证券监督管理机构或者国务院授权的部门注册。

思维导图

招股说明书应当载明事项：
- 发行的股份总数
- 面额股的票面金额和发行价格或者无面额股的发行价格
- 募集资金的用途
- 认股人的权利和义务
- 股份种类及其权利和义务
- 本次募股的起止日期及逾期未募足时认股人可以撤回所认股份的说明

拓展应用

《证券法》
第11~13条

第一百五十五条 【证券承销】

旧	新
第八十七条　发起人向社会公开募集股份，应当由依法设立的证券公司承销，签订承销协议。	第一百五十五条　公司向社会公开募集股份，应当由依法设立的证券公司承销，签订承销协议。

> 指证券公司在规定的期限内将发行人发行的股票销售出去，证券公司按照约定收取一定的佣金或者约定的报酬的行为。

要点注释

发行人向不特定对象公开发行的证券，法律、行政法规规定应当由证券公司承销的，发行人应当同证券公司签订承销协议。证券承销业务采取代销或者包销方式。

证券代销是指证券公司代发行人发售证券，在承销期结束时，将未售出的证券全部退还给发行人的承销方式。

证券包销是指证券公司将发行人的证券按照协议全部购入或者在承销期结束时将售后剩余证券全部自行购入的承销方式。

公开发行证券的发行人有权依法自主选择承销的证券公司。

思维导图

承销方式 ── 包销
　　　　 ── 代销

拓展应用

《中华人民共和国证券法》
第 26~27 条

第一百五十六条 【银行代收股款】

旧	新
第八十八条 发起人向社会公开募集股份，应当同银行签订代收股款协议。 代收股款的银行应当按照协议代收和保存股款，向缴纳股款的认股人出具收款单据，并负有向有关部门出具收款证明的义务。 第一百三十六条 公司发行新股募足股款后，必须向公司登记机关办理变更登记，并公告。	第一百五十六条 公司向社会公开募集股份，应当同银行签订代收股款协议。 代收股款的银行应当按照协议代收和保存股款，向缴纳股款的认股人出具收款单据，并负有向有关部门出具收款证明的义务。 公司发行股份募足股款后，应予公告。

> 指代收股款的银行与公司之间设立民事权利义务关系的合同。

要点注释

本条规定公司向社会公开募集股份，需要与银行签订代收股款协议。公司向社会公开募集股份，虽由证券公司承销，但应当通过银行代收证券公司取得的股款，因此，公司应当与银行签订代收股款协议。代收股款协议本质上是一种委托合同。另外，从本条规定也可看出，认股人出资的只能是货币，而不能是非货币资产。

思维导图

代收股款的银行所负的义务
- 按照协议代收和保存股款
- 向缴纳股款的认股人出具收款单据
- 向有关部门出具收款证明

拓展应用

《市场主体登记管理条例实施细则》
第36条

第二节 股份转让

第一百五十七条 【股份转让自由及其例外】

旧	新
第一百三十七条　股东持有的股份可以依法转让。	第一百五十七条　股份有限公司的股东持有的股份可以向其他股东转让，也可以向股东以外的人转让；公司章程对股份转让有限制的，其转让按照公司章程的规定进行。

要点注释

本条在原法第一百三十七条规定的基础上作出了修改。本次修订明确了股份转让的主体是持有股份有限公司股份的股东，且在原条文基础上明确了股份受让主体，既包括其他股东也包括股东以外的人。同时，本条肯定了公司章程对股份转让限制的效力。

思维导图

股份转让对象
- 其他股东
- 股东以外的人
- 转让按照公司章程的规定进行

拓展应用

《公司法》
第 160 条
《证券法》
第 37~42 条
《企业国有资产法》
第 53 条
《最高人民法院关于适用〈中华人民共和国公司法〉时间效力的若干规定》
第 5 条

第一百五十八条 【股份转让的方式】

旧	新
第一百三十八条　股东转让其股份，应当在依法设立的证券交易场所进行或者按照国务院规定的其他方式进行。	第一百五十八条　股东转让其股份，应当在依法设立的证券交易场所进行或者按照国务院规定的其他方式进行。

▶ 指供已发行的证券进行流通转让的市场。

要点注释

本条是关于股份有限公司股东转让股份场所的规定。

思维导图

股份转让场所 —— 证券交易场所
　　　　　　 —— 国务院规定的其他方式

拓展应用

《证券法》
第96条、第97条、第98条

案例精析

姚某与许某股权转让纠纷案

来源：无锡法院 2021 年度优化法治化营商环境十大案例三[①]

裁判要点

公司法规定，股东转让其股份应当在依法设立的证券交易场所进行或者按照国务院规定的其他方式进行。在实践中，上市公司及新三板公司董监高常以"协议转让+股权代持"的形式规避国家金融监管，损害不特定投资者的利益，因此必须坚决予以打击。通过对此类行为的规制，不仅可以有效指引市场主体行动路线，而且能够倒逼公司董监高规范自身行为。

[①] 参见无锡法院网，https://zy.wxfy.gov.cn/article/detail/2022/05/id/6670691.shtml，最后访问时间：2024 年 4 月 9 日。

第一百五十九条 【股票转让的方式】

旧	新
第一百三十九条 记名股票，由股东以背书方式或者法律、行政法规规定的其他方式**转让**；转让后由公司将受让人的姓名或者名称及住所记载于股东名册。 股东**大会**召开前二十日内或者公司决定分配股利的基准日前五日内，不得**进行**前款规定的股东名册的**变更登记**。但是，法律对上市公司股东名册变更**登记**另有规定的，从其规定。	**第一百五十九条** 股票的**转让**，由股东以**背书**方式或者法律、行政法规规定的其他方式**进行**；转让后由公司将受让人的姓名或者名称及住所记载于股东名册。 股东会**会议**召开前二十日内或者公司决定分配股利的基准日前五日内，不得**变更股东名册**。法律、**行政法规或者国务院证券监督管理机构**对上市公司股东名册变更另有规定的，从其规定。

◀ 出让人将转让股票的意思记载于股票的背面并签名盖章和注明日期。

要点注释

　　采用纸面形式的股票以背书方式转让。背书方式，即出让人将转让股票的意思记载于股票的背面，并签名盖章和注明日期。以其他方式转让主要针对股票无纸化的实践革新。上市公司股票的转让通常由股东委托证券交易代理机构代为办理，通过电子系统买进或卖出。

　　非公众公司在股票转让后将受让人的姓名或者名称及住所记载于股东名册；上市公司和非上市公众公司则依据证券登记结算机构提供的凭证建立和变更股东名册。为了确保股东会召开和公司分配股利的顺利进行，本条第二款设置了变更股东名册的时间限制。

思维导图

股票的转让方式 —— 背书
股票的转让方式 —— 法律、行政法规规定的其他方式

拓展应用

《公司法》
第 115 条

《证券法》
第 108 条

案例精析

1. 某医疗股份有限公司、荆某某、陈某某等股权转让执行纠纷执行复议案

案号：最高人民法院（2021）最高法执复 19 号执行裁定书

来源：人民法院案例库 2023-17-5-202-022

裁判要点

在执行股权过程中，对股份有限公司发起人股东持股情况的查明，应以置备于该公司的股东名册载明内容为准。根据《中华人民共和国公司法》《中华人民共和国公司登记管理条例》等相关法律规定，股份有限公司发起人股东持股情况并非公司登记事项，发起人股东持股比例发生变更时也无须向登记机关办理变更登记。根据 2023 年修订的新公司法规定，股份有限公司发起人的股份变更，公司应当通过国家信用信息公示系统公示。新公司法生效之后，审查可以该系统公示为准。

2. 上海某投资中心（有限合伙）诉上海某机械股份有限公司、邵某等操纵证券交易市场责任纠纷案

案号：上海金融法院（2021）沪 74 民初 146 号民事判决书

来源：人民法院案例库 2024-08-2-314-001

裁判要点

定向增发投资是以"面对面"签订协议方式参与认购证券，定增投资者的索赔不适用证券侵权中依据欺诈市场理论、旨在保护不特定投资者合法权益而确立的因果关系推定原则，定增投资者仍应对行为人实施的操纵证券交易市场行为与其遭受的损失之间存在因果关系进行举证。交易型操纵证券市场民事赔偿的损失认定有别于证券虚假陈述民事赔偿，应当以净损差额法原理作为投资差额损失的计算基础。对新三板市场证券侵权的损失认定，法院应充分听取专业意见，以对相关行业企业进行投资时的科学估值方法等作为参考。

第一百六十条 【股份转让的限制】

旧	新
第一百四十一条　发起人持有的本公司股份，自公司成立之日起一年内不得转让。公司公开发行股份前已发行的股份，自公司股票在证券交易所上市交易之日起一年内不得转让。 公司董事、监事、高级管理人员应当向公司申报所持有的本公司的股份及其变动情况，在任职期间每年转让的股份不得超过其所持有本公司股份总数的百分之二十五；所持本公司股份自公司股票上市交易之日起一年内不得转让。上述人员离职后半年内，不得转让其所持有的本公司股份。公司章程可以对公司董事、监事、高级管理人员转让其所持有的本公司股份作出其他限制性规定。	第一百六十条　公司公开发行股份前已发行的股份，自公司股票在证券交易所上市交易之日起一年内不得转让。法律、行政法规或者国务院证券监督管理机构对上市公司的股东、实际控制人转让其所持有的本公司股份另有规定的，从其规定。 公司董事、监事、高级管理人员应当向公司申报所持有的本公司的股份及其变动情况，在**就任时确定的**任职期间每年转让的股份不得超过其所持有本公司股份总数的百分之二十五；所持本公司股份自公司股票上市交易之日起一年内不得转让。上述人员离职后半年内，不得转让其所持有的本公司股份。公司章程可以对公司董事、监事、高级管理人员转让其所持有的本公司股份作出其他限制性规定。 **股份在法律、行政法规规定的限制转让期限内出质的，质权人不得在限制转让期限内行使质权。**

◆思维导图

指债务人或第三人将其动产或权利移交给债权人的民事法律行为。

对股份转让限制
- 对公开发行前的股份转让限制
- 对董事、监事、高级管理人员股份转让的限制

要点注释

2023年修订的公司法明确了法律、行政法规或者国务院证券监督管理机构可以对上市公司股东、实际控制人限售本公司股份另行规定。新增了股份在限售期内出质时质权人不得行使质权的规定。

拓展应用

《上市公司董事、监事和高级管理人员所持本公司股份及其变动管理规则》
　　第 4~7 条

案例精析

股份有限公司未成功上市，发起人之间可以进行股权转让

　　案号：湖南省湘潭市中级人民法院（2018）湘03民终1437号民事判决书

　　来源：中国裁判文书网

裁判要点

　　法院认为，罗某与邓某、某公司签订的《股份认购书》中并未约定由某公司回购罗某所持的股份，未违反法律效力性强制性规定，应当予以保护。《股份认购书》中第六条第二项约定"如在本协议生效满12个月乙方（某公司）无法在新三板挂牌上市，乙方股东邓某保证按原价全额回购甲方（罗某）股份"，邓某在《股份认购书》乙方回购人处签名，故该约定对邓某有约束力。邓某和罗某均系某公司的股东，邓某回购罗某的股份，系股份公司股东间的股份转让。由于在《股份认购书》生效满12个月，某公司未在新三板挂牌，故邓某应履行出资受让罗某所持股份的义务，对罗某主张由邓某支付股份转让款购买罗某在某公司所持股份的诉讼请求，予以支持。因《股份认购书》未约定由某公司履行回购义务，且本案中不存在股份公司股份回购禁止的例外情形，故对邓某主张由某公司购买罗某在某公司所持股份并向罗某支付该股份转让款的诉讼请求，不予支持。

第一百六十一条 【异议股东股份回购请求权】

旧	新
第七十四条 有下列情形之一的,对股东会该项决议投反对票的股东可以请求公司按照合理的价格收购其股权: (一)公司连续五年不向股东分配利润,而公司该五年连续盈利,并且符合本法规定的分配利润条件的; (二)公司合并、分立、转让主要财产的; (三)公司章程规定的营业期限届满或者章程规定的其他解散事由出现,股东会会议通过决议修改章程使公司存续的。 自股东会会议决议通过之日起六十日内,股东与公司不能达成股权收购协议的,股东可以自股东会会议决议通过之日起九十日内向人民法院提起诉讼。	**第一百六十一条** 有下列情形之一的,对股东会该项决议投反对票的股东可以请求公司按照合理的价格收购其**股份,公开发行股份的公司除外**: (一)公司连续五年不向股东分配利润,而公司该五年连续盈利,并且符合本法规定的分配利润条件; (二)公司转让主要财产; (三)公司章程规定的营业期限届满或者章程规定的其他解散事由出现,股东会通过决议修改章程使公司存续。 自股东会决议**作出**之日起六十日内,股东与公司不能达成股份收购协议的,股东可以自股东会决议**作出**之日起九十日内向人民法院提起诉讼。 公司因本条第一款规定的情形收购的本公司股份,应当在六个月内依法转让或者注销。

要点注释

本条规定了股份有限公司异议股东的股份回购申请权。

思维导图

异议股东行使股份回购请求权的情形
- 公司连续五年不向股东分配利润，而公司该五年连续盈利，并且符合本法规定的分配利润条件
- 公司转让主要财产
- 公司章程规定的营业期限届满或者章程规定的其他解散事由出现，股东会通过决议修改章程使公司存续

拓展应用

《公司法》
第 162 条

《最高人民法院关于适用〈中华人民共和国公司法〉时间效力的若干规定》
第 4 条

裁判要点

1. 回购条款违反"同股同权"原则，在公司股票发行上市前即应依法予以清理，且本案回购条款与二级市场股票市值直接挂钩，扰乱证券市场正常交易秩序，依法应当认定无效。

2. 对故意规避监管的资本市场违法违规行为，司法裁判应与金融监管同频共振，给予否定评价，避免违法者因违法而不当获益，依法维护"三公两同"的资本市场秩序，提升资本市场的治理实效。

案例精析

南京某股权投资合伙企业诉房某某、梁某某等上市公司股份回购合同纠纷案

案号：上海市高级人民法院（2021）沪民终 745 号民事判决书

来源：人民法院案例库 2023-08-2-308-002

第一百六十二条 【公司不得收购本公司股份及其例外】

旧	新
第一百四十二条 公司不得收购本公司股份。但是，有下列情形之一的除外： （一）减少公司注册资本； （二）与持有本公司股份的其他公司合并； （三）将股份用于员工持股计划或者股权激励； （四）股东因对股东大会作出的公司合并、分立决议持异议，要求公司收购其股份； （五）将股份用于转换上市公司发行的可转换为股票的公司债券； （六）上市公司为维护公司价值及股东权益所必需。 公司因前款第（一）项、第（二）项规定的情形收购本公司股份的，应当经股东大会决议；公司因前款第（三）项、第（五）项、第（六）项规定的情形收购本公司股份的，可以依照公司章程的规定或者股东大会的授权，经三分之二以上董事出席的董事会会议决议。 公司依照本条第一款规定收购本公司股份后，属于第（一）项情形的，应当自收购之日起十日内注销；属于第（二）项、第（四）项情形的，应当在六个月内转让或者注销；属于第（三）项、第（五）项、第（六）项情形的，公司合计持有的本公司股份	**第一百六十二条** 公司不得收购本公司股份。但是，有下列情形之一的除外： （一）减少公司注册资本； （二）与持有本公司股份的其他公司合并； （三）将股份用于员工持股计划或者股权激励； （四）股东因对股东会作出的公司合并、分立决议持异议，要求公司收购其股份； （五）将股份用于转换公司发行的可转换为股票的公司债券； （六）上市公司为维护公司价值及股东权益所必需。 公司因前款第一项、第二项规定的情形收购本公司股份的，应当经股东会决议；公司因前款第三项、第五项、第六项规定的情形收购本公司股份的，可以按照公司章程或者股东会的授权，经三分之二以上董事出席的董事会会议决议。 公司依照本条第一款规定收购本公司股份后，属于第一项情形的，应当自收购之日起十日内注销；属于第二项、第四项情形的，应当在六个月内转让或者注销；属于第三项、第五项、第六项情形的，公司合计持有的本公司

是一种通过经营者获得公司股权的形式，使他们能够以股东的身份参与企业决策、分享利润、承担风险，从而勤勉尽责地为公司的长期发展服务的一种激励方法。

数不得超过本公司已发行股份总额的百分之十，并应当在三年内转让或者注销。

上市公司收购本公司股份的，应当依照《中华人民共和国证券法》的规定履行信息披露义务。上市公司因本条第一款第（三）项、第（五）项、第（六）项规定的情形收购本公司股份的，应当通过公开的集中交易方式进行。

公司不得接受本公司的股票作为质押权的标的。

股份数不得超过本公司已发行股份总**数**的百分之十，并应当在三年内转让或者注销。

上市公司收购本公司股份的，应当依照《中华人民共和国证券法》的规定履行信息披露义务。上市公司因本条第一款第三项、第五项、第六项规定的情形收购本公司股份的，应当通过公开的集中交易方式进行。

公司不得接受本公司的股份作为**质权**的标的。

> 指债权人占有债务人或第三人为担保债务履行而移交的财产，在债务人不履行债务时就该财产的变卖价金优先受偿的权利。

要点注释

本条在原法第一百四十二条规定的基础上作出了修改。本次修改主要是对表述作出了调整，与本法其他的条文的修改保持一致：将第一款第四项中"股东大会"改为"股东会"；将第二款中"可以依照公司章程的规定或者股东大会的授权"改为"可以按照公司章程或者股东会的授权"；将第三款中"不得超过本公司已发行股份总额的百分之十"改为"不得超过公司已发行股份总数的百分之十"。

思维导图

公司股份回购的事由
- 减少公司注册资本
- 与持有本公司股份的其他公司合并
- 将股份用于员工持股计划或者股权激励
- 股东因对股东会作出的公司合并、分立决议持异议，要求公司收购其股份
- 将股份用于转换公司发行的可转换为股票的公司债券
- 上市公司为维护公司价值及股东权益所必需

拓展应用

《公司法》第 161 条

案例精析

1. A 公司与 B 公司、潘某等请求公司收购股份纠纷案

案号：江苏省高级人民法院（2019）苏民再 62 号再审判决书

来源：中国裁判文书网

裁判要点

根据公司法的规定，其原则上禁止股份有限公司回购本公司股份，但同时亦规定了例外情形，即符合该类例外情形的，允许股份有限公司回购本公司股份。本案中，B 公司章程亦对回购本公司股份的例外情形作出了类似的规定，并经股东一致表决同意，该规定对 B 公司及全体股东均具有法律上的约束力。B 公司履行法定程序，支付股份回购款项，并不违反公司法的强制性规定，亦不会损害公司股东及债权人的利益。

2. 上海某实业公司诉上海某房地产公司等请求公司收购股份纠纷案

案号：上海市第二中级人民法院（2020）沪 02 民终 2746 号民事判决书

来源：人民法院案例库 2023-08-2-268-001

裁判要点

1. 有限责任公司转让财产，属于公司章程规定的股东会职权的，应当提交股东会讨论表决，如未召开，异议股东仍可通过其他途径表示反对，并有权自知道或应当知道异议事项之日起 90 日内要求公司收购其股权。

2. 判断是否属于公司法意义上的公司主要财产，应当从转让财产价值占公司资产的比重、转让的财产对公司正常经营和盈利的影响以及转让财产是否导致公司发生根本性变化等多角度进行考察，并以转让财产是否导致公司发生根本性变化，即对公司的设立目的、存续等产生实质性影响，作为判断的主要标准，其余两项则作为辅助性判断依据。

第一百六十三条 【禁止财务资助及其例外】

第一百六十三条 公司不得为他人取得本公司或者其母公司的股份提供赠与、借款、担保以及其他财务资助，公司实施员工持股计划的除外。

为公司利益，经股东会决议，或者董事会按照公司章程或者股东会的授权作出决议，公司可以为他人取得本公司或者其母公司的股份提供财务资助，但财务资助的累计总额不得超过已发行股本总额的百分之十。董事会作出决议应当经全体董事的三分之二以上通过。

违反前两款规定，给公司造成损失的，负有责任的董事、监事、高级管理人员应当承担赔偿责任。

> 是一种新型股权形式，其目的是吸引、保留和激励公司员工，通过让员工持有股票，使员工享有剩余索取权的利益分享机制和拥有经营决策权的参与机制。

要点注释

本条是关于股份有限公司不为他人取得本公司或其母公司股份提供财务资助的限制性规定，是本次公司法修订的新增条款。禁止财务资助制度的理论基础主要包括资本维持原则、保护中小股东和债权人、遏制杠杆收购和防止市场操纵。

拓展应用

《上市公司收购管理办法》
第 8 条

《非上市公众公司监督管理办法》
第 16 条

《最高人民法院关于适用〈中华人民共和国公司法〉时间效力的若干规定》
第 3 条

◬ 思维导图

公司不得为他人取得本公司或者其母公司的股份提供
- 赠与
- 借款
- 担保
- 其他财务资助

第一百六十四条 【股票被盗、遗失或者灭失的救济】

旧	新
第一百四十三条 记名股票被盗、遗失或者灭失，股东可以依照《中华人民共和国民事诉讼法》规定的公示催告程序，请求人民法院宣告该股票失效。人民法院宣告该股票失效后，股东可以向公司申请补发股票。	第一百六十四条 股票被盗、遗失或者灭失，股东可以依照《中华人民共和国民事诉讼法》规定的公示催告程序，请求人民法院宣告该股票失效。人民法院宣告该股票失效后，股东可以向公司申请补发股票。

> 指人民法院根据当事人的申请，以公示的方式催告不明的利害关系人，在法定期间内申报权利，逾期无人申报，作出宣告票据无效（除权）的判决程序，属于非诉讼程序。

要点注释

本条是关于股票被盗、遗失或灭失后的补救规定。本条在原法第一百四十三条规定的基础上作出了修改，本次修改将原条文中的"记名股票"改为"股票"。

思维导图

股票被盗、遗失或者灭失后的补救 → 向人民法院申请公示催告 → 人民法院宣告该股票失效 → 股东可以向公司申请补发股票

拓展应用

《民事诉讼法》
第 230~234 条

第一百六十五条 【上市公司的股票上市交易】

旧	新
第一百四十四条 上市公司的股票，依照有关法律、行政法规及证券交易所交易规则上市交易。	第一百六十五条 上市公司的股票，依照有关法律、行政法规及证券交易所交易规则上市交易。

指所发行的股票在依法设立的证券交易所上市交易的股份有限公司。

要点注释

本条是关于股票上市交易应遵守的规则的规定。

拓展应用

《证券法》
第9条、第12条、第46条、第115条

思维导图

股票上市交易应遵守的规则
- 法律
- 行政法规
- 证券交易所交易规则

第一百六十六条 【上市公司信息披露】

旧	新
第一百四十五条 上市公司必须依照法律、行政法规的规定，公开其财务状况、经营情况及重大诉讼，在每会计年度内半年公布一次财务会计报告。	**第一百六十六条** 上市公司应当依照法律、行政法规的规定**披露相关信息**。

▶ 指所发行的股票在依法设立的证券交易所上市交易的股份有限公司。

要点注释

本条是关于上市公司信息披露的一般性规定。本条在原法第一百四十五条规定的基础上进行了修改，其将"公开其财务状况、经营情况及重大诉讼"的表述改为"披露相关信息"，并将"在每会计年度内半年公布一次财务会计报告"的表述删除。

拓展应用

《证券法》
第 78~81 条

思维导图

上市公司信息披露应当依照 —— 法律规定
　　　　　　　　　　　—— 行政法规规定

第一百六十七条 【股东资格继承】

旧	新
第七十五条 自然人股东死亡后,其合法继承人可以继承股东资格;但是,公司章程另有规定的除外。	第一百六十七条 自然人股东死亡后,其合法继承人可以继承股东资格;但是,**股份转让受限的股份有限**公司的章程另有规定的除外。

要点注释

本条是关于股东资格继承的相关规定。本条在原法第七十五条规定的基础上作出了修改,将"公司章程另有规定的除外"改为"股份转让受限的股份有限公司的章程另有规定的除外"。

拓展应用

《公司法》
第90条

案例精析

赵某某与北京某石油科技有限公司执行复议案

案号:北京市第一中级人民法院(2021)京01执复216号执行裁定书

来源:人民法院案例库 2024-17-5-202-017

裁判要点

法院生效裁判认为,本案的争议焦点为:以继承遗产范围承担责任的被执行人明确表示放弃继承后,是否应继续执行该被执行人。《中华人民共和国民法典》第一千一百二十四条规定,继承开始后,继承人放弃继承的,应当在遗产处理前,以书面形式作出放弃继承的表示;没有表示的,视为接受继承。第一千一百六十一条第二款规定,继承人放弃继承的,对被继承人依法应当缴纳的税款和债务可以不负清偿责任。本案中,生效判决书明确赵某某在继承赵某遗产范围内向北京某石油科技有限公司偿还欠款一千一百九十万元,现赵某遗产尚未处理,赵某某明确表示放弃对其父所有财产的继承权,该行为致使赵某某履行生效判决确定义务的前提不存在,赵某某对其父所负债务可不负清偿责任。另外,没有证据证明在赵某某父亲死亡后,有其遗产或其遗产的变价款存入赵某某名下银行账户内。故海淀法院冻结赵某某名下银行账户的执行行为于法无据,依法予以纠正。赵某某所提复议理由成立,北京一中院予以支持。

第七章　国家出资公司组织机构的特别规定

第一百六十八条 【国家出资公司组织机构法律适用及其范围】

旧	新
第六十四条 国有独资公司的设立和组织机构，适用本节规定；本节没有规定的，适用本章第一节、第二节的规定。 本法所称国有独资公司，是指国家单独出资、由国务院或者地方人民政府授权本级人民政府国有资产监督管理机构履行出资人职责的有限责任公司。	第一百六十八条 国家出资公司的组织机构，适用本章规定；本章没有规定的，适用本法其他规定。 本法所称**国家出资**公司，是指国家出资的**国有独资公司、国有资本控股公司，包括国家出资**的有限责任公司、股份有限公司。

> 指由国家授权投资的机构，或者国家授权的部门单独投资设立的有限责任公司。

要点注释

本次公司法修订，在原来"国有独资公司的特别规定"一节的基础上予以完善，增加第七章"国家出资公司组织机构的特别规定"。本条对国家出资公司作出了特别规定，将适用范围由国有独资有限责任公司，扩大到国有独资、国有控股的有限责任公司、股份有限公司。

拓展应用

《企业国有资产法》
第 5 条

思维导图

国家出资公司包括 ──┬── 国家出资的有限责任公司
　　　　　　　　　└── 国家出资的股份有限公司

第一百六十九条 【履行出资人职责的机构】

旧	新
第六十四条 国有独资公司的设立和组织机构，适用本节规定；本节没有规定的，适用本章第一节、第二节的规定。 本法所称国有独资公司，是指国家单独出资、由国务院或者地方人民政府授权本级人民政府国有资产监督管理机构履行出资人职责的有限责任公司。	第一百六十九条 国家出资公司，由国务院或者地方人民政府分别代表国家依法履行出资人职责，享有出资人权益。国务院或者地方人民政府可以授权国有资产监督管理机构或者其他部门、机构代表本级人民政府对国家出资公司履行出资人职责。 代表本级人民政府履行出资人职责的机构、部门，以下统称为履行出资人职责的机构。

▶指国家出资的国有独资公司、国有资本控股公司，包括国家出资的有限责任公司、股份有限公司。

要点注释

2023年修订的公司法明确国务院或者地方人民政府可以授权国有资产监督管理机构或者其他部门、机构代表本级人民政府对国家出资公司履行出资人职责。

拓展应用

《企业国有资产法》
第4条、第6条、第11条、第14条

《企业国有资产监督管理暂行条例》
第7条

第一百七十条 【国家出资公司中的党组织】

第一百七十条　国家出资公司中中国共产党的组织，按照中国共产党章程的规定发挥领导作用，研究讨论公司重大经营管理事项，支持公司的组织机构依法行使职权。

要点注释

本条为2023年公司法新增条款。本条规定了党组织在国家出资公司治理中起到领导作用。

拓展应用

《公司法》
第18条

《国有企业公司章程制定管理办法》
第9条

第一百七十一条 【国有独资公司章程制定】

旧	新
第六十五条 国有独资公司章程由国有资产监督管理机构制定，或者由董事会制订报国有资产监督管理机构批准。	第一百七十一条 国有独资公司章程由履行出资人职责的机构制定。

▶公司章程是公司运行最为重要的基础性文件，它是确定股东之间及公司内部关系的准绳，是规范公司与第三人的关系和政府对公司进行监督管理的依据。

要点注释

本条在原法第六十五条规定的基础上作出了修改，本次修订将"国有资产监督管理机构"改为"履行出资人职责的机构"，与本法第一百六十九条保持一致，包括国有资产监督管理机构以及其他经过国务院或地方人民政府授权的部门、机构；另外，本条删除了"或者由董事会制订报国有资产监督管理机构批准"的规定。

拓展应用

《国有企业公司章程制定管理办法》
第5条、第9条

第一百七十二条 【履行出资人职责的机构行使股东会职权及其授权】

旧	新
第六十六条 国有独资公司不设股东会，由国有资产监督管理机构行使股东会职权。国有资产监督管理机构可以授权公司董事会行使股东会的部分职权，决定公司的重大事项，但公司的合并、分立、解散、增加或者减少注册资本和发行公司债券，必须由国有资产监督管理机构决定；其中，重要的国有独资公司合并、分立、解散、申请破产的，应当由国有资产监督管理机构审核后，报本级人民政府批准。 前款所称重要的国有独资公司，按照国务院的规定确定。	**第一百七十二条** 国有独资公司不设股东会，由**履行出资人职责的**机构行使股东会职权。**履行出资人职责的**机构可以授权公司董事会行使股东会的部分职权，但**公司章程的制定和修改**，公司的合并、分立、解散、**申请破产**，增加或者减少注册资本，**分配利润**，应当由**履行出资人职责的**机构决定。

→ 指由国家授权投资的机构，或者国家授权的部门单独投资设立的有限责任公司。

要点注释

国有独资公司经营活动应当由董事会、经理层具体开展，履行出资人职责的机构原则上不干预，为了提升公司运营效率，履行出资人职责的机构还可以授权公司董事会行使股东会的部分职权。同时，本条也明确列示了不得授权的职权范围

思维导图

应当由履行出资人职责的机构决定的事项
- 公司章程的制定和修改
- 公司的合并、分立、解散、申请破产
- 增加或者减少注册资本
- 分配利润

拓展应用

《企业国有资产法》
第30条、第31~32条

第一百七十三条 【国有独资公司董事会的职权和组成及董事长、副董事长的指定】

旧	新
第六十七条 国有独资公司设董事会，依照本法第四十六条、第六十六条的规定行使职权。董事每届任期不得超过三年。董事会成员中应当有公司职工代表。 董事会成员由国有资产监督管理机构委派；但是，董事会成员中的职工代表由公司职工代表大会选举产生。 董事会设董事长一人，可以设副董事长。董事长、副董事长由国有资产监督管理机构从董事会成员中指定。	第一百七十三条 国有独资公司的董事会依照本法规定行使职权。 国有独资公司的董事会成员中，应当过半数为外部董事，并应当有公司职工代表。 董事会成员由履行出资人职责的机构委派；但是，董事会成员中的职工代表由公司职工代表大会选举产生。 董事会设董事长一人，可以设副董事长。董事长、副董事长由履行出资人职责的机构从董事会成员中指定。

指公司的日常经营决策和执行机构 ◀

要点注释

本条在原法第六十七条规定的基础上作出了修改。首先，本条删掉了关于董事任期的规定，即"董事每届任期不得超过三年"。其次，在董事会成员中新增了"应当过半数为外部董事"的规定。另外，将"国有资产监督管理机构"的表述修改为"履行出资人职责的机构"，与本法其他条款保持一致。

思维导图

国有独资公司董事会特殊组成
├── 外部董事
└── 职工董事

拓展应用

《企业国有资产法》
第 22~25 条

《国有企业公司章程制定管理办法》
第 10 条

第一百七十四条 【国有独资公司经理的聘任及解聘】

旧	新
第六十八条 国有独资公司设经理，由董事会聘任或者解聘。经理依照本法第四十九条规定行使职权。 经国有资产监督管理机构同意，董事会成员可以兼任经理。	**第一百七十四条** 国有独资公司的经理由董事会聘任或者解聘。 经**履行出资人职责**的机构同意，董事会成员可以兼任经理。

► 经理属于公司的高级管理人员，是董事会的助理机关。

► 指公司的日常经营决策和执行机构。

要点注释

与其他有限责任公司不同，国有独资公司必须设经理一职，它是公司董事会的助理机关，经理的聘任或者解聘由董事会决定。

拓展应用

《企业国有资产法》
第 25 条

第一百七十五条 【国有独资公司董事、高级管理人员的兼职限制】

旧	新
第六十九条 国有独资公司的<u>董事长、副董事长</u>、董事、高级管理人员，未经<u>国有资产监督管理机构</u>同意，不得在其他有限责任公司、股份有限公司或者其他经济组织兼职。	第一百七十五条 国有独资公司的董事、高级管理人员，未经<u>履行出资人职责的</u>机构同意，不得在其他有限责任公司、股份有限公司或者其他经济组织兼职。

▶ 指公司的经理、副经理、财务负责人，上市公司董事会秘书和公司章程规定的其他人员。

要点注释

本条在原法第六十九条规定的基础上作出了修改。本次修订删除了与"董事、高级管理人员"并列的"董事长、副董事长"的表述，避免重复。同时，将"国有资产监督管理机构"改为"履行出资人职责的机构"，与本法其他条款保持一致。

拓展应用

《企业国有资产法》
第25条

《公司法》
第185条

思维导图

国有独资公司兼职限制的主体
- 董事
- 高级管理人员

237

第一百七十六条 【国有独资公司审计委员会和监事会的设置模式】

旧	新
第七十条 国有独资公司监事会成员不得少于五人，其中职工代表的比例不得低于三分之一，具体比例由公司章程规定。 监事会成员由国有资产监督管理机构委派；但是，监事会成员中的职工代表由公司职工代表大会选举产生。监事会主席由国有资产监督管理机构从监事会成员中指定。 监事会行使本法第五十三条第（一）项至第（三）项规定的职权和国务院规定的其他职权。	**第一百七十六条** 国有独资公司**在董事会中设置由董事组成的审计委员会行使本法规定的监事会职权的，不设监事会或者监事。**

> 是公司治理结构中的重要组成部分，主要负责公司的财务审计和监督工作，以确保公司的财务报告准确、完整、公正，并符合相关法律法规和会计准则。

要点注释

本次修改明确了国有独资公司可以选择设置单层制的治理结构。

思维导图

国有独资公司不设监事会和监事的情形 —— 董事会中设置由董事组成的审计委员会行使监事会职权

拓展应用

《公司法》
第 69 条、第 78 条

《上市公司治理准则》
第 39 条

第一百七十七条 【合规管理】

> 第一百七十七条　国家出资公司应当依法建立健全内部监督管理和风险控制制度，加强内部合规管理。

要点注释

本条为2023年公司法新增条款，规定了国家出资公司内部合规治理的机制。

思维导图

国家出资公司应当依法建立健全 —— 内部监督管理制度
　　　　　　　　　　　　　　 —— 风险控制制度

拓展应用

《中央企业合规管理指引（试行）》
第2条、第5~8条

案例精析

马某某等贪污案——国家出资公司中工作人员的身份认定

案号：北京市第二中级人民法院（2017）京02刑终135号刑事判决书

来源：《人民司法·案例》2018年第2期

裁判要点

国家出资公司中的被告人在未经单位有关组织批准任命时，是否具有国家工作人员身份？当不具有国家工作人员身份时，侵占国家出资公司财物，并将之分配给本单位人员，对这种行为能否作刑法上的否定性评价？法院在本案审理中摒弃了以往倚重刑法惩罚功能，对具有社会危害性的行为均需予以惩罚的审判思路，从刑法目的出发，以构成要件该当性为起点，准确界定被告人的主体身份，并将具有一定社会危害性但不满足构成要件该当性的行为不予刑法评价。

第八章　公司董事、监事、高级管理人员的资格和义务

第一百七十八条 【消极资格】

旧	新
第一百四十六条 有下列情形之一的，不得担任公司的董事、监事、高级管理人员： （一）无民事行为能力或者限制民事行为能力； （二）因贪污、贿赂、侵占财产、挪用财产或者破坏社会主义市场经济秩序，被判处刑罚，执行期满未逾五年，或者因犯罪被剥夺政治权利，执行期满未逾五年； （三）担任破产清算的公司、企业的董事或者厂长、经理，对该公司、企业的破产负有个人责任的，自该公司、企业破产清算完结之日起未逾三年； （四）担任因违法被吊销营业执照、责令关闭的公司、企业的法定代表人，并负有个人责任的，自该公司、企业被吊销营业执照之日起未逾三年； （五）个人所负数额较大的债务到期未清偿。 公司违反前款规定选举、委派董事、监事或者聘任高级管理人员的，该选举、委派或者聘任无效。 董事、监事、高级管理人员在任职期间出现本条第一款所列情形的，公司应当解除其职务。	第一百七十八条 有下列情形之一的，不得担任公司的董事、监事、高级管理人员： （一）无民事行为能力或者限制民事行为能力； （二）因贪污、贿赂、侵占财产、挪用财产或者破坏社会主义市场经济秩序，被判处刑罚，或者因犯罪被剥夺政治权利，执行期满未逾五年，**被宣告缓刑的，自缓刑考验期满之日起未逾二年**； （三）担任破产清算的公司、企业的董事或者厂长、经理，对该公司、企业的破产负有个人责任的，自该公司、企业破产清算完结之日起未逾三年； （四）担任因违法被吊销营业执照、责令关闭的公司、企业的法定代表人，并负有个人责任的，自该公司、企业被吊销营业执照、**责令关闭**之日起未逾三年； （五）个人因所负数额较大债务到期未清偿**被人民法院列为失信被执行人**。 违反前款规定选举、委派董事、监事或者聘任高级管理人员的，该选举、委派或者聘任无效。 董事、监事、高级管理人员在任职期间出现本条第一款所列情形的，公司应当解除其职务。

▶ 指不满八周岁的未成年人、八周岁以上不能辨认自己行为的未成年人和不能辨认自己行为的成年人。

▶ 指八周岁以上的未成年人和不能完全辨认自己行为的成年人。

▶ 指剥夺选举权和被选举权；宪法规定的言论、出版、集会、结社、游行、示威的权利；担任国家机关职务的权利；担任企业、事业单位和人民团体领导职务的权利。

要点注释

本条在原法第一百四十六条规定的基础上作出了修改。本条第一款第二项新增了"被宣告缓刑的,自缓刑考验期满之日起未逾二年"的情形;第四项将"企业被吊销营业执照之日起未逾三年"改为"企业被吊销营业执照、责令关闭之日起未逾三年";第五项增加"被人民法院列为失信被执行人"的情形。

思维导图

不得担任公司的董事、监事、高级管理人员的情形
- 无民事行为能力或者限制民事行为能力
- 因贪污、贿赂、侵占财产、挪用财产或者破坏社会主义市场经济秩序,被判处刑罚,或者因犯罪被剥夺政治权利,执行期满未逾五年,被宣告缓刑的,自缓刑考验期满之日起未逾二年
- 担任破产清算的公司、企业的董事或者厂长、经理,对该公司、企业的破产负有个人责任的,自该公司、企业破产清算完结之日起未逾三年
- 担任因违法被吊销营业执照、责令关闭的公司、企业的法定代表人,并负有个人责任的,自该公司、企业被吊销营业执照、责令关闭之日起未逾三年
- 个人因所负数额较大债务到期未清偿被人民法院列为失信被执行人

拓展应用

《民法典》
第 19~20 条

第一百七十九条 【守法合章义务】

旧	新
第一百四十七条第一款　董事、监事、高级管理人员应当遵守法律、行政法规和公司章程，对公司负有忠实义务和勤勉义务。	第一百七十九条　董事、监事、高级管理人员应当遵守法律、行政法规和公司章程。

> 指公司的经理、副经理、财务负责人，上市公司董事会秘书和公司章程规定的其他人员。

要点注释

遵守法律、行政法规是每个单位和个人必须履行的一项法定义务，董事、监事、高级管理人员也不例外，这是对其最基本的要求，只有符合了这一要求才能保证公司的行为不违反法律规定，才能实现股东设立公司的目的。公司作为一种组织，必须要有章程约束其成员，并以章程作为行动指南。公司章程的内容涉及公司法律关系中当事人的基本权利义务和公司治理的基本规则，对公司、股东、董事、监事、高级管理人员均有约束力。

案例精析

建设公司诉王某雄等损害公司利益责任纠纷案

来源：四川高院首次发布商事审判典型案例之五[①]

裁判要点

在目前的司法实践中，法院在审查董事、高管的行为是否符合勤勉义务的要求时，首先对董事、高管的行为进行形式审查，如果董事、高管的经营行为违反了法律、行政法规的强制性规定或违反了公司章程，一般就可认定董事、高管违反了勤勉义务的要求，无须再对其行为进行实质性审查。

思维导图

董事、监事、高级管理人员应当遵守
- 法律
- 行政法规
- 公司章程

---

① 参见人民网，http://npc.people.com.cn/n/2015/0422/c14576-26883114.html，最后访问时间：2024年2月26日。

第一百八十条 【忠实义务和勤勉义务的一般规定】

旧	新
第一百四十七条第一款 董事、监事、高级管理人员应当遵守法律、行政法规和公司章程，对公司负有忠实义务和勤勉义务。	第一百八十条 董事、监事、**高级管理人员**对公司负有忠实义务，应当采取措施避免自身利益与公司利益冲突，不得利用职权牟取不正当利益。 董事、监事、高级管理人员对公司负有勤勉义务，执行职务应当为公司的**最大利益**尽到管理者通常应有的**合理注意**。 公司的控股股东、实际控制人不担任公司董事但实际执行公司事务的，适用前两款规定。

（指公司的经理、副经理、财务负责人，上市公司董事会秘书和公司章程规定的其他人员。）

要点注释

本条是关于董事、监事、高级管理人员及实际执行公司事务的控股股东、实际控制人履行忠实、勤勉义务的规定。新增了事实董事的认定规则。

思维导图

董事、监事、高级管理人员的义务
- 忠实义务
- 勤勉义务

案例精析

某机电专用设备有限公司与李某华与公司有关的纠纷上诉案

案号：上海市第一中级人民法院（2009）沪一中民三（商）终字第969号民事判决书

来源：《人民司法·案例》2011年第2期

裁判要点

公司高级管理人员与监事互相兼任的认定应当综合形式与实质两个要件，具有高度人合性的小公司在决策过程中时常发生形式要件瑕疵的情形，司法应从公司法保护公司利益、促进经济发展的立法原则出发，考察股东真实合意，有条件地认可瑕疵决议的效力，避免因决议无效导致公司陷入经营僵局。对公司高管勤勉义务的认定应当以客观标准为一般标准，同时兼顾个案正义，结合具体案情在一般判断标准允许的范围内做出更为妥当和准确的判定。

第一百八十一条 【违反忠实义务的行为】

旧	新
第一百四十七条第二款　董事、监事、高级管理人员不得利用职权收受贿赂或者其他非法收入，不得侵占公司的财产。 第一百四十八条　董事、高级管理人员不得有下列行为： （一）挪用公司资金； （二）将公司资金以其个人名义或者以其他个人名义开立账户存储； （三）违反公司章程的规定，未经股东会、股东大会或者董事会同意，将公司资金借贷给他人或者以公司财产为他人提供担保； （四）违反公司章程的规定或者未经股东会、股东大会同意，与本公司订立合同或者进行交易； （五）未经股东会或者股东大会同意，利用职务便利为自己或者他人谋取属于公司的商业机会，自营或者为他人经营与所任职公司同类的业务； （六）接受他人与公司交易的佣金归为己有； （七）擅自披露公司秘密； （八）违反对公司忠实义务的其他行为。 董事、高级管理人员违反前款规定所得的收入应当归公司所有。	第一百八十一条　董事、监事、高级管理人员不得有下列行为： （一）侵占公司财产、挪用公司资金； （二）将公司资金以其个人名义或者以其他个人名义开立账户存储； （三）利用职权贿赂或者收受其他非法收入； （四）接受他人与公司交易的佣金归为己有； （五）擅自披露公司秘密； （六）违反对公司忠实义务的其他行为。

> 指公司的经理、副经理、财务负责人，上市公司董事会秘书和公司章程规定的其他人员。

要点注释

2023年修订的公司法明确了董事、监事、高级管理人员不得从事的违反忠实义务的具体行为。

思维导图

董事、监事、高级管理人员的禁止行为
- 侵占公司财产、挪用公司资金
- 将公司资金以其个人名义或者以其他个人名义开立账户存储
- 利用职权贿赂或者收受其他非法收入
- 接受他人与公司交易的佣金归为己有
- 擅自披露公司秘密
- 违反对公司忠实义务的其他行为

裁判要点

损害公司利益责任，实质系一种商事侵权责任，当事人首先应证明行为人存在侵害公司利益的主观过错，其次应审查行为人是否存在违反公司法第一百四十九条关于违反法律、行政法规或公司章程的规定，给公司造成损失的情形。对于董事违反信义务责任的认定及免除，可参考适用商业判断原则，考察董事行为是否系获得足够信息基础上作出的合理商业判断，是否基于公司最佳利益，以及所涉交易的利害关系及独立性等因素。

拓展应用

《反不正当竞争法》
第 9 条

《最高人民法院关于适用〈中华人民共和国公司法〉时间效力的若干规定》
第 5 条

案例精析

某房地产有限公司与迈克·某某等损害公司利益责任纠纷案

案号：上海市第二中级人民法院（2019）沪 02 民终 11661 号民事判决书

来源：《人民司法·案例》2022 年第 5 期

第一百八十二条 【自我交易和关联交易】

旧	新
第一百四十七条第二款 董事、监事、高级管理人员不得利用职权收受贿赂或者其他非法收入，不得侵占公司的财产。 **第一百四十八条** 董事、高级管理人员不得有下列行为： （一）挪用公司资金； （二）将公司资金以其个人名义或者以其他个人名义开立账户存储； （三）违反公司章程的规定，未经股东会、股东大会或者董事会同意，将公司资金借贷给他人或者以公司财产为他人提供担保； （四）违反公司章程的规定或者未经股东会、股东大会同意，与本公司订立合同或者进行交易； （五）未经股东会或者股东大会同意，利用职务便利为自己或者他人谋取属于公司的商业机会，自营或者为他人经营与所任职公司同类的业务； （六）接受他人与公司交易的佣金归为己有； （七）擅自披露公司秘密； （八）违反对公司忠实义务的其他行为。 董事、高级管理人员违反前款规定所得的收入应当归公司所有。	**第一百八十二条** 董事、监事、**高级管理人员**，**直接或者间接**与本公司订立合同或者进行交易，应当就与订立合同或者进行交易有关的事项向董事会或者股东会报告，并按照公司章程的规定经董事会或者股东会决议通过。 董事、监事、高级管理人员的近亲属，董事、监事、高级管理人员或者其近亲属直接或者间接控制的企业，以及与董事、监事、高级管理人员有其他关联关系的关联人，与公司订立合同或者进行交易，适用前款规定。

▶ 指公司的经理、副经理、财务负责人，上市公司董事会秘书和公司章程规定的其他人员。

▶ 指公司控股股东、实际控制人、董事、监事、高级管理人员与其直接或者间接控制的企业之间的关系，以及可能导致公司利益转移的其他关系。但是，国家控股的企业之间不仅因同受国家控股而具有关联关系。

要点注释

2023年修订的公司法新增了董监高关于利益冲突事项的报告义务，扩大了自我交易与关联交易人的范围。

思维导图

自我交易要件
- 就交易事项向董事会或者股东会报告
- 经董事会或者股东会决议通过

拓展应用

《最高人民法院关于适用〈中华人民共和国公司法〉时间效力的若干规定》第5条

案例精析

1. 某鞋材有限公司与王学某等其他合同纠纷案

案号：江苏省海安县人民法院（2019）苏0621民初4691号民事判决书

来源：《人民司法·案例》2020年第23期

裁判要点

符合公司法规定而进行的董事（高级管理人员）自我交易行为，此时董事（高级管理人员）的自我交易行为获得了公司权力机构的认可，是正当履职行为，只要不违反法律、行政法规效力性强制性规定，即应认定为合法有效。合同当事人就合同条款的约定系当事人自治意思表示，此时公司与董事（高级管理人员）之间所发生的合同争议，系平等民事主体之间所发生的争议，并非董事、高级管理人员执行公司职务所导致，不符合监事代表诉讼的构成要件，故此时即便符合特定条件的股东书面申请监事提起监事代表诉讼，监事都无权提起监事代表诉讼。

2. 南京某科技公司与安徽某智能公司、南京某供应链公司、皇家某公司公司关联交易损害责任纠纷案

案号：江苏省南京江北新区人民法院（2022）苏0192民初8001号民事判决书

来源：人民法院案例库2023-10-2-278-001

裁判要点

公司法定代表人以公司名义提起民事诉讼，案件审理过程中公司通过内部治理程序选举任命新法定代表人。新法定代表人又以公司名义向法院申请撤回起诉，人民法院经审查公司章程未对法定代表人撤回起诉作出限制，亦无其他不准撤诉情形的，应当裁定予以准许，必要时可以召开听证会听取各方意见。若公司监事要求直接以公司名义并由监事作为诉讼代表人继续该案诉讼，人民法院应不予准许，并可告知监事另行提起监事代表诉讼。

第一百八十三条 【利用公司商业机会】

旧	新
第一百四十七条第二款 董事、监事、高级管理人员不得利用职权收受贿赂或者其他非法收入，不得侵占公司的财产。 第一百四十八条 董事、高级管理人员不得有下列行为： （一）挪用公司资金； （二）将公司资金以其个人名义或者以其他个人名义开立账户存储； （三）违反公司章程的规定，未经股东会、股东大会或者董事会同意，将公司资金借贷给他人或者以公司财产为他人提供担保； （四）违反公司章程的规定或者未经股东会、股东大会同意，与本公司订立合同或者进行交易； （五）未经股东会或者股东大会同意，利用职务便利为自己或者他人谋取属于公司的商业机会，自营或者为他人经营与所任职公司同类的业务； （六）接受他人与公司交易的佣金归为己有； （七）擅自披露公司秘密； （八）违反对公司忠实义务的其他行为。 董事、高级管理人员违反前款规定所得的收入应当归公司所有。	第一百八十三条 董事、监事、高级管理人员，不得利用职务便利为自己或者他人谋取属于公司的商业机会。但是，有下列情形之一的除外： （一）向董事会或者股东会报告，并按照公司章程的规定经董事会或者股东会决议通过； （二）根据法律、行政法规或者公司章程的规定，公司不能利用该商业机会。

▶ 指公司的经理、副经理、财务负责人，上市公司董事会秘书和公司章程规定的其他人员。

要点注释

2023 年修订的公司法新增了董事、监事、高级管理人员正当利用公司商业机会的规定。

思维导图

正当利用公司机会的情形
- 向董事会或者股东会报告，并按照公司章程的规定经董事会或者股东会决议通过
- 根据法律、行政法规或者公司章程的规定，公司不能利用该商业机会

拓展应用

《刑法》
第 165 条

《最高人民法院关于适用〈中华人民共和国公司法〉时间效力的若干规定》
第 5 条

案例精析

上海某流体设备技术有限公司诉施某某损害公司利益责任纠纷案

案号：上海市青浦区人民法院（2019）沪 0118 民初 17485 号民事判决书

来源：人民法院案例库 2023-08-2-276-003

裁判要点

在高管的行为是否构成"谋取"上，应以善意为标准，重点审查披露的及时性、完全性、有效性。针对有限责任公司合意性较强的特点，重点审查公司是否在事实上同意，而公司同意的前置条件在于高管对公司尽到了如实的披露义务，甄别高管的披露动机是否善意，以判断其是否履行忠实义务。在披露时间的及时性上，从理性管理人的角度考虑，审查高管是否在利用公司机会之前就将商业机会披露给公司，除非在诉讼中能够承担其行为对公司公平的举证责任；在披露内容的完全性，高管向公司应真实、准确以及完整地披露包括交易相对方、性质及标的等与机会本身有关的事实、与公司利益有关联的信息，不得故意陈述虚伪事实或者隐瞒真实情况，具体认定上应从正常合理的角度去考量，高管应作出一个普通谨慎的人在同等情形下应作出的勤勉和公正；在披露效果的有效性上，需确保公司决定是在已及时、充分了解商业机会相关的所有内容的情况下做出的，而非基于瑕疵披露的"引诱"而做出的错误决定。

第一百八十四条 【竞业限制】

第一百八十四条 董事、监事、高级管理人员未向董事会或者股东会报告,并按照公司章程的规定经董事会或者股东会决议通过,不得自营或者为他人经营与其任职公司同类的业务。

▶ 公司的经理、副经理、财务负责人,上市公司董事会秘书和公司章程规定的其他人员。

要点注释

这次修改主要细化了董事、监事、高级管理人员自营或者为他人经营与本公司存在竞争关系的同类业务的要求,一方面明确了董事等人员须"报告"的义务;另一方面增加了报告决议主体,即董事会或股东会。同时,该条规定的义务主体增加了监事主体。

拓展应用

《最高人民法院关于适用〈中华人民共和国公司法〉时间效力的若干规定》
第5条

第一百八十五条 【关联董事回避表决】

第一百八十五条 董事会对本法第一百八十二条至第一百八十四条规定的事项决议时，关联董事不得参与表决，其表决权不计入表决权总数。出席董事会会议的无关联关系董事人数不足三人的，应当将该事项提交股东会审议。

> 指公司控股股东、实际控制人、董事、监事、高级管理人员与其直接或者间接控制的企业之间的关系，以及可能导致公司利益转移的其他关系。但是，国家控股的企业之间不仅因同受国家控股而具有关联关系。

要点注释

本条是 2023 年公司法修订新增的条文。董事会对涉及自我交易或关联交易、利用公司的商业机会和经营同类的业务等事项决议时，根据决议的一般原理，在计算出席人数表决比例时，回避表决的董事都应当从总数中剔除。若出席董事会的无关联关系董事人数不足三人，则无法形成有效的董事会决议，从而应将该事项提交股东会审议。

思维导图

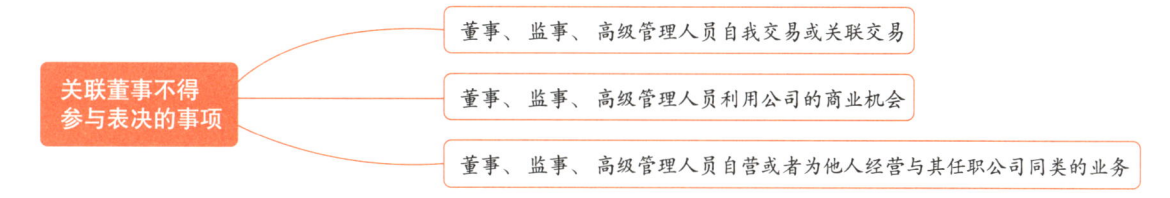

关联董事不得参与表决的事项：
- 董事、监事、高级管理人员自我交易或关联交易
- 董事、监事、高级管理人员利用公司的商业机会
- 董事、监事、高级管理人员自营或者为他人经营与其任职公司同类的业务

第一百八十六条 【归入权】

> 第一百八十六条　董事、监事、高级管理人员违反**本法第一百八十一条至第一百八十四条规定所得的收入应当归公司所有**。

要点注释

本条在原法第一百四十八条规定的基础上作出了修改。本次修改增加了"监事"这一义务主体，且将原第一百四十八条规定的忠实义务扩展至第一百八十一条到第一百八十四条规定的所有义务。

思维导图

公司享有归入权的情形
- 公司法第一百八十一条规定的禁止行为
- 董事、监事、高级管理人员自我交易或关联交易
- 董事、监事、高级管理人员利用公司的商业机会
- 董事、监事、高级管理人员自营或者为他人经营与其任职公司同类的业务

裁判要点

公司法规定，董事、高级管理人员除公司章程规定或者股东会、股东大会同意外，不得与本公司订立合同或者进行交易。若公司章程中没有允许董事、高级管理人员同本公司订立合同或者进行交易的明确规定，而董事（高管）假借他人的名义与本公司订立借款合同，出借资金给公司，并未经股东会同意，该董事（高管）的行为已经违反了公司法的规定，其出借资金给公司并获得的利息收入应当归公司所有。

案例精析

谢某与冷某借款合同纠纷上诉案

案号：重庆市高级人民法院（2020）渝民终 543 号民事判决书
来源：《人民司法·案例》2021 年第 14 期

第一百八十七条 【列席股东会会议并接受股东质询】

旧	新
第一百五十条第一款　股东会或者股东大会要求董事、监事、高级管理人员列席会议的，董事、监事、高级管理人员应当列席并接受股东的质询。	第一百八十七条　股东会要求董事、监事、高级管理人员列席会议的，董事、监事、高级管理人员应当列席并接受股东的质询。

要点注释

需要说明的是，按照公司法的规定，要求董事、监事、高级管理人员列席会议的主体是股东会，而股东会如何提出要求，由哪些人提出要求，法律没有明确规定，为便于这一规定的落实，确保股东合法权益能够得到及时的维护，公司章程应当对有关情况作出详细的规定。

第一百八十八条 【执行职务给公司造成损失的赔偿责任】

旧	新
第一百四十九条 董事、监事、高级管理人员执行公司职务时违反法律、行政法规或者公司章程的规定，给公司造成损失的，应当承担赔偿责任。	第一百八十八条 董事、监事、高级管理人员执行职务违反法律、行政法规或者公司章程的规定，给公司造成损失的，应当承担赔偿责任。

要点注释

根据本条规定，董事、监事、高级管理人员承担赔偿责任应当具备以下四个条件：一是在主观上，对违反法律、行政法规或者公司章程存在过错；二是在行为上，属于执行公司职务行为，与公司行为无关的不在此限；三是行为后果上，对公司造成了损失；四是相关行为与公司的损害后果之间具有因果关系。

拓展应用

《公司法》
第189条

案例精析

1. 周某春与投资公司、李某慰、彭某杰及第三人房地产公司损害公司利益责任纠纷案

来源：《最高人民法院公报》2020年第6期

裁判要点

其一，根据《中华人民共和国公司法》第一百五十一条的规定，董事、高级管理人员有本法第一百四十九条规定的情形的，有限责任公司的股东可以书面请求监事会或者不设监事会的有限责任公司的监事提起诉讼。本案中，李某慰、彭某杰为湖南某公司董事，周某春以李某慰、彭某杰为被告提起股东代表诉讼，应当先书面请求湖南某公司监事会或者监事提起诉讼。但是，在二审询问中，湖南某公司明确表示该公司没有工商登记的监事和监事会。周某春虽然主张周某科为湖南某公司监事，但这一事实已为另案人民法院生效民事判决否定，湖南某公司明确否认周某科为公司监事，周某春二审中提交的证据也不足以否定另案生效民事判决认定的事实。从以上事实来看，本案证据无法证明湖南某公司设立了监事会或监事，周某春对该公司董事李某慰、彭某傑提起股东代表诉讼的前置程序客观上无法完成。

其二，《中华人民共和国公司法》第一百五十一条第三款规定："他人侵犯公司合法权益，给公司造成损失的，本条第一款规定的股东可以依照前两款的规定向人民法院提起诉讼。"某中国公司不属于湖南某公司董事、监事或者高级管理人员，因湖南某公司未设监事会或者监事，周某春针对某中国公司提起代表诉讼的前置程序应当向湖南某公司董事会提出，但是，根据查明的事实，湖南某公司董事会由李某慰（董事长）、彭某傑、庄某农、李某心、周某春组成。除周某春外，湖南某公司其他四名董事会成员均为某中国公司董事或高层管理人员，与某中国公司具有利害关系，基本不存在湖南某公司董事会对某中国公司提起诉讼的可能性，再要求周某春完成对某中国公司提起股东代表诉讼的前置程序已无必要。

本案系湖南某公司股东周某春以某中国公司和李某慰、彭某傑为被告代表公司提起的损害公司利益责任纠纷诉讼，诉请三原审被告承担共同赔偿责任。综合以上情况，本院认为，周某春主张可以不经股东代表诉讼前置程序直接提起本案诉讼的上诉理由成立。一审裁定驳回起诉不当，应予纠正。

2. 陈某与于某、张某、第三人甲公司执行复议案

案号：最高人民法院（2023）最高法执复26号执行裁定书
来源：人民法院案例库 2024-17-5-202-006

裁判要点

公司的董事、监事、高级管理人员侵害了公司权益，而公司怠于追究其责任时，符合法定条件的股东可以自己的名义代表公司提起诉讼。在股东代表诉讼中，股东个人的利益并没有直接受到损害，只是由于公司的利益受到损害而间接受损，因此，股东代表诉讼是股东为了公司的利益而以股东的名义直接提起的诉讼，胜诉后的利益归于公司。当股东代表诉讼进入执行程序后，股东代表出于继续维护公司利益的目的，在其公司怠于主张自身权利时，有权向人民法院申请执行生效法律文书，符合股东代表诉讼这一制度设计的内在逻辑，属于股东代表诉讼在执行阶段的延伸。

第一百八十九条　【股东代表诉讼】

旧	新
第一百五十一条　董事、高级管理人员有**本法第一百四十九条规定的情形的**，有限责任公司的股东、股份有限公司连续一百八十日以上单独或者合计持有公司百分之一以上股份的股东，可以书面请求监事会或者不设监事会的有限责任公司的监事向人民法院提起诉讼；监事有本法第一百四十九条规定的情形的，前述股东可以书面请求董事会或者不设董事会的有限责任公司的执行董事向人民法院提起诉讼。 监事会、不设监事会的有限责任公司的监事，或者董事会、执行董事收到前款规定的股东书面请求后拒绝提起诉讼，或者自收到请求之日起三十日内未提起诉讼，或者情况紧急、不立即提起诉讼将会使公司利益受到难以弥补的损害的，前款规定的股东有权为了公司的利益以自己的名义直接向人民法院提起诉讼。 他人侵犯公司合法权益，给公司造成损失的，本条第一款规定的股东可以依照前两款的规定向人民法院提起诉讼。	**第一百八十九条**　董事、高级管理人员有**前条规定的情形的**，有限责任公司的股东、股份有限公司连续一百八十日以上单独或者合计持有公司百分之一以上股份的股东，可以书面请求监事会向人民法院提起诉讼；监事有**前条规定的情形的**，前述股东可以书面请求董事会向人民法院提起诉讼。 监事会或者董事会收到前款规定的股东书面请求后拒绝提起诉讼，或者自收到请求之日起三十日内未提起诉讼，或者情况紧急、不立即提起诉讼将会使公司利益受到难以弥补的损害的，前款规定的股东有权为公司利益以自己的名义直接向人民法院提起诉讼。 他人侵犯公司合法权益，给公司造成损失的，本条第一款规定的股东可以依照前两款的规定向人民法院提起诉讼。 **公司全资子公司的董事、监事、高级管理人员有前条规定情形，或者他人侵犯公司全资子公司合法权益造成损失的，有限责任公司的股东、股份有限公司连续一百八十日以上单独或者合计持有公司百分之一以上股份的股东，可以依照前三款规定书面请求全资子公司的监事会、董事会向人民法院提起诉讼或者以自己的名义直接向人民法院提起诉讼。**

▶ 监事会是由股东（大）会选举的监事以及由公司职工民主选举的监事组成的，对公司的业务活动进行监督和检查的法定必设和常设机构。

要点注释

股东代表诉讼，是指当董事、监事、高级管理人员或其他主体实施了某种损害公司利益的行为，而作为权利主体的公司又怠于提起追究行为人责任的诉讼时，股东可以依法为公司利益以自己的名义对行为人提起的诉讼。

本条规定的180日以上连续持股期间，应为股东向人民法院提起诉讼时已期满的持股时间；规定的合计持有公司百分之一以上股份，是指两个以上股东持股份额的合计。

拓展应用

《最高人民法院关于适用〈中华人民共和国公司法〉若干问题的规定（一）》

第4条

《最高人民法院关于适用〈中华人民共和国公司法〉若干问题的规定（二）》

第23条

《最高人民法院关于适用〈中华人民共和国公司法〉若干问题的规定（四）》

第23~26条

《最高人民法院关于适用〈中华人民共和国公司法〉若干问题的规定（五）》

第1~2条

案例精析

某电力开发有限公司、某物资有限公司与某置业投资有限公司、某控股创业投资有限公司、某企业发展有限公司、第三人某投资控股有限公司损害公司权益纠纷案

来源：《最高人民法院公报》2009年第6期

裁判要点

有限责任公司的股东依照公司法的规定，向公司的董事、监事、高级管理人员或者他人提起股东代表诉讼后，经人民法院主持，诉讼各方达成调解协议的，该调解协议不仅要经过诉讼各方一致同意，还必须经过提起股东代表诉讼的股东所在的公司和该公司未参与诉讼的其他股东同意后，人民法院才能最终确认该调解协议的法律效力。

第一百九十条 【股东直接诉讼】

旧	新
第一百五十二条　董事、高级管理人员违反法律、行政法规或者公司章程的规定，损害股东利益的，股东可以向人民法院提起诉讼。	第一百九十条　董事、高级管理人员违反法律、行政法规或者公司章程的规定，损害股东利益的，股东可以向人民法院提起诉讼。

> 指公司的经理、副经理、财务负责人，上市公司董事会秘书和公司章程规定的其他人员。

要点注释

股东直接诉讼，是指基于对股东的直接侵害而由股东提起的诉讼。派生诉讼则是基于对公司的侵害而由股东代表公司为了公司的利益而提起的诉讼。

拓展应用

《最高人民法院关于适用〈中华人民共和国公司法〉若干问题的规定（二）》

第 23~24 条

案例精析

吴林某、陈华某诉翟晓某专利权纠纷案

来源：《最高人民法院公报》2008 年第 1 期

裁判要点

公司董事、高级管理人员或控股股东等人员违反法律、行政法规或者公司章程的规定，损害公司利益，而公司在上述人员控制之下不能或怠于以自己的名义主张权利，导致其他股东利益受到损害的，其他股东为维护自身合法权益以及公司的利益，有权向人民法院提起诉讼。

第一百九十一条 【执行职务给他人造成损害的赔偿责任】

第一百九十一条　董事、高级管理人员执行职务，给他人造成损害的，公司应当承担赔偿责任；董事、高级管理人员存在故意或者重大过失的，也应当承担赔偿责任。

▶ 指公司的经理、副经理、财务负责人，上市公司董事会秘书和公司章程规定的其他人员。

要点注释

本条为本次公司法修订的新增条文，意在强化董事、高管等经营管理人员的勤勉义务和忠实义务及对公司的责任。

拓展应用

《民法典》
第1191条

思维导图

董事、高级管理人员与公司的连带责任
- 董事、高级管理人员执行职务，给他人造成损害
- 董事、高级管理人员存在故意或者重大过失

261

第一百九十二条 【影子董事、影子高级管理人员】

第一百九十二条 公司的控股股东、实际控制人指示董事、高级管理人员从事损害公司或者股东利益的行为的，与该董事、高级管理人员承担连带责任。

▶ 指其出资额占有限责任公司资本总额超过百分之五十或者其持有的股份占股份有限公司股本总额超过百分之五十的股东；出资额或者持有股份的比例虽然低于百分之五十，但依其出资额或者持有的股份所享有的表决权已足以对股东会的决议产生重大影响的股东。

指通过投资关系、协议或者其他安排，能够实际支配公司行为的人。

要点注释

本条是新增条文，旨在强化控股股东、实际控制人的法律责任。影子董事是指虽然不是董事但凭借其对公司的影响能够指示公司董事从事相关行为的人。与此类似的情形还有本条规定的影子高级管理人员。在此情形下，控股股东、实际控制人应当就其损害公司或股东利益的指示行为承担责任。

拓展应用

《民法典》
第1169条

《最高人民法院关于适用〈中华人民共和国公司法〉时间效力的若干规定》
第4条

第一百九十三条 【董事责任保险】

> 第一百九十三条　公司可以在董事任职期间为董事因执行公司职务承担的赔偿责任投保责任保险。
> 公司为董事投保责任保险或者续保后，董事会应当向股东会报告责任保险的投保金额、承保范围及保险费率等内容。

要点注释

本条是 2023 年公司法修订新增的条文。董事责任保险是以董事对公司及第三人承担民事赔偿责任为保险标的的一种职业责任保险。依照本条规定，投保人是公司，被保险人是董事。当董事在履行职责时，存在因不当履职行为损害公司及其股东利益而遭受索赔风险时，由所承保的保险公司依法承担赔偿责任。

拓展应用

《上市公司治理准则》
第 24 条

▲思维导图

董事责任保险投保报告内容
- 投保金额
- 承保范围
- 保险费率

第九章　公司债券

第一百九十四条 【公司债券的定义、发行和交易的一般规定】

旧	新
第一百五十三条 本法所称公司债券，是指公司依照法定程序发行、约定在一定期限还本付息的有价证券。 公司发行公司债券应当符合《中华人民共和国证券法》规定的发行条件。	第一百九十四条 本法所称公司债券，是指公司发行的约定按期还本付息的有价证券。 公司债券可以公开发行，也可以非公开发行。 公司债券的发行和交易应当符合《中华人民共和国证券法》等法律、行政法规的规定。

> 指标有票面金额，证明持券人有权按期取得一定收入并可自由转让和买卖的所有权或债权凭证。

要点注释

公开发行公司债券，应当符合下列条件：（1）具备健全且运行良好的组织机构；（2）最近三年平均可分配利润足以支付公司债券一年的利息；（3）国务院规定的其他条件。

公开发行公司债券筹集的资金，必须按照公司债券募集办法所列资金用途使用；改变资金用途，必须经债券持有人会议作出决议。公开发行公司债券筹集的资金，不得用于弥补亏损和非生产性支出。

思维导图

公司债券的发行 ── 公开发行
　　　　　　　　└─ 非公开发行

拓展应用

《证券法》
第9条、第12条、第15条

案例精析

江苏某科技公司、杨某业欺诈发行债券案

案号：江苏省无锡市中级人民法院（2018）苏02刑初49号刑事判决书

来源：人民法院案例库 2023-03-1-089-001

裁判要点

本案发生在2021年3月1日起施行的《刑法修正案（十一）》之前，当时的罪名为"欺诈发行股票、债券罪"，目前已调整为"欺诈发行证券罪"，涵括欺诈发行股票、债券和其他证券的情形。就欺诈发行证券而言，中小企业发行私募债券属于欺诈发行债券罪的规制对象。欺诈发行证券罪的犯罪主体为特殊主体，特指发行公司、企业债券的自然人和单位；所侵犯的客体是国家对债券发行市场的管理制度以及投资者的合法权益；主观方面必须是出于故意；客观方面表现为在公司、企业债券募集办法中隐瞒重要事实或者编造重大虚假内容，以欺骗手段骗取发行，数额巨大、后果严重或者其他严重情节的行为。应当依据结果数额作为欺诈发行债券罪的发行数额进行定罪量刑，结果数额是行为人实际募集的数额，除了案发前归还以外，往往也是投资人实际遭受损失的数额。

第一百九十五条 【公司债券募集办法的公告及记载事项】

旧	新
第一百五十四条　发行公司债券的申请经国务院授权的部门核准后,应当公告公司债券募集办法。 公司债券募集办法中应当载明下列主要事项: （一）公司名称; （二）债券募集资金的用途; （三）债券总额和债券的票面金额; （四）债券利率的确定方式; （五）还本付息的期限和方式; （六）债券担保情况; （七）债券的发行价格、发行的起止日期; （八）公司净资产额; （九）已发行的尚未到期的公司债券总额; （十）公司债券的承销机构。	第一百九十五条　公开发行公司债券,应当经国务院证券监督管理机构注册,公告公司债券募集办法。 公司债券募集办法应当载明下列主要事项: （一）公司名称; （二）债券募集资金的用途; （三）债券总额和债券的票面金额; （四）债券利率的确定方式; （五）还本付息的期限和方式; （六）债券担保情况; （七）债券的发行价格、发行的起止日期; （八）公司净资产额; （九）已发行的尚未到期的公司债券总额; （十）公司债券的承销机构。

要点注释

2023年修订的公司法将公司债券核准制改为注册制,并规定公开发行公司债券统一由国务院证券监督管理机构注册。

◇ **思维导图**

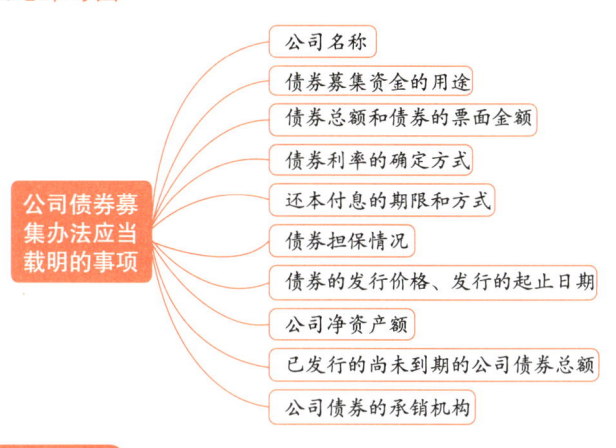

公司债券募集办法应当载明的事项
- 公司名称
- 债券募集资金的用途
- 债券总额和债券的票面金额
- 债券利率的确定方式
- 还本付息的期限和方式
- 债券担保情况
- 债券的发行价格、发行的起止日期
- 公司净资产额
- 已发行的尚未到期的公司债券总额
- 公司债券的承销机构

裁判要点

债券在赎回期届满前，债券发行人出现重要信息披露不实、未及时披露重要信息等违约行为以及评级下调，足以影响投资者对企业信用风险、投资价值的判断，致使债券持有人无法基于债券价格波动获取投资收益，且发行人不行使赎回权时，人民法院可以认定债券发行人构成根本性违约。投资人可据此解除合同，要求债券发行方提前赎回债券并支付利息。

拓展应用

《证券法》
第 9 条

案例精析

某基金管理有限公司诉某建设控股集团有限公司公司债券交易纠纷案

案号：上海市第二中级人民法院（2018）沪 02 民终 3136 号民事判决书

来源：人民法院案例库 2023-08-2-303-001

第一百九十六条 【以纸面形式发行的公司债券的记载事项】

旧	新
第一百五十五条 公司以**实物券**方式发行公司债券的，**必须**在债券上载明公司名称、债券票面金额、利率、偿还期限等事项，并由法定代表人签名，公司盖章。	第一百九十六条 公司以**纸面形式**发行公司债券的，**应当**在债券上载明公司名称、债券票面金额、利率、偿还期限等事项，并由法定代表人签名，公司盖章。

▶ 指公司向社会公众发行债务进行借贷的凭证。

要点注释

公司债券是按照约定公司还本付息的有价证券，因此债券的票面金额、利率和偿还期限等决定"还本付息"的时间和金额的事项也必然是公司债券的绝对必要记载事项。票面金额表明了每张债券持有人作为债权人享有的债权数额。利率是公司作为债务人向债权人借贷金额的借款利率，偿还期限和利率以及票面金额共同决定债务人还本付息的具体数额。

思维导图

债券上应当载明事项
- 公司名称
- 债券票面金额
- 利率
- 偿还期限

第一百九十七条　【记名债券】

旧	新
第一百五十六条　公司债券，可以为记名债券，也可以为无记名债券。	第一百九十七条　公司债券应当为记名债券。

> 指券面上标明债权人姓名或者名称的债券，此种债券转让除了需要交付债券以外，还需要在债券上进行背书。

要点注释

本条在原法第一百五十六条规定的基础上作出了修改，取消了无记名债券的类型。

拓展应用

《民事诉讼法》

第 225 条

第一百九十八条 【债券持有人名册】

旧	新
第一百五十七条　公司发行公司债券应当置备公司债券存根簿。 发行记名公司债券的，应当在公司债券存根簿上载明下列事项： （一）债券持有人的姓名或者名称及住所； （二）债券持有人取得债券的日期及债券的编号； （三）债券总额，债券的票面金额、利率、还本付息的期限和方式； （四）债的发行日期。 发行无记名公司债券的，应当在公司债券存根簿上载明债券总额、利率、偿还期限和方式、发行日期及债券的编号。	第一百九十八条　公司发行公司债券应当置备公司债券**持有人名册**。 发行公司债券的，应当在公司债券**持有人名册**上载明下列事项： （一）债券持有人的姓名或者名称及住所； （二）债券持有人取得债券的日期及债券的编号； （三）债券总额，债券的票面金额、利率、还本付息的期限和方式； （四）债券的发行日期。

要点注释

　　2023年修订的公司法将"债券存根簿"改为"债券持有人名册"，并删除了无记名债券在债券存根簿上应载明内容的相关规定。债券存根簿为纸质债券时代的产物。随着电子化的发展，电子化的债券持有人名册已经大范围地替代了传统的债券存根簿。债券持有人名册，则是一个"载体中性"的概念，债券持有人名册可以是纸质版的，也可以是电子版的。此种概念显然更具包容性。

思维导图

公司债券持有人名册载明事项
- 债券持有人的姓名或者名称及住所
- 债券持有人取得债券的日期及债券的编号
- 债券总额，债券的票面金额、利率、还本付息的期限和方式
- 债券的发行日期

第一百九十九条 【公司债券的登记结算】

旧	新
第一百五十八条 记名公司债券的登记结算机构应当建立债券登记、存管、付息、兑付等相关制度。	第一百九十九条 公司债券的登记结算机构应当建立债券登记、存管、付息、兑付等相关制度。

▶此处即为证券登记结算机构。

要点注释

发行公司债券并在证券交易场所交易或转让的，应当由中国证券登记结算有限责任公司依法集中统一办理登记结算业务。非公开发行公司债券并在证券公司柜台转让的，可以由中国证券登记结算有限责任公司或者其他依法从事证券登记、结算业务的机构办理。

拓展应用

《证券法》
第 145 条、第 151 条

《证券登记结算管理办法》
第 9 条、第 83 条

思维导图

公司债券登记结算的机构应当建立的制度
- 债券登记
- 债券存管
- 债券付息
- 债券兑付

第二百条 【公司债券转让自由及其合法性】

旧	新
第一百五十九条 公司债券可以转让，转让价格由转让人与受让人约定。 公司债券在证券交易所上市交易的，按照证券交易所的交易规则转让。	**第二百条** 公司债券可以转让，转让价格由转让人与受让人约定。 公司债券的转让应当符合法律、行政法规的规定。

要点注释

本条是关于公司债券的转让价格和规则的规定。公司债券的转让价格由转让人与受让人约定，这里所指的公司债券价格并非债券的票面价值，而是双方在转让时的转让价格。

拓展应用

《证券法》
第 36 条、第 48 条

第二百零一条 【公司债券转让的方式】

旧	新
第一百六十条 记名公司债券，由债券持有人以背书方式或者法律、行政法规规定的其他方式转让；转让后由公司将受让人的姓名或者名称及住所记载于公司债券**存根簿**。 无记名公司债券的转让，由债券持有人将该债券交付给受让人后即发生转让的效力。	**第二百零一条** 公司债券由债券持有人以**背书方式**或者法律、行政法规规定的其他方式转让；转让后由公司将受让人的姓名或者名称及住所记载于公司债券**持有人名册**。

▶ 指收款人以转让票据权利为目的在票据上签章并作必要的记载所作的一种附属票据行为。

要点注释

2023 年修订的公司法删除了无记名公司债券的转让规则。

拓展应用

《证券法》
第 38 条

第二百零二条 【可转换为股票的公司债券的发行】

旧	新
第一百六十一条 上市公司经股东大会决议可以发行可转换为股票的公司债券，并在公司债券募集办法中规定具体的转换办法。上市公司发行可转换为股票的公司债券，应当报国务院证券监督管理机构核准。 发行可转换为股票的公司债券，应当在债券上标明可转换公司债券字样，并在公司债券存根簿上载明可转换公司债券的数额。	**第二百零二条** 股份有限公司经股东会决议，或者经公司章程、股东会授权由董事会决议，可以发行可转换为股票的公司债券，并规定具体的转换办法。上市公司发行可转换为股票的公司债券，应当经国务院证券监督管理机构注册。 发行可转换为股票的公司债券，应当在债券上标明可转换公司债券字样，并在公司债券持有人名册上载明可转换公司债券的数额。

▶ 指公司依法发行、在一定期间内依据约定的条件可以转换成本公司股票的公司债券，属于证券法规定的具有股权性质的证券。

要点注释

可转换为股票的公司债券，简称可转换债券，是一种特殊的公司债券。其与普通的公司债券的区别是，普通的公司债券在约定的债券期限届满时，发行债券的公司必须兑现债券，向债权人还本付息，解除债务关系。可转换债券，虽约定债券的期限，但在期限届满时，不须向债权人还本付息，而是由债券持有人按照事先约定的转换办法，请求公司将其所持债券换发为公司股票。相应地，该债券持有人由公司的债权人转变为公司的出资人或股东。

思维导图

发行可转换为股票的公司债券的权力来源
- 股东会决议
- 公司章程
- 股东会授权

拓展应用

《可转换公司债券管理办法》
第2~3条

276

第二百零三条 【可转换为股票的公司债券的转换】

旧	新
第一百六十二条　发行可转换为股票的公司债券的，公司应当按照其转换办法向债券持有人换发股票，但债券持有人对转换股票或者不转换股票有选择权。	第二百零三条　发行可转换为股票的公司债券的，公司应当按照其转换办法向债券持有人换发股票，但债券持有人对转换股票或者不转换股票有选择权。**法律、行政法规另有规定的除外**。

指公司依法发行、在一定期间内依据约定的条件可以转换成本公司股票的公司债券，属于证券法规定的具有股权性质的证券。

要点注释

　　可转换公司债券持有人在债券期限届满时，可以要求公司换发股票，也可以要求公司就该债券履行还本付息的义务，即可转换公司债券持有人在是否将债券转换为公司股票层面享有选择权。

拓展应用

《最高人民法院关于审理与企业改制相关的民事纠纷案件若干问题的规定》
　　第 14~15 条

第二百零四条 【债券持有人会议及其决议】

第二百零四条 公开发行公司债券的,应当为同期债券持有人设立债券持有人会议,并在债券募集办法中对债券持有人会议的召集程序、会议规则和其他重要事项作出规定。债券持有人会议可以对与债券持有人有利害关系的事项作出决议。

除公司债券募集办法另有约定外,债券持有人会议决议对同期全体债券持有人发生效力。

要点注释

根据本条规定,公开发行债券应当设立债券持有人会议,由该组织作为债券持有人的自治决策机构。债券持有人会议作为决策机制,可以对重大事项进行决策,受托管理人制度作为管理者机制可以集中管理债券。

拓展应用

《证券法》
第 92 条

第二百零五条 【债券受托管理人的聘请及其负责事项】

第二百零五条 公开发行公司债券的,发行人应当为债券持有人聘请债券受托管理人,由其为债券持有人办理受领清偿、债权保全、与债券相关的诉讼以及参与债务人破产程序等事项。

▶指由债券发行人聘请,在债券存续期限内依照相关规定或债券受托管理协定维护债券持有人利益的机构。

要点注释

根据本条规定,债券受托管理人的职责事项包括为债券持有人办理受领清偿、债权保全、与债券相关的诉讼以及参与债务人破产程序等。

拓展应用

《证券法》
第92条

思维导图

- 债券受托管理人办理事项
  - 办理受领清偿
  - 债权保全
  - 与债券相关的诉讼以及参与债务人破产程序等

第二百零六条 【债券受托管理人的职责及责任承担】

第二百零六条 债券受托管理人应当勤勉尽责,公正履行受托管理职责,不得损害债券持有人利益。

受托管理人与债券持有人存在利益冲突可能损害债券持有人利益的,债券持有人会议可以决议变更债券受托管理人。

债券受托管理人违反法律、行政法规或者债券持有人会议决议,损害债券持有人利益的,应当承担赔偿责任。

▶ 指由债券发行人聘请,在债券存续期限内依照相关规定或债券受托管理协定维护债券持有人利益的机构。

要点注释

根据本条规定,受托管理人应当勤勉履行托管职责,并保持与债券持有人之间无利益冲突,否则债券持有人可决议更换或要求其承担赔偿责任。

拓展应用

《证券法》
第 92 条

第十章 公司财务、会计

第二百零七条 【依法建立财务、会计制度】

旧	新
第一百六十三条　公司应当依照法律、行政法规和国务院财政部门的规定建立本公司的财务、会计制度。	第二百零七条　公司应当依照法律、行政法规和国务院财政部门的规定建立本公司的财务、会计制度。

在会计法规、会计原则或者会计制度的指导下，以货币为主要计量形式，对公司的整个财务活动和经营状况进行记账、算账、报账，为公司管理者和其他利害关系人定期提供公司财务信息的活动。

要点注释

本条是关于公司建立财务、会计制度的法律依据的规定。

思维导图

公司建立财务、会计制度的法律依据
- 法律
- 行政法规
- 国务院财政部门的规定

拓展应用

《上市公司章程指引》
第 150 条

案例精析

陈艳某与陈某等股东损害公司债权人利益责任纠纷上诉案

案号：广东省广州市中级人民法院（2021）粤01民终12542号民事判决书

来源：中国裁判文书网

裁判要点

公司应当依照法律、行政法规和国务院财政部门的规定建立公司的财务、会计制度。清算组在清算期间应清理公司财产，分别编制资产负债表和财产清单。

本案中，于某至今未应诉答辩，陈艳某亦称其无法提供公司的财务账册。可见，甲公司的股东均无法向法院提供甲公司的财务账簿、重要文件等，应视为甲公司的财务账簿、重要文件等已查无下落，甲公司缺乏进行清算的条件。一审法院认定甲公司无法清算，并无不当，二审法院予以维持。

第二百零八条 【财务会计报告的编制】

旧	新
第一百六十四条 公司应当在每一会计年度终了时编制财务会计报告,并依法经会计师事务所审计。 财务会计报告应当依照法律、行政法规和国务院财政部门的规定制作。	第二百零八条 公司应当在每一会计年度终了时编制财务会计报告,并依法经会计师事务所审计。 财务会计报告应当依照法律、行政法规和国务院财政部门的规定制作。

▶ 指公司对外提供的反映公司某一特定日期财务状况和某一会计期间经营成果、现金流量的文件。

要点注释

本条是关于公司编制年度财务会计报告要求的规定。

思维导图

财务会计报告制作要求
- 每一会计年度终了时编制
- 应当依法经会计师事务所审计
- 需要满足依法制作

拓展应用

《会计法》
第11条

283

第二百零九条　【财务会计报告的公布】

旧	新
第一百六十五条　有限责任公司应当依照公司章程规定的期限将财务会计报告送交各股东。 　　股份有限公司的财务会计报告应当在召开股东大会年会的二十日前置备于本公司，供股东查阅；公开发行股票的股份有限公司必须公告其财务会计报告。	**第二百零九条**　有限责任公司应当按照公司章程规定的期限将财务会计报告送交各股东。 　　股份有限公司的财务会计报告应当在召开股东会年会的二十日前置备于本公司，供股东查阅；公开发行股份的股份有限公司应当公告其财务会计报告。

要点注释

　　财务会计报告属于股东查阅权的查阅范围。有限责任公司和股份有限公司在向股东公布财务会计报告的方式上存在区别。一般认为，有限责任公司股东人数相对较少、人合性更高，公司应当将财务会计报告直接送交各股东；股份有限公司（尤其是上市公司）因为股东人数多，财务会计报告的公布采取召开股东会年会的前20日置备于公司供股东查阅的方式；公开发行股份的公司则应当采取公告方式。

拓展应用

《公司法》
第57条

案例精析

1. 某房地产开发有限责任公司与徐某股东知情权纠纷上诉案

案号：四川省攀枝花市中级人民法院（2008）攀民终字第30号民事判决书

来源：《人民司法·案例》2009年第4期

裁判要点

股东有权查阅、复制公司章程、股东会会议记录、董事会会议决议、监事会会议决议和财务会计报告。股东可以要求查阅公司会计账簿。股东要求查阅公司会计账簿的，应当向公司提出书面请求，说明目的。公司有合理根据认为股东查阅会计账簿有不正当目的，可能损害公司合法利益的，可以拒绝提供查阅，并应当自股东提出书面请求之日起十五日内书面答复股东并说明理由。公司拒绝提供查阅的，股东可以请求人民法院要求公司提供查阅。由此可见，股东有权要求查阅公司的会计账簿。但是，公司的财务账簿进行审计的请求没有法律依据，诉至法院的，法院将不予支持。

2. 尤某诉无锡某有限公司股东知情权纠纷案

案号：江苏省无锡市中级人民法院（2017）苏02民终1593号民事判决书

来源：人民法院案例库 2024-08-2-267-001

裁判要点

股东知情权是股东固有的法定权利，其行使的主体应具有公司股东资格。新公司法出台后，公司法的基础理论最为显著的变化即从严格的法定资本制转变为授权资本制，如果瑕疵出资并不导致公司设立无效，一般不宜轻易否定瑕疵出资者的股东资格。在一般的瑕疵出资（如未足额出资、出资评估价值不实）情形下，如果出资者具备认定股东资格诸要素中的其他任何一个，如股东名册、公司章程记载、工商登记，一般即认定其具有股东资格。在具有股东资格后，即意味着股东享有包括自益权和共益权在内的各项权利。自益权指股东以自身利益为目的行使的权利，主要表现为财产权，如按照出资比例分取红利的权利、依照法律、公司章程转让出资的权利、优先购买其他股东转让出资的权利、优先认购公司新增资本的权利、依法分配公司解散清算后的剩余财产的权利；共益权指股东依法参加公司事务的决策和经营管理的权利，是股东基于公司利益兼为自身利益行使的权利，如股东会或股东大会参加权、提案权、质询权、在股东会或股东大会上的表决权、股东会或股东大会召集请求权、临时股东大会自行召集权与主持权、了解公司事务、查阅公司账簿和其他文件的知情权、公司解散请求权等权利。

关于瑕疵出资股东受到的权利限制，从我国公司法的规定来看，允许公司对瑕疵出资股东予以限制的权利仅限于利润分配请求权、新股优先认购权、剩余财产分配请求权等直接获得财产利益的权利，而对股东知情权的行使并未进行禁止性规定，故股东的出资瑕疵并不必然导致股东资格的丧失，亦不影响股东知情权的行使。

第二百一十条 【公司利润分配】

旧	新
第三十四条 股东按照实缴的出资比例分取红利；公司新增资本时，股东有权优先按照实缴的出资比例认缴出资。但是，全体股东约定不按照出资比例分取红利或者不按照出资比例优先认缴出资的除外。 **第一百六十六条** 公司分配当年税后利润时，应当提取利润的百分之十列入公司法定公积金。公司法定公积金累计额为公司注册资本的百分之五十以上的，可以不再提取。 公司的法定公积金不足以弥补以前年度亏损的，在依照前款规定提取法定公积金之前，应当先用当年利润弥补亏损。 公司从税后利润中提取法定公积金后，经股东会或者股东大会决议，还可以从税后利润中提取任意公积金。 公司弥补亏损和提取公积金后所余税后利润，有限责任公司依照本法第三十四条的规定分配；股份有限公司按照股东持有的股份比例分配，但股份有限公司章程规定不按持股比例分配的除外。 股东会、股东大会或者董事会违反前款规定，在公司弥补亏损和提取法定公积金之前向股东分配利润的，股东必须将违反规定分配的利润退还公司。 公司持有的本公司股份不得分配利润。	**第二百一十条** 公司分配当年税后利润时，应当提取利润的百分之十列入公司法定公积金。公司法定公积金累计额为公司注册资本的百分之五十以上的，可以不再提取。 公司的法定公积金不足以弥补以前年度亏损的，在依照前款规定提取法定公积金之前，应当先用当年利润弥补亏损。 公司从税后利润中提取法定公积金后，经股东会决议，还可以从税后利润中提取任意公积金。 公司弥补亏损和提取公积金后所余税后利润，有限责任公司**按照股东**实缴的出资比例**分配利润**，全体股东约定不按照出资比例**分配利润**的除外；股份有限公司按照股东**所**持有的股份比例分配**利润**，公司章程**另**有规定的除外。 公司持有的本公司股份不得分配利润。

要点注释

本条是关于公司税后利润分配的规定。本条文将原法第三十四条、第一百六十六条第四款进行了合并,在内容上仅是进行了部分文字表述上的修改。

思维导图

公司当年税后利润分配规定的法定顺序 → 弥补亏损 → 提取法定公积金 → 提取任意公积金 → 支付股利

拓展应用

《最高人民法院关于适用〈中华人民共和国公司法〉若干问题的规定(五)》
　　第 4 条

案例精析

公司尚未制订盈余分配方案的,股东不得要求其分配利润

案号:湖南省孝感市中级人民法院(2019)鄂 09 民终 54 号民事判决书

来源:中国裁判文书网

裁判要点

法院认为,彦某作为公司股东,依法享有盈余分配权。但彦某直接以某公司收取的 2014 年承包费 735000 元为公司利润,要求按出资比例分取确定数额的红利缺乏依据。同时依照《最高人民法院关于适用〈中华人民共和国公司法〉若干问题的规定(四)》第十五条之规定:"股东未提交载明具体分配方案的股东会或者股东大会决议,请求公司分配利润的,人民法院应当驳回其诉讼请求,但违反法律规定滥用股东权利导致公司不分配利润,给其他股东造成损失的除外。"

本案中,彦某未能提供证据证明公司董事会、股东会就公司利润分配方案进行决议,亦未提供证据证明某公司滥用股东权利的行为。故对彦某的诉讼请求不予支持。

综上所述,公司股东依法享有盈余分配权,但该盈余分配权只是法律意义上或者应然意义上的权利,要实现该权利,必须以公司具有盈余、缴纳了相应的税赋、提取了一定的法定公积金及制订了盈余分配方案为前提。

第二百一十一条 【违法分配利润的后果及责任】

旧	新
第三十四条 股东按照实缴的出资比例分取红利；公司新增资本时，股东有权优先按照实缴的出资比例认缴出资。但是，全体股东约定不按照出资比例分取红利或者不按照出资比例优先认缴出资的除外。 **第一百六十六条** 公司分配当年税后利润时，应当提取利润的百分之十列入公司法定公积金。公司法定公积金累计额为公司注册资本的百分之五十以上的，可以不再提取。 公司的法定公积金不足以弥补以前年度亏损的，在依照前款规定提取法定公积金之前，应当先用当年利润弥补亏损。 公司从税后利润中提取法定公积金后，经股东会或者股东大会决议，还可以从税后利润中提取任意公积金。 公司弥补亏损和提取公积金后所余税后利润，有限责任公司依照本法第三十四条的规定分配；股份有限公司按照股东持有的股份比例分配，但股份有限公司章程规定不按持股比例分配的除外。 股东会、股东大会或者董事会违反前款规定，在公司弥补亏损和提取法定公积金之前向股东分配利润的，股东必须将违反规定分配的利润退还公司。 公司持有的本公司股份不得分配利润。	**第二百一十一条** 公司违反**本法**规定向股东分配利润的，股东应当将违反规定分配的利润退还公司；给公司造成损失的，股东及负有责任的董事、监事、高级管理人员应当承担赔偿责任。

要点注释

本条规定了当公司违法向公司股东分配利润时，由此给公司造成的损失，负有责任的董事、监事、高级管理人员应承担相应的责任，进一步体现了在新法中，针对欠缴出资、抽逃出资、违规减资、违规分红等有损资本充实原则的情形之下，进一步强化了董事、监事、高级管理人员的催缴与资本维持的责任。

拓展应用

《公司法》

第 209~210 条

《最高人民法院关于适用〈中华人民共和国公司法〉时间效力的若干规定》

第 1 条

第二百一十二条 【利润分配的完成期限】

第二百一十二条　股东会作出分配利润的决议的，董事会应当在股东会决议作出之日起六个月内进行分配。

要点注释

本条为 2023 年公司法新增条款，规定了利润分配的法定期限。

拓展应用

《最高人民法院关于适用〈中华人民共和国公司法〉若干问题的规定（四）》

第 14~15 条

《最高人民法院关于适用〈中华人民共和国公司法〉时间效力的若干规定》

第 1 条

第二百一十三条 【资本公积金的来源】

旧	新
第一百六十七条　股份有限公司以超过股票票面金额的发行价格发行股份所得的溢价款以及国务院财政部门规定列入资本公积金的其他收入，应当列为公司资本公积金。	第二百一十三条　公司以超过股票票面金额的发行价格发行股份所得的溢价款、**发行无面额股所得股款未计入注册资本的金额**以及国务院财政部门规定列入资本公积金的其他**项目**，应当列为公司资本公积金。

▶ 指企业由投入资本本身所引起的各种增值，这种增值一般不是由于企业的生产经营活动产生的，与企业的生产经营活动没有直接关联。

要点注释

本条在原法第一百六十七条规定的基础上进行了修改，配合无面额股的制度改革，增加了无面额股制度的有关表述，要求将无面额股股款未计入注册资本的计入资本公积金；并将原法中的"其他收入"改为"其他项目"。

思维导图

公司资本公积金的来源
- 发行股份所得的溢价款
- 发行无面额股所得股款未计入注册资本的金额
- 国务院财政部门规定列入资本公积金的其他项目

拓展应用

《公司法》
第 210 条

案例精析

1. 兰州某物流有限公司与兰州某（集团）股份有限公司侵权纠纷案

来源：《最高人民法院公报》2010 年第 2 期

裁判要点

公司因接受赠与而增加的资本公积金属于公司所有，是公司的资产，股东不能主张该资本公积金中与自己持股比例相对应的部分归属于自己。上市公司股权分置改革中，公司股东大会作出决议将资本公积金向流通股股东转增股份时，公司的流通股股东可以按持股比例获得相应的新增股份，而非流通股股东不能以其持股比例向公司请求支付相应的新增股份。即使该股东大会决议无效，也只是产生流通股股东不能取得新增股份的法律效果，而非流通股股东仍然不能取得该新增的股份。

2. 金某诉洛阳某房地产开发有限公司盈余分配纠纷案

案号：河南省高级人民法院（2021）豫民终 1104 号民事判决书

来源：人民法院案例库 2023-08-2-274-001

裁判要点

当事人诉请对公司盈余进行分配，人民法院首先应当甄别当事人诉求的分配内容、分配程序及分配目的。公司净资产分配与公司盈余分配在分配目的、实现程序、分配内容上均有显著区别。公司净资产是指属于企业所有，并可以自由支配的资产，为企业总资产减去总负债的余额，包括实收资本（股本金）、资本公积、盈余公积和未分配利润等。公司如进行盈余分配，应是在公司弥补亏损、提取公积金后仍有利润的情况下，再由股东会制订分配方案后方可进行分配。

第二百一十四条 【公积金的用途】

旧	新
第一百六十八条 公司的公积金用于弥补公司的亏损、扩大公司生产经营或者转为增加公司资本。但是，资本公积金不得用于弥补公司的亏损。 法定公积金转为资本时，所留存的该项公积金不得少于转增前公司注册资本的百分之二十五。	**第二百一十四条** 公司的公积金用于弥补公司的亏损、扩大公司生产经营或者转为增加公司**注册**资本。 **公积金弥补公司亏损，应当先使用任意公积金和法定公积金；仍不能弥补的，可以按照规定使用资本公积金。** 法定公积金转为**增加注册**资本时，所留存的该项公积金不得少于转增前公司注册资本的百分之二十五。

指企业由投入资本本身所引起的各种增值，这种增值一般不是由于企业的生产经营活动产生的，与企业的生产经营活动没有直接关联。

要点注释

本条在原法第一百六十八条规定的基础上进行了修改，删去了资本公积金不得弥补亏损的规定，此乃重大变化，同时也新增了用资本公积金弥补亏损的顺序。

思维导图

公积金的用途
- 弥补公司亏损
- 扩大公司生产经营
- 增加公司的资本

拓展应用

《企业财务通则》
第 18 条

《金融企业财务规则》
第 44 条

《最高人民法院关于适用〈中华人民共和国公司法〉时间效力的若干规定》
第 2 条

第二百一十五条 【会计师事务所的聘用及解聘】

旧	新
第一百六十九条　公司聘用、解聘承办公司审计业务的会计师事务所，依照公司章程的规定，由股东会、股东大会或者董事会决定。 公司股东会、股东大会或者董事会就解聘会计师事务所进行表决时，应当允许会计师事务所陈述意见。	第二百一十五条　公司聘用、解聘承办公司审计业务的会计师事务所，按照公司章程的规定，由股东会、董事会或者监事会决定。 公司股东会、董事会或者监事会就解聘会计师事务所进行表决时，应当允许会计师事务所陈述意见。

要点注释

本条是关于公司聘用、解聘会计师事务所的规定。

拓展应用

《上市公司信息披露管理办法》
第 44 条

《非上市公众公司信息披露管理办法》
第 41 条

《企业国有资产法》
第 67 条

第二百一十六条 【会计资料的提供】

旧	新
第一百七十条　公司应当向聘用的会计师事务所提供真实、完整的会计凭证、会计账簿、财务会计报告及其他会计资料，不得拒绝、隐匿、谎报。	第二百一十六条　公司应当向聘用的会计师事务所提供真实、完整的会计凭证、会计账簿、财务会计报告及其他会计资料，不得拒绝、隐匿、谎报。

要点注释

本条是关于公司向会计师事务所提供会计资料时必须履行的义务的规定。

拓展应用

《会计法》
第 35 条、第 40 条

《上市公司信息披露管理办法》
第 43 条

思维导图

公司向会计师事务所提供会计资料时必须履行的义务
- 提供真实、完整的会计资料
- 不得拒绝、隐匿、谎报

第二百一十七条　【禁止另立账簿或账户】

旧	新
第一百七十一条　公司除法定的会计账簿外，不得另立会计账簿。对公司资产，不得以任何个人名义开立账户存储。	第二百一十七条　公司除法定的会计账簿外，不得另立会计账簿。对公司资金，不得以任何个人名义开立账户存储。

要点注释

本条是关于会计账册和开立账户的禁止性的规定。

> 指记载和反映公司财产状况和营业状况的各种账簿、文书的总称。

拓展应用

《会计法》
第3条、第17条、第43条、第45条

案例精析

某化工有限公司与綦永某、李某股东损害公司债权人利益责任纠纷案

案号：江苏省南京市中级人民法院（2019）苏01民终10543号民事判决书

来源：中国裁判文书网

裁判要点

本案中，綦永某、李某在夫妻关系存续期间，各自出资25.5万元设立依某公司，从事经营活动，各自持有公司股权50%。一审法院于2018年8月27日作出4367号民事判决，该判决载明依某公司的法定代表人仍为綦永某。根据依某公司对公账户的流水信息显示，在依某公司与正某公司发生业务期间，公司账户上有多笔现金支票支出，公司账户与李某个人账户之间存在频繁的款项往来，借方摘要信息为备用金、往来款、劳务费、划款等，贷方摘要信息为备用金返还、还款或其他；期间依某公司账户与綦永某个人账户之亦有往来，但数量小于前者，借方摘要信息为往来款、还款；依某公司2016年3月与正某公司对账之后，公司账户余额在同年4月间一度达到30余万元。在正某公司与依某公司发生业务关系之前，依某公司账户与李某个人账户之间亦存在款项往来。正某公司提供的证据足以令人怀疑依某公司的财产与夫妻股东的财产存在混同，经本院询问并明确分配举证责任，被上诉人不能提供证据证明依某公司财产的独立性，应当承担对其不利的法律后果。

第十一章　公司合并、分立、增资、减资

第二百一十八条 【公司合并方式】

旧	新
第一百七十二条　公司合并可以采取吸收合并或者新设合并。 　　一个公司吸收其他公司为吸收合并，被吸收的公司解散。两个以上公司合并设立一个新的公司为新设合并，合并各方解散。	第二百一十八条　公司合并可以采取吸收合并或者新设合并。 　　一个公司吸收其他公司为吸收合并，被吸收的公司解散。两个以上公司合并设立一个新的公司为新设合并，合并各方解散。

指两个以上的公司订立合并契约并依照法定程序归并为一个公司的法律行为。

要点注释

本条是关于公司合并方式的规定。本条对应原法第一百七十二条的规定，本次修订未作变动。

思维导图

股东委托代理人出席股东会会议表决权的行使
- 明确代理事项、权限和期限
- 提交股东授权委托书
- 在授权范围内行使

拓展应用

《民法典》
第 67 条

《保险法》
第 89 条

《期货交易所管理办法》
第 14 条

第二百一十九条 【简易合并】

第二百一十九条 公司与其持股百分之九十以上的公司合并,被合并的公司不需经股东会决议,但应当通知其他股东,其他股东有权请求公司按照合理的价格收购其股权或者股份。

公司合并支付的价款不超过本公司净资产百分之十的,可以不经股东会决议;但是,公司章程另有规定的除外。

公司依照前两款规定合并不经股东会决议的,应当经董事会决议。

要点注释

本条是本次公司法修订的新增条文,新增有关公司简易合并的规定。公司与其持股超过百分之九十以上的公司合并,被合并的公司无须经过股东会决议,但是需要经过董事会决议,以及在合并过程中需要保证异议股东的赎回请求权。

拓展应用

《公司法》

第214条、第210条

《最高人民法院关于适用〈中华人民共和国公司法〉时间效力的若干规定》

第2条

思维导图

简易合并情形 ──┬── 公司与其持股百分之九十以上的公司合并
　　　　　　　└── 公司合并支付的价款不超过本公司净资产百分之十

第二百二十条 【公司合并程序】

旧	新
第一百七十三条 公司合并，应当由合并各方签订合并协议，并编制资产负债表及财产清单。公司应当自作出合并决议之日起十日内通知债权人，并于三十日内在报纸上公告。债权人自接到通知书之日起三十日内，未接到通知书的自公告之日起四十五日内，可以要求公司清偿债务或者提供相应的担保。	**第二百二十条** 公司合并，应当由合并各方签订合并协议，并编制资产负债表及财产清单。公司应当自作出合并决议之日起十日内通知债权人，并于三十日内在报纸上**或者国家企业信用信息公示系统**公告。债权人自接到通知之日起三十日内，未接到通知的自公告之日起四十五日内，可以要求公司清偿债务或者提供相应的担保。

▶指两个以上的公司订立合并契约并依照法定程序归并为一个公司的法律行为。

要点注释

本条在原法第一百七十三条规定的基础上进行了修改，仅在文字表述上进行了调整，在公示方式"报纸"之外新增"国家企业信用信息公示系统"的规定。

拓展应用

《证券法》
第67条

思维导图

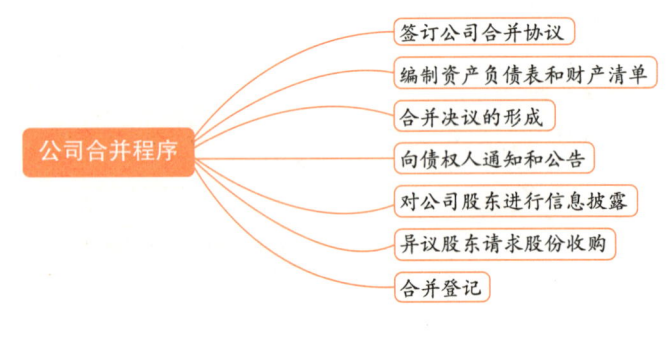

公司合并程序：
- 签订公司合并协议
- 编制资产负债表和财产清单
- 合并决议的形成
- 向债权人通知和公告
- 对公司股东进行信息披露
- 异议股东请求股份收购
- 合并登记

第二百二十一条 【公司合并的债权债务承继】

旧	新
第一百七十四条 公司合并时,合并各方的债权、债务,应当由合并后存续的公司或者新设的公司承继。	第二百二十一条 公司合并时,合并各方的债权、债务,应当由合并后存续的公司或者新设的公司承继。

要点注释

本条是关于公司合并后发生债权债务承继的法律效果的有关规定。本条对应原法第一百七十四条的规定,本次修订未作变动。

拓展应用

《劳动合同法》
第 34 条

《海关注册登记和备案企业信用管理办法》
第 33 条

思维导图

公司合并的法律后果
- 合并公司法人人格的变化
- 存续公司或者新设公司概括承受各合并方的债权和债务

第二百二十二条 【公司分立程序】

旧	新
第一百七十五条 公司分立,其财产作相应的分割。 公司分立,应当编制资产负债表及财产清单。公司应当自作出分立决议之日起十日内通知债权人,并于三十日内在报纸上公告。	第二百二十二条 公司分立,其财产作相应的分割。 公司分立,应当编制资产负债表及财产清单。公司应当自作出分立决议之日起十日内通知债权人,并于三十日内在报纸上**或者国家企业信用信息公示系统**公告。

▶ 指一个公司依照法律规定和合同约定,不经过清算程序,分立为两个或两个以上公司的法律行为。

要点注释

本条是关于有限责任公司股东在特殊情况下可以请求公司回购其股权从而退出公司的规定。

拓展应用

《最高人民法院关于审理与企业改制相关的民事纠纷案件若干问题的规定》

第12~13条

思维导图

公司分立方式 ── 存续分立
　　　　　　└─ 解散分立

第二百二十三条 【公司分立的债务承担】

旧	新
第一百七十六条　公司分立前的债务由分立后的公司承担连带责任。但是，公司在分立前与债权人就债务清偿达成的书面协议另有约定的除外。	第二百二十三条　公司分立前的债务由分立后的公司承担连带责任。但是，公司在分立前与债权人就债务清偿达成的书面协议另有约定的除外。

▶ 指一个公司依照法律规定和合同约定，不经过清算程序，分立为两个或两个以上公司的法律行为。

要点注释

本条是关于公司分立前公司债务承担问题的有关规定。

思维导图

公司分立的法律效果
- 公司的注销、设立和变更
- 公司权利义务的概括承受
- 公司股东资格的当然承继

拓展应用

《最高人民法院关于民事执行中变更、追加当事人若干问题的规定》
第12条

303

第二百二十四条 【公司减资程序】

旧	新
第一百七十七条 公司需要减少注册资本时，必须编制资产负债表及财产清单。 公司应当自作出减少注册资本决议之日起十日内通知债权人，并于三十日内在报纸上公告。债权人自接到通知书之日起三十日内，未接到通知书的自公告之日起四十五日内，有权要求公司清偿债务或者提供相应的担保。	**第二百二十四条** 公司减少注册资本，应当编制资产负债表及财产清单。 公司应当自股东会作出减少注册资本决议之日起十日内通知债权人，并于三十日内在报纸上或者国家企业信用信息公示系统公告。债权人自接到通知之日起三十日内，未接到通知的自公告之日起四十五日内，有权要求公司清偿债务或者提供相应的担保。 公司减少注册资本，应当按照股东出资或者持有股份的比例相应减少出资额或者股份，法律另有规定、有限责任公司全体股东另有约定或者股份有限公司章程另有规定的除外。

> 指公司基于某种经营需要，依据法定的条件和程序，减少公司已注册资本总额的法律行为。

要点注释

本次修订，增加了按出资或持股比例减资及其例外的规定。本条第三款明确规定公司减资应当以各股东同比例减资为原则。减资以及减资后的资金退还或出资减免等利益分配问题实际上是两层法律关系。减资属于公司事务，需经股东会特别决议程序。减资先是减少所有者权益中的实收资本（或实收股本），继而相应引起资产的减少，这一层法律关系仅是公司利益问题，不涉及股东利益；至于减资后的资金退还或出资减免应当如何分配，则是股东之间的问题。

🔺思维导图

公司减资的程序 → 董事会制订减资方案 → 编制资产负债表和财产清单 → 股东会议作出减资决议 → 向债权人通知和公告 → 减资登记

拓展应用

《企业国有资产法》

第 30~31 条

《最高人民法院关于适用〈中华人民共和国公司法〉时间效力的若干规定》

第 1 条

案例精析

1. 甲公司与陈玉某公司决议效力确认纠纷案

案号：江苏省高级人民法院（2019）苏民申 1370 民事判决书

来源：中国裁判文书网

裁判要点

本案中，甲公司两次减少注册资本，均未依照公司章程规定通知陈玉某参加相关股东会会议，与会的相关股东利用持股比例的优势，以多数决的形式通过了不同比减资的决议，直接剥夺了陈玉某作为小股东的知情权、参与重大决策权等程序权利，损害了陈玉某作为股东的合法权利。

从甲公司提供的资产负债表、损益表看，甲公司处于亏损状态，不同比减资不仅改变了甲公司设立时的股权结构，导致陈玉某持有的甲公司股权比例上升，增加了陈玉某作为股东所承担的风险，损害了陈玉某的合法利益。故尽管从形式上看甲公司仅仅是召集程序存在瑕疵，但从决议的内容看，甲公司股东会作出的关于减资的决议已经违反法律，原审认定相关股东会减资决议无效，并无不当。

2. 上海博某数据通信有限公司诉梅某信息科技（苏州）有限公司、杨某林、陈某兰等买卖合同纠纷案

案号：上海市高级人民法院（2020）沪民再 28 号民事判决书

来源：人民法院案例库 2024-08-2-084-010

裁判要点

1. 公司减资依法应当通知债权人。债权人范围不仅包括公司股东会作出减资决议时已确定的债权人，还包括公司减资决议后工商登记变更之前产生的债权债务关系中的债权人。至于债权未届清偿期或者尚有争议，并不影响债权人身份的认定。

2. 减资通知方式分为书面通知和公告通知。对能够通知到的债权人，公司必须以书面方式通知，并在报纸上或者国家企业信用信息公示系统公告通知。

3. 公司怠于履行上述通知义务的，有过错的股东应在违法减资范围内对公司不能清偿部分承担补充赔偿责任。

第二百二十五条 【简易减资】

第二百二十五条 公司依照本法第二百一十四条第二款的规定弥补亏损后，仍有亏损的，可以减少注册资本弥补亏损。减少注册资本弥补亏损的，公司不得向股东分配，也不得免除股东缴纳出资或者股款的义务。

依照前款规定减少注册资本的，不适用前条第二款的规定，但应当自股东会作出减少注册资本决议之日起三十日内在报纸上或者国家企业信用信息公示系统公告。

公司依照前两款的规定减少注册资本后，在法定公积金和任意公积金累计额达到公司注册资本百分之五十前，不得分配利润。

要点注释

本条为2023年公司法新增条款，规定了简易减资制度。

拓展应用

《最高人民法院关于适用〈中华人民共和国公司法〉若干问题的规定（三）》
第13条

第二百二十六条 【违法减资的后果及责任】

> 第二百二十六条 违反本法规定减少注册资本的，股东应当退还其收到的资金，减免股东出资的应当恢复原状；给公司造成损失的，股东及负有责任的董事、监事、高级管理人员应当承担赔偿责任。

要点注释

为保证交易安全，保护债权人利益，公司减资受到一定的条件限制。公司股东违法减少公司注册资本的，股东必须退还其收到的资金，恢复减免的股东出资，以充实公司的资本。为强化董事、监事和高级管理人员的责任，股东与负有责任的董事、监事和高级管理人员对公司造成的损失承担赔偿责任。

拓展应用

《公司法》

第 59 条、第 66 条、第 116 条、第 172 条

《最高人民法院关于适用〈中华人民共和国公司法〉时间效力的若干规定》

第 1 条

思维导图

违法减资的责任
- 退还资金
- 恢复原状
- 承担赔偿责任

第二百二十七条　【增资时股东的优先认缴（购）权】

旧	新
第三十四条　股东按照实缴的出资比例分取红利；公司新增资本时，股东有权优先按照实缴的出资比例认缴出资。但是，全体股东约定不按照出资比例分取红利或者不按照出资比例优先认缴出资的除外。	第二百二十七条　有限责任公司增加注册资本时，股东在同等条件下有权优先按照实缴的出资比例认缴出资。但是，全体股东约定不按照出资比例优先认缴出资的除外。 股份有限公司为增加注册资本发行新股时，股东不享有优先认购权，公司章程另有规定或者股东会决议决定股东享有优先认购权的除外。

要点注释

2023年修订的公司法明确了股份有限公司不享有优先认购权，公司章程及股东会决议另有规定的除外。

拓展应用

《公司法》
第84~85条

案例精析

股东滥用股东权利损害公司利益，股东会可作出暂缓发放其股东分红的决议

案号：湖南省长沙市中级人民法院（2018）湘01民终9862号

民事判决书

来源：中国裁判文书网

裁判要点

曾某作为某公司股东，应当遵守公司章程，依法行使股东权利，不得滥用股东权利损害公司或者其他股东的利益。根据某公司提供的生效民事判决，确认曾某擅自拿走某公司印鉴及财务资料等物品，致使某公司项目受损，需赔偿某公司经济损失的事实。股东会作为某公司的权力机构对公司各事项拥有决定权，基于曾某滥用股东权利损害了公司利益，某公司经股东会决议作出的在曾某未按判决书对公司履行赔付义务及与公司协商弥补公司损失之前，暂缓发放曾某股东分红的决定，系某公司股东会行使公司管理职责权利的行为，并无不当，曾某应当遵守并执行股东会所作决议后再提出分红主张。

第二百二十八条 【增资时缴资或购股适用设立时的相关规定】

旧	新
第一百七十八条　有限责任公司增加注册资本时，股东认缴新增资本的出资，依照本法设立有限责任公司缴纳出资的有关规定执行。 　　股份有限公司为增加注册资本发行新股时，股东认购新股，依照本法设立股份有限公司缴纳股款的有关规定执行。	第二百二十八条　有限责任公司增加注册资本时，股东认缴新增资本的出资，依照本法设立有限责任公司缴纳出资的有关规定执行。 　　股份有限公司为增加注册资本发行新股时，股东认购新股，依照本法设立股份有限公司缴纳股款的有关规定执行。

▶ 指公司经过股东会进行决议后使公司的注册资本在原来的基础上予以扩大的法律行为。

要点注释

公司增加注册资本是指公司经过股东会进行决议后使公司的注册资本在原来的基础上予以扩大的法律行为。公司增加注册资本主要有两种途径：一是吸收外来新资本，包括增加新股东或股东追加投资；二是用公积金增加资本或利润转增资本。

思维导图

公司增资的程序 → 董事会制订增资方案 → 股东会议作出增资决议 → 股东缴纳出资或者认购新股 → 变更登记

拓展应用

《最高人民法院关于适用〈中华人民共和国公司法〉若干问题的规定（三）》
第7~8条

第十二章 公司解散和清算

第二百二十九条 【公司解散事由及其公示】

旧	新
第一百八十条 公司因下列原因解散： （一）公司章程规定的营业期限届满或者公司章程规定的其他解散事由出现； （二）股东会或者股东大会决议解散； （三）因公司合并或者分立需要解散； （四）依法被吊销营业执照、责令关闭或者被撤销； （五）人民法院依照本法第一百八十二条的规定予以解散。	**第二百二十九条** 公司因下列原因解散： （一）公司章程规定的营业期限届满或者公司章程规定的其他解散事由出现； （二）股东会决议解散； （三）因公司合并或者分立需要解散； （四）依法被吊销营业执照、责令关闭或者被撤销； （五）人民法院依照本法第二百三十一条的规定予以解散。 公司出现前款规定的解散事由，应当在十日内将解散事由通过国家企业信用信息公示系统予以公示。

> 指因发生法律或章程规定的解散事由，停止公司的正常生产经营活动，处理未了结的事务，直至终止法人资格的行为。

要点注释

2023年修订的公司法新增了公司解散时应通过国家企业信用信息公示系统公示解散事由的规定。

拓展应用

《民法典》
第69条

思维导图

公司解散事项
- 公司章程规定的营业期限届满或者公司章程规定的其他解散事由出现
- 股东会决议解散
- 因公司合并或者分立需要解散
- 依法被吊销营业执照、责令关闭或者被撤销
- 人民法院依照本法第二百三十一条的规定予以解散

第二百三十条 【公司出现特定解散事由的存续程序】

旧	新
第一百八十一条　公司有本法第一百八十条第（一）项情形的，可以通过修改公司章程而存续。 　　依照前款规定修改公司章程，有限责任公司须经持有三分之二以上表决权的股东通过，股份有限公司须经出席股东大会会议的股东所持表决权的三分之二以上通过。	第二百三十条　公司有前条第一款第一项、第二项情形，且尚未向股东分配财产的，可以通过修改公司章程或者经股东会决议而存续。 　　依照前款规定修改公司章程或者经股东会决议，有限责任公司须经持有三分之二以上表决权的股东通过，股份有限公司须经出席股东会会议的股东所持表决权的三分之二以上通过。

要点注释

2023年修订的公司法新增了公司发生解散事由时特定情况下公司存续的规定。

拓展应用

《公司法》
第66条、第116条

思维导图

出现解散事由的公司存续条件
- 出现公司章程规定的解散事由或者股东会决议解散的情形
- 公司尚未向股东分配财产

第二百三十一条 【司法解散】

旧	新
第一百八十二条　公司经营管理发生严重困难，继续存续会使股东利益受到重大损失，通过其他途径不能解决的，持有公司**全部股东表决权**百分之十以上的股东，可以请求人民法院解散公司。	第二百三十一条　公司经营管理发生严重困难，继续存续会使股东利益受到重大损失，通过其他途径不能解决的，持有公司百分之十以上**表决权**的股东，可以请求人民法院解散公司。

> 司法强制解散公司，是一种以公权力为主导的司法干预制度，其目的是通过司法权的介入，强制公司解散，以保护在公司中受压制的小股东和公司债权人的利益。

要点注释

根据本条的规定，只有当公司经营管理发生严重困难，继续存续会使股东利益受到重大损失，而且通过其他途径不能解决时，才可以通过司法途径解散公司。人民法院在适用司法解散时，也应当慎重，因为一旦适用司法解散，公司即进入清算程序，法人资格即将消灭，对公司的影响是毁灭性的。

拓展应用

《最高人民法院关于适用〈中华人民共和国公司法〉若干问题的规定（二）》
　　第1条

案例精析

林方某诉常熟市某实业有限公司、戴小某公司解散纠纷案

来源：最高人民法院指导案例第8号

裁判要点

公司法第一百八十二条（现为第二百三十一条）规定："公司经营管理发生严重困难，继续存续会使股东利益受到重大损失，通过其他途径不能解决的，持有公司全部股东表决权百分之十以上的股东，可以请求人民法院解散公司。"而判断公司的经营管理是否出现严重困难，应当从公司的股东会、董事会或执行董事及监事会或监事的运行现状进行综合分析。同时，《最高人民法院关于适用〈中华人民共和国公司法〉若干问题的规定（二）》第一条又规定了单独或者合计持有公司全部股东表决权百分之十以上的股东提起解散公司诉讼的几项事由，并且在符合公司法第一百八十二条规定的情况下，人民法院应予受理。由此可知，股东在符合上述之条件情况下可依法提起解散公司之诉。

第二百三十二条 【公司自行清算】

旧	新
第一百八十三条　公司因本法第一百八十条第（一）项、第（二）项、第（四）项、第（五）项规定而解散的，应当在解散事由出现之日起十五日内成立清算组，开始清算。有限责任公司的清算组由股东组成，股份有限公司的清算组由董事或者股东大会确定的人员组成。逾期不成立清算组进行清算的，债权人可以申请人民法院指定有关人员组成清算组进行清算。人民法院应当受理该申请，并及时组织清算组进行清算。	第二百三十二条　公司因本法第二百二十九条第一款第一项、第二项、第四项、第五项规定而解散的，应当清算。董事为公司清算义务人，应当在解散事由出现之日起十五日内组成清算组进行清算。 清算组由董事组成，但是公司章程另有规定或者股东会决议另选他人的除外。 清算义务人未及时履行清算义务，给公司或者债权人造成损失的，应当承担赔偿责任。

要点注释

2023年修订的公司法明确规定董事为清算义务人，并规定清算义务人未履行义务的赔偿责任。

拓展应用

《最高人民法院关于适用〈中华人民共和国公司法〉若干问题的规定（二）》第7~9条

《最高人民法院关于适用〈中华人民共和国公司法〉时间效力的若干规定》第6条

案例精析

科技公司与材料公司、第三人某集团解散纠纷案

来源：《最高人民法院公报》2014年第2期

裁判要点

公司能否解散取决于公司是否存在僵局且符合《公司法》规定的实质条件，而不取决于公司僵局产生的原因和责任。即使一方股东对公司僵局的产生具有过错，其仍然有权提起公司解散之诉，过错方起诉不应等同于恶意诉讼。当公司陷入持续性僵局，穷尽其他途径仍无法化解，且公司不具备继续经营条件，继续存续将使股东利益受到重大损失的，法院可以依据《公司法》的规定判决解散公司。

第二百三十三条 【法院指定清算】

旧	新
第一百八十三条 公司因本法第一百八十条第（一）项、第（二）项、第（四）项、第（五）项规定而解散的，应当在解散事由出现之日起十五日内成立清算组，开始清算。有限责任公司的清算组由股东组成，股份有限公司的清算组由董事或者股东大会确定的人员组成。逾期不成立清算组进行清算的，债权人可以申请人民法院指定有关人员组成清算组进行清算。人民法院应当受理该申请，并及时组织清算组进行清算。	第二百三十三条 公司依照前条第一款的规定应当清算，逾期不成立清算组进行清算或者成立清算组后不清算的，利害关系人可以申请人民法院指定有关人员组成清算组进行清算。人民法院应当受理该申请，并及时组织清算组进行清算。 公司因本法第二百二十九条第一款第四项的规定而解散的，作出吊销营业执照、责令关闭或者撤销决定的部门或者公司登记机关，可以申请人民法院指定有关人员组成清算组进行清算。

要点注释

2023年修订的公司法扩大了强制清算申请人的范围，利害关系人可以申请强制清算。

拓展应用

《最高人民法院关于适用〈中华人民共和国公司法〉若干问题的规定（二）》

第7~8条

思维导图

法院指定清算的具体情形：
- 逾期不成立清算组
- 成立清算组但故意拖延清算
- 违法清算，可能严重损害债权人或股东利益

案例精析

雷某某与甲房地产发展有限公司、乙房地产发展有限公司财产权属纠纷案

来源：《最高人民法院公报》2007年第11期

裁判要点

根据相关法律、法规和司法解释的规定，法人被吊销营业执照后应当依法进行清算，其债权、债务由清算组负责清理。法人被吊销营业执照后未依法进行清算的，债权人可以申请人民法院指定有关人员组成清算组进行清算。法人被吊销营业执照后没有依法进行清算，债权人也没有申请人民法院指定有关人员组成清算组进行清算，而是在诉讼过程中通过法人自认或者法人与债权人达成调解协议，在清算之前对其债权债务关系做出处理、对法人资产进行处分，损害其他债权人利益的，不符合公平原则，人民法院对此不予支持。

第二百三十四条 【清算组的职权】

旧	新
第一百八十四条 清算组在清算期间行使下列职权： （一）清理公司财产，分别编制资产负债表和财产清单； （二）通知、公告债权人； （三）处理与清算有关的公司未了结的业务； （四）清缴所欠税款以及清算过程中产生的税款； （五）清理债权、债务； （六）**处理**公司清偿债务后的剩余财产； （七）代表公司参与民事诉讼活动。	**第二百三十四条** 清算组在清算期间行使下列职权： （一）清理公司财产，分别编制资产负债表和财产清单； （二）通知、公告债权人； （三）处理与清算有关的公司未了结的业务； （四）清缴所欠税款以及清算过程中产生的税款； （五）清理债权、债务； （六）**分配**公司清偿债务后的剩余财产； （七）代表公司参与民事诉讼活动。

要点注释

本条是关于清算组职权的规定。

拓展应用

《中华人民共和国民法典》
第71条

思维导图

清算组在清算期间的职权
- 清理公司财产，分别编制资产负债表和财产清单
- 通知、公告债权人
- 处理与清算有关的公司未了结的业务
- 清缴所欠税款以及清算过程中产生的税款
- 清理债权、债务
- 分配公司清偿债务后的剩余财产
- 代表公司参与民事诉讼活动

第二百三十五条 【债权申报】

旧	新
第一百八十五条 清算组应当自成立之日起十日内通知债权人，并于六十日内在报纸上公告。债权人应当自接到通知书之日起三十日内，未接到通知书的自公告之日起四十五日内，向清算组申报其债权。 债权人申报债权，应当说明债权的有关事项，并提供证明材料。清算组应当对债权进行登记。 在申报债权期间，清算组不得对债权人进行清偿。	**第二百三十五条** 清算组应当自成立之日起十日内通知债权人，并于六十日内在报纸上**或者国家企业信用信息公示系统**公告。债权人应当自接到通知之日起三十日内，未接到通知的自公告之日起四十五日内，向清算组申报其债权。 债权人申报债权，应当说明债权的有关事项，并提供证明材料。清算组应当对债权进行登记。 在申报债权期间，清算组不得对债权人进行清偿。

要点注释

2023年修订的公司法将国家企业信用信息公示系统作为公司清算时向债权人公告的方式。

案例精析

清算组未通知公司债权人，致其权利受损的，应承担赔偿责任

案号：山西省晋城市中级人民法院（2018）晋05民终1521号民事判决书

来源：中国裁判文书网

裁判要点

法院认为，某公司于2017年6月注销并进行了清算，清算报告明确载明，"公司债权债务已清理完毕，如有其他经济纠纷及责任，均由原公司股东承担"，故被告孔甲作为公司股东应当对原某公司与原告的债务承担还款责任；被告周某作为清算组成员，在某公司注销清算时，未书面通知原告，导致原告未能及时行使其债权人权利，并且在清算报告中承诺公司债务已经全部结清，被告周某应承担赔偿责任。因此，被告孔甲、周某应偿还原告张某借款本金合计70万元及利息。

综上所述，清算组成员在公司注销清算时，未书面通知公司债权人，导致其未能及时行使债权人权利的，应承担赔偿责任。

第二百三十六条 【制订清算方案和处分公司财产】

旧	新
第一百八十六条 清算组在清理公司财产、编制资产负债表和财产清单后,应当制定清算方案,并报股东会、股东大会或者人民法院确认。 公司财产在分别支付清算费用、职工的工资、社会保险费用和法定补偿金,缴纳所欠税款,清偿公司债务后的剩余财产,有限责任公司按照股东的出资比例分配,股份有限公司按照股东持有的股份比例分配。 清算期间,公司存续,但不得开展与清算无关的经营活动。公司财产在未依照前款规定清偿前,不得分配给股东。	**第二百三十六条** 清算组在清理公司财产、编制资产负债表和财产清单后,应当制订清算方案,并报股东会或者人民法院确认。 公司财产在分别支付清算费用、职工的工资、社会保险费用和法定补偿金,缴纳所欠税款,清偿公司债务后的剩余财产,有限责任公司按照股东的出资比例分配,股份有限公司按照股东持有的股份比例分配。 清算期间,公司存续,但不得开展与清算无关的经营活动。公司财产在未依照前款规定清偿前,不得分配给股东。

要点注释

本条是关于公司清算方案制订、剩余财产分配比例和公司清算期间法律地位的规定。

拓展应用

《民法典》
第 71~72 条

◆ 思维导图

清算组处分公司财产的清算原则
- 顺序清偿原则
- 先债权后股权原则
- 风险收益相统一原则

案例精析

1. 公司在诉讼中被注销的处理

案号：浙江省舟山市中级人民法院（2017）浙09民终22号民事判决书

来源：《人民司法·案例》2018年第35期

裁判要点

公司在诉讼期间注销的，公司股东应接替公司参加诉讼。如果公司清算报告载明的公司剩余财产足以清偿债务，可以直接判决股东清偿；如果公司清算报告载明的公司剩余财产不足以清偿债务，应允许债权人变更诉讼请求，追究股东不依法履行清算义务的侵权责任。

2. 无锡某甲置业有限公司诉无锡某乙置业有限公司、晋某有限公司公司解散纠纷案

案号：江苏省高级人民法院（2017）苏民终1312号民事判决书

来源：人民法院案例库 2023-10-2-283-001

裁判要点

公司司法解散的条件包括"企业经营管理严重困难"与"股东利益受损"两个方面，经营管理的严重困难不能理解为资金缺乏、亏损严重等经营性困难，而应当理解为管理方面的内部严重障碍，主要是股东会机制失灵，无法就公司的经营管理进行决策。股东利益受损不是指个别股东利益受到损失，而是指由于公司经营管理机制"瘫痪"导致的出资者整体利益受损。

第二百三十七条 【破产清算的申请】

旧	新
第一百八十七条 清算组在清理公司财产、编制资产负债表和财产清单后,发现公司财产不足清偿债务的,应当依法向人民法院申请宣告破产。 公司经人民法院裁定宣告破产后,清算组应当将清算事务移交给人民法院。	**第二百三十七条** 清算组在清理公司财产、编制资产负债表和财产清单后,发现公司财产不足清偿债务的,应当依法向人民法院申请**破产清算**。 人民法院**受理破产**申请后,清算组应当将清算事务移交给人民法院**指定的破产管理人**。

要点注释

本条在原法第一百八十七条规定的基础上进行了修改,该条第一款将宣告破产改为破产清算。本条第二款将清算组移交清算事务的时间由人民法院裁定宣告破产后改为人民法院受理破产申请后,清算组应当将清算事务移交给人民法院修改为人民法院指定的破产管理人。

拓展应用

《民法典》

第 73 条

《企业破产法》

第 7~9 条

《最高人民法院关于适用〈中华人民共和国公司法〉若干问题的规定(二)》

第 17 条

第二百三十八条 【清算组成员的忠实义务和勤勉义务】

旧	新
第一百八十九条　清算组成员应当忠于职守，依法履行清算义务。 　　清算组成员不得利用职权收受贿赂或者其他非法收入，不得侵占公司财产。 　　清算组成员因故意或者重大过失给公司或者债权人造成损失的，应当承担赔偿责任。	第二百三十八条　清算组成员履行清算职责，负有忠实义务和勤勉义务。 　　清算组成员怠于履行清算职责，给公司造成损失的，应当承担赔偿责任；因故意或者重大过失给债权人造成损失的，应当承担赔偿责任。

▶ 指清算组在履行职责和行使权力的过程中，必须最大限度地维护公司利益，不得为自己谋取私利。

▶ 指清算组在履行职责和行使权力的过程中，为了公司的最大利益，必须出于善意，尽到通常应有的合理注意。

要点注释

本条是关于清算组成员的法律义务和赔偿责任的规定。

思维导图

清算组成员的义务
- 忠实义务
- 勤勉义务

案例精析

邹汉某诉孙立某、刘某工伤事故损害赔偿纠纷案

来源：《最高人民法院公报》2010年第3期

裁判要点

公司法定代表人在组织公司清算过程中，明知公司职工构成工伤并正在进行工伤等级鉴定，却未考虑其工伤等级鉴定后的待遇给付问题，从而给工伤职工的利益造成重大损害的，该行为应认定构成重大过失，应当依法承担赔偿责任。作为清算组成员的其他股东在公司解散清算过程中，未尽到其应尽的查知责任，也应认定存在重大过失，承担连带赔偿责任。

拓展应用

《最高人民法院关于适用〈中华人民共和国公司法〉若干问题的规定（二）》第11条、第15条

第二百三十九条 【制作清算报告和申请注销登记】

旧	新
第一百八十八条　公司清算结束后，清算组应当制作清算报告，报股东会、股东大会或者人民法院确认，并报送公司登记机关，申请注销公司登记，公告公司终止。	第二百三十九条　公司清算结束后，清算组应当制作清算报告，报股东会或者人民法院确认，并报送公司登记机关，申请注销公司登记。

要点注释

　　本条是关于公司申请注销登记的规定。本条在原法第一百八十八条规定的基础上进行了修改，新法删除"股东大会"统一为股东会。同时，在"申请注销公司登记"后删除了"公告公司终止"。

思维导图

申请注销登记程序 → 制作清算报告 → 报股东会或者人民法院确认 → 报送公司登记机关，申请注销公司登记

拓展应用

《市场主体登记管理条例》
第31~32条

第二百四十条 【简易注销】

第二百四十条 公司在存续期间未产生债务,或者已清偿全部债务的,经全体股东承诺,可以按照规定通过简易程序注销公司登记。

通过简易程序注销公司登记,应当通过国家企业信用信息公示系统予以公告,公告期限不少于二十日。公告期限届满后,未有异议的,公司可以在二十日内向公司登记机关申请注销公司登记。

公司通过简易程序注销公司登记,股东对本条第一款规定的内容承诺不实的,应当对注销登记前的债务承担连带责任。

> 指登记主管机关依法对歇业、被撤销、宣告破产或者因其他原因终止营业的企业,取消企业法人资格或经营权的执法行为。

要点注释

本条是本次公司法修订的新增规定。为解决实践中注销难的问题,设置简易程序注销登记。简易程序的适用范围拓展至公司存续期间未发生债权债务或已将债权债务清偿完结。

拓展应用

《最高人民法院关于适用〈中华人民共和国公司法〉若干问题的规定(二)》
第20条

思维导图

- 简易程序注销登记的适用范围
  - 公司存续期间未发生债权债务
  - 已将债权债务清偿完结的公司

第二百四十一条 【强制注销】

第二百四十一条 公司被吊销营业执照、责令关闭或者被撤销,满三年未向公司登记机关申请注销公司登记的,公司登记机关可以通过国家企业信用信息公示系统予以公告,公告期限不少于六十日。公告期限届满后,未有异议的,公司登记机关可以注销公司登记。

依照前款规定注销公司登记的,原公司股东、清算义务人的责任不受影响。

要点注释

本条为2023年公司法新增条款,规定了强制注销制度。

思维导图

强制注销登记的适用范围：
- 公司被吊销营业执照
- 责令关闭或者被撤销
- 满三年未向公司登记机关申请注销公司登记

拓展应用

《中华人民共和国市场主体登记管理条例》
第31~33条

《国务院关于实施〈中华人民共和国公司法〉注册资本登记管理制度的规定》
第8条

第二百四十二条 【破产清算的法律适用】

旧	新
第一百九十条　公司被依法宣告破产的，依照有关企业破产的法律实施破产清算。	第二百四十二条　公司被依法宣告破产的，依照有关企业破产的法律实施破产清算。

> 指宣告股份有限公司破产以后，由清算组接管公司，对破产财产进行清算、评估和处理、分配。

要点注释

> 债务人不能清偿到期债务时，并且资产不足以清偿全部债务或者明显缺乏清偿能力时，债务人可以向人民法院申请破产清算。债务人不能清偿到期债务时，债权人可以向人民法院申请破产清算。公司已解散但未清算或者未清算完毕，资产不足以清偿债务时，依法负有清算责任的人有权向人民法院申请破产清算。

思维导图

破产清算程序 ── 变价出售破产财产
　　　　　　 ── 破产财产进行分配

案例精析

海南某石油基地有限公司重整案

案号：上海市第三中级人民法院（2020）沪03破259号民事裁定书

来源：人民法院案例库 2023-08-2-422-003

裁判要点

实质合并破产程序嵌套重整程序。在企业集团整体实质合并破产清算的大框架下，嵌套关联企业重整程序，以重整方式实现该集团全资子公司的资产处置，实现处置价值最大化，处置收益导入实质合并破产程序。某石油基地重整程序并非单个的重整程序，重整程序与实质合并破产清算程序两者协同审理，就程序操作而言，因海南某国际公司已被纳入某企业集团关联企业实质合并程序，其作为出资人对某石油基地重整计划的表决，由实质合并破产清算案债权人会议行使。就实体处理而言，某企业集团关联企业与某石油基地互负债务归于消灭；海南某国际公司对某石油基地的股权实质归零，股权质押相应涤除；重整资金对某石油基地债权人清偿完毕后，剩余部分归入某企业集团关联企业实质合并程序。

第十三章　外国公司的分支机构

第二百四十三条 【外国公司的定义】

旧	新
第一百九十一条 本法所称外国公司是指依照外国法律在中国境外设立的公司。	第二百四十三条 本法所称外国公司,是指依照外国法律在中华人民共和国境外设立的公司。

要点注释

为规范外国公司在我国的活动,我国公司法专章规定了外国公司的分支机构。参照世界各个国家和地区的通常立法例,充分考虑我国的实际情况,本法对外国公司的分支机构作出规定,既便于实务操作,也便于监督管理。

外国公司是依照外国法律在中华人民共和国境外注册成立的公司。外国公司的判断标准是设立该外国公司的准据法和外国公司所在地,而非该外国公司股东的国籍、股份认购和营业地等,无须经中国政府承认或者许可。因此,只要符合上述两个条件,即具有外国公司资格,有权在中华人民共和国境内设立分支机构。

思维导图

```
                    ┌─ 准据法 ── 外国法律
        外国公司 ──┤
                    └─ 所在地 ── 中华人民共和国境外
```

第二百四十四条 【外国公司设立分支机构的程序】

旧	新
第一百九十二条　外国公司在中国境内设立分支机构,必须向中国主管机关提出申请,并提交其公司章程、所属国的公司登记证书等有关文件,经批准后,向公司登记机关依法办理登记,领取营业执照。 外国公司分支机构的审批办法由国务院另行规定。	第二百四十四条　外国公司在中华人民共和国境内设立分支机构,应当向中国主管机关提出申请,并提交其公司章程、所属国的公司登记证书等有关文件,经批准后,向公司登记机关依法办理登记,领取营业执照。 外国公司分支机构的审批办法由国务院另行规定。

外国公司：指依照外国法律在中华人民共和国境外设立的公司。

外国公司分支机构：指依照外国法律设立的公司,依照本法的规定在中国境内设立的从事生产经营等业务活动的场所或者办事机构。

要点注释

本条是关于外国公司在中华人民共和国境内设立分支机构的登记和审批程序的规定。

思维导图

外国公司分支机构的设立程序 → 向中国主管机关提出申请 → 提交文件 → 批准 → 登记

拓展应用

《市场主体登记管理条例实施细则》
第6~9条

第二百四十五条 【外国公司设立分支机构的条件】

旧	新
第一百九十三条 外国公司在中国境内设立分支机构,必须在中国境内指定负责该分支机构的代表人或者代理人,并向该分支机构拨付与其所从事的经营活动相适应的资金。 对外国公司分支机构的经营资金需要规定最低限额的,由国务院另行规定。	**第二百四十五条** 外国公司在中华人民共和国境内设立分支机构,**应当**在中华人民共和国境内指定负责该分支机构的代表人或者代理人,并向该分支机构拨付与其所从事的经营活动相适应的资金。 对外国公司分支机构的经营资金需要规定最低限额的,由国务院另行规定。

▶ 指依照外国法律在中华人民共和国境外设立的公司。

要点注释

代表人或代理人是分支机构法律行为的执行人,可以直接代表分支机构对外签订合同、到法院起诉或者应诉,代表人或者代理人在合法权限内代表外国公司的分支机构进行民事活动,其行为的法律后果由外国公司承担。

第二百四十六条 【名称及公司章程置备】

旧	新
第一百九十四条 外国公司的分支机构应当在其名称中标明该外国公司的国籍及责任形式。 外国公司的分支机构应当在本机构中置备该外国公司章程。	第二百四十六条 外国公司的分支机构应当在其名称中标明该外国公司的国籍及责任形式。 外国公司的分支机构应当在本机构中置备该外国公司章程。

> 指依照外国法律在中华人民共和国境外设立的公司。

> 指依照外国法律设立的公司，依照本法的规定在中国境内设立的从事生产经营等业务活动的场所或者办事机构。

要点注释

本条是关于外国公司分支机构名称要求和章程置备的规定。

思维导图

外国公司分支机构的名称应当标明事项
- 该外国公司的国籍
- 该外国公司的责任形式

第二百四十七条 【法律地位】

旧	新
第一百九十五条 外国公司在中国境内设立的分支机构不具有中国法人资格。 外国公司对其分支机构在中国境内进行经营活动承担民事责任。	**第二百四十七条** 外国公司在中华人民共和国境内设立的分支机构不具有中国法人资格。 外国公司对其分支机构在中华人民共和国境内进行经营活动承担民事责任。

> 指依照外国法律在中华人民共和国境外设立的公司。

要点注释

外国公司分支机构在中国不具有法人资格,只是外国公司在中国的一个分公司或办事处、经营场所,从属于外国公司,真正具备法人资格的是该外国公司。

外国公司的分支机构虽然不具备法人资格,但是可以在中国境内从事经营活动,其在中国境内从事经营活动所产生的民事责任由所属外国公司承担。

拓展应用

《民事诉讼法》

第 51 条第 1 款

《最高人民法院关于适用〈中华人民共和国民事诉讼法〉的解释》

第 52 条

第二百四十八条 【从事业务活动的原则】

旧	新
第一百九十六条 经批准设立的外国公司分支机构,在中国境内从事业务活动,**必须**遵守中国的法律,不得损害中国的社会公共利益,其合法权益受中国法律保护。	第二百四十八条 经批准设立的**外国公司分支机构**,在**中华人民共和**国境内从事业务活动,**应当**遵守中国的法律,不得损害中国的社会公共利益,其合法权益受中国法律保护。

▶ 指依照外国法律设立的公司,依照本法的规定在中国境内设立的从事生产经营等业务活动的场所或者办事机构。

要点注释

外国公司分支机构是外国公司在东道国的派出机构,在取得东道国的营业执照后,即享有在东道国从事经营活动的权利,同时也必须遵守东道国的法律,应当依照东道国的法律承担义务。

拓展应用

《中华人民共和国外商投资法》
第6条

思维导图

外国公司分支机构的权利
- 在我国境内依法从事生产经营活动
- 合法权益受中国法律保护

第二百四十九条 【外国公司撤销分支机构的债务清偿】

旧	新
第一百九十七条　外国公司撤销其在中国境内的分支机构时，**必须**依法清偿债务，依照本法有关公司清算程序的规定进行清算。未清偿债务之前，不得将其分支机构的财产**移**至中国境外。	第二百四十九条　外国公司撤销其在**中华人民共和国**境内的分支机构时，**应当**依法清偿债务，依照本法有关公司清算程序的规定进行清算。未清偿债务之前，不得将其分支机构的财产**转移**至**中华人民共和国**境外。

> 指依照外国法律在中华人民共和国境外设立的公司。

要点注释

本条是关于外国公司分支机构的撤销与清算的规定。

思维导图

外国公司分支机构清算程序主要步骤 → 成立清算组 → 通知和公告债权人，进行债权登记 → 制订清算方案，清理债权债务 → 结束清算，办理分支机构注销登记

第十四章　法律责任

第二百五十条 【欺诈取得公司登记的法律责任】

旧	新
第一百九十八条 违反本法规定，虚报注册资本、提交虚假材料或者采取其他欺诈手段隐瞒重要事实取得公司登记的，由公司登记机关责令改正，对虚报注册资本的公司，处以虚报注册资本金额百分之五以上百分之十五以下的罚款；对提交虚假材料或者采取其他欺诈手段隐瞒重要事实的公司，处以五万元以上五十万元以下的罚款；情节严重的，撤销公司登记或者吊销营业执照。	第二百五十条 违反本法规定，虚报注册资本、提交虚假材料或者采取其他欺诈手段隐瞒重要事实取得公司登记的，由公司登记机关责令改正，对虚报注册资本的公司，处以虚报注册资本金额百分之五以上百分之十五以下的罚款；对提交虚假材料或者采取其他欺诈手段隐瞒重要事实的公司，处以五万元以上二百万元以下的罚款；情节严重的，吊销营业执照。对直接负责的主管人员和其他直接责任人员处以三万元以上三十万元以下的罚款。

> 指当事人在办理公司登记时，虚构公司真实情况或伪造申请材料，故意隐瞒有关的重要事实，使公司登记机关基于错误认识而进行了公司登记。

要点注释

根据刑法第一百五十八条的规定：申请公司登记使用虚假证明文件或者采取其他欺诈手段虚报注册资本，欺骗公司登记主管部门，取得公司登记，虚报注册资本数额巨大、后果严重或者有其他严重情节的，处三年以下有期徒刑或者拘役，并处或者单处虚报注册资本金额百分之一以上百分之五以下罚金。

单位犯前款罪的，对单位判处罚金，并对其直接负责的主管人员和其他直接责任人员，处三年以下有期徒刑或者拘役。

思维导图

欺诈行为的类型
- 虚报注册资本
- 提交虚假材料
- 采取其他欺诈手段隐瞒重要事实

拓展应用

《市场主体登记管理条例》

第 40 条、第 44 条、第 45 条

《国务院关于实施〈中华人民共和国公司法〉注册资本登记管理制度的规定》

第 9 条

案例精析

1. 某辉公司、某市场监督管理局质量监督检验检疫行政管理：其他（质量监督）再审审查与审判监督案

案号：最高人民法院（2019）最高法行申 1337 号行政裁定书

来源：中国裁判文书网

裁判要点

本案中，根据查明的事实，某辉公司与丁公司、甲公司均清楚和确认丁公司受让某辉公司股权的实际交易价款为 1809 万元，但为了达到所谓的避税或不交股权转让溢价部分税款的目的，己公司与丁公司、甲公司恶意串通，采用隐瞒股权转让的实际价款，提交不真实的股权转让协议和股东会决议，共同骗取了省市场监管局作出核准股东变更等相关登记行为，违反了公司法及公司登记管理条例的相关规定，本应依法予以撤销。但鉴于丁公司在取得己公司的股权后，己公司再次将股权转让给案外人并且在公司登记机关办理了新的股东变更登记。因此，己公司主张撤销的行政行为实际已不具备可撤销的内容，应依法确认违法。

2. 某某有限公司诉孙某、上海某融资租赁公司请求变更公司登记纠纷案

案号：上海市第二中级人民法院（2015）沪二中民四（商）终字第 S488 号民事裁定书

来源：人民法院案例库 2023-10-2-264-001

裁判要点

请求变更公司登记纠纷是股东对公司登记中记载的事项请求予以变更而产生的纠纷，原告应当具有股东身份。市场监督管理部门关于股东身份的登记信息具有公示效力，在没有第三人提出股权异议的情况下，股东缴付股本的资金来源不影响股东资格的认定。

第二百五十一条 【违反信息公示规定的法律责任】

第二百五十一条　公司未依照本法第四十条规定公示有关信息或者不如实公示有关信息的，由公司登记机关责令改正，可以处以一万元以上五万元以下的罚款。情节严重的，处以五万元以上二十万元以下的罚款；对直接负责的主管人员和其他直接责任人员处以一万元以上十万元以下的罚款。

要点注释

本条为 2023 年公司法新增条款，规定了公司未按本法规定公示或者不实公示有关信息的行政责任，新公司法规定了直接负责的主管人员和其他直接责任人员的行政责任。

思维导图

公司未公示或未如实公示信息的责任
- 由公司登记机关责令改正
- 对违法主体处以一万元以上五万元以下的罚款
- 情节严重的，对违法主体处以五万元以上二十万元以下的罚款
- 对直接负责的主管人员和其他直接责任人员处以一万元以上十万元以下的罚款

拓展应用

《市场主体登记管理条例》
第 6 条

第二百五十二条 【虚假出资或未出资的法律责任】

旧	新
第一百九十九条 公司的发起人、股东虚假出资，未交付或者未按期交付作为出资的货币或者非货币财产的，由公司登记机关责令改正，处以虚假出资金额百分之五以上百分之十五以下的罚款。	**第二百五十二条** 公司的发起人、股东**虚假出资**，未交付或者未按期交付作为出资的货币或者非货币财产的，由公司登记机关责令改正，**可以处以五万元以上二十万元以下的罚款**；情节严重的，处以虚假出资**或者未出资**金额百分之五以上百分之十五以下的罚款；**对直接负责的主管人员和其他直接责任人员处以一万元以上十万元以下的罚款**。

指公司发起人、股东并未交付货币、实物或者未转移财产所有权，而与代收股款的银行串通，由银行出具收款证明，或者与资产评估机构、验资机构串通由资产评估机构、验资机构出具财产所有权转移证明、出资证明，骗取公司的登记的行为。

要点注释

2023年修订的公司法调整了发起人、股东虚假出资、瑕疵出资的行政责任，新公司法规定了直接负责的主管人员和其他直接责任人员的行政责任。

拓展应用

《刑法》
第159条

思维导图

虚假出资的民事责任
- 对其他股东承担出资违约责任
- 对公司承担侵权责任
- 公司设立时的其他发起人或股东对违法股东的虚假出资行为承担的连带责任
- 对债权人承担赔偿责任

第二百五十三条　【抽逃出资的法律责任】

旧	新
第二百条　公司的发起人、股东在公司成立后,抽逃其出资的,由公司登记机关责令改正,处以所抽逃出资金额百分之五以上百分之十五以下的罚款。	**第二百五十三条**　公司的发起人、股东在公司成立后,抽逃其出资的,由公司登记机关责令改正,处以所抽逃出资金额百分之五以上百分之十五以下的罚款;**对直接负责的主管人员和其他直接责任人员处以三万元以上三十万元以下的罚款。**

> 指公司发起人、股东在公司成立时业已出资,而在公司成立后又采用非法手段抽回其出资或转移其出资的行为。

要点注释

2023年修订的公司法新增了发起人、股东抽逃出资时直接负责的主管人员和其他直接责任人员的行政责任。

思维导图

抽逃出资的法律责任
- 责令改正
- 处以所抽逃出资金额百分之五以上百分之十五以下的罚款
- 对直接负责的主管人员和其他直接责任人员处以三万元以上三十万元以下的罚款

拓展应用

《市场主体登记管理条例》
第 45 条

《刑法》
第 159 条

案例精析

1. 小额贷款公司、农牧集团与某农商行、会计师事务所、实业公司、担保公司损害公司债权人利益责任案

来源：最高人民法院发布 2021 年全国法院十大商事案件之九

裁判要点

股东应当在抽逃出资本息范围内对公司债务不能清偿的部分承担补充赔偿责任，中介机构的行为与债权人未收回债权的损失之间不存在法律上的因果关系，依法不应当承担补充赔偿责任。

2. 天津某教育公司诉上海某泵业公司等股东出资纠纷案

案号：上海市第一中级人民法院（2021）沪 01 民终 14513 号民事判决书

来源：人民法院案例库 2023-08-2-265-002

裁判要点

股东抽逃出资侵害的是目标公司财产权益，公司其他股东依据《公司法司法解释三》第十四条行使出资请求权属于共益权范畴，目的是维持公司资本，对该法条中行使出资请求权的"其他股东"进行限缩与公司资本制度也不符。即便行权股东自身出资存在瑕疵，或公司明确表示无须返还，从出资责任、请求权性质、价值选择三个方面考虑，抽逃出资的股东也不能以此主张免除自己的返还义务。在公司尚未经法定清算、清偿债权债务的情况下，为保障公司债权人的合法权益，股东抽逃的公司资本仍需补足，可主张返还出资的主体应包括所有股东。

第二百五十四条 【违反财务会计制度的法律责任】

旧	新
第二百零一条 公司违反本法规定，在法定的会计账簿以外另立会计账簿的，由县级以上人民政府财政部门责令改正，处以五万元以上五十万元以下的罚款。 **第二百零二条** 公司在依法向有关主管部门提供的财务会计报告等材料上作虚假记载或者隐瞒重要事实的，由有关主管部门对直接负责的主管人员和其他直接责任人员处以三万元以上三十万元以下的罚款。	**第二百五十四条** 有下列行为之一的，由县级以上人民政府财政部门**依照《中华人民共和国会计法》等法律、行政法规的规定处罚：** （一）在法定的会计账簿以外另立会计账簿； （二）**提供存在**虚假记载或者隐瞒重要事实的**财务会计报告**。

▶ 记载和反映公司财务状况和营业状况的各种账簿、文书的总称。

要点注释

2023年修订的公司法删除了未依法提取法定公积金的行政责任。

拓展应用

《刑法》
第 161 条

思维导图

违反财务会计制度需承担法律责任的行为
- 在法定的会计账簿以外另立会计账簿
- 提供存在虚假记载或者隐瞒重要事实的财务会计报告

第二百五十五条 【不依法通知或公告债权人的法律责任】

旧	新
第二百零四条第一款　公司在合并、分立、减少注册资本或者进行清算时，不依照本法规定通知或者公告债权人的，由公司登记机关责令改正，对公司处以一万元以上十万元以下的罚款。	第二百五十五条　公司在合并、分立、减少注册资本或者进行清算时，不依照本法规定通知或者公告债权人的，由公司登记机关责令改正，对公司处以一万元以上十万元以下的罚款。

要点注释

本条是关于公司合并、分立、减少注册资本或者进行清算违反本法有关规定的法律责任的规定。

思维导图

公司合并、分立、减资、清算中违反通知义务的法律责任
- 责令改正
- 对公司处以一万元以上十万元以下的罚款

拓展应用

《刑法》

第 162 条

《最高人民法院关于适用〈中华人民共和国公司法〉若干问题的规定（二）》

第 11 条、第 23 条

第二百五十六条 【妨害清算的法律责任】

旧	新
第二百零四条第二款 公司在进行清算时，隐匿财产，对资产负债表或者财产清单作虚假记载或者在未清偿债务前分配公司财产的，由公司登记机关责令改正，对公司处以隐匿财产或者未清偿债务前分配公司财产金额百分之五以上百分之十以下的罚款；对直接负责的主管人员和其他直接责任人员处以一万元以上十万元以下的罚款。	**第二百五十六条** 公司在进行清算时，隐匿财产，对资产负债表或者财产清单作虚假记载，或者在未清偿债务前分配公司财产的，由公司登记机关责令改正，对公司处以隐匿财产或者未清偿债务前分配公司财产金额百分之五以上百分之十以下的罚款；对直接负责的主管人员和其他直接责任人员处以一万元以上十万元以下的罚款。

要点注释

2023年修订的公司法删除了公司载清算期间开展与清算无关的经营活动、清算组违反报告义务以及清算组成员违反忠实义务的行政责任的相关规定。

拓展应用

《刑法》
第162条

思维导图

清算时隐匿分配公司财产的法律责任
- 责令改正
- 对公司处以隐匿财产或未清偿债务前分配公司财产金额百分之五以上百分之十以下的罚款
- 对直接负责的主管人员和其他直接责任人员处以一万元以上十万元以下的罚款

第二百五十七条 【中介机构违法的法律责任】

旧	新
第二百零七条 承担资产评估、验资或者验证的机构提供虚假材料的，由公司登记机关没收违法所得，处以违法所得一倍以上五倍以下的罚款，并可以由有关主管部门依法责令该机构停业、吊销直接责任人员的资格证书，吊销营业执照。 承担资产评估、验资或者验证的机构因过失提供有重大遗漏的报告的，由公司登记机关责令改正，情节较重的，处以所得收入一倍以上五倍以下的罚款，并可以由有关主管部门依法责令该机构停业、吊销直接责任人员的资格证书，吊销营业执照。 承担资产评估、验资或者验证的机构因其出具的评估结果、验资或者验证证明不实，给公司债权人造成损失的，除能够证明自己没有过错的外，在其评估或者证明不实的金额范围内承担赔偿责任。	第二百五十七条 承担资产评估、验资或者验证的机构提供虚假材料**或者**提供有重大遗漏的报告的，由**有关部门依照《中华人民共和国资产评估法》、《中华人民共和国注册会计师法》等法律、行政法规的规定处罚**。 承担资产评估、验资或者验证的机构因其出具的评估结果、验资或者验证证明不实，给公司债权人造成损失的，除能够证明自己没有过错的外，在其评估或者证明不实的金额范围内承担赔偿责任。

要点注释

本条是关于承担资产评估、验资或者验证的机构的法律责任的规定。

拓展应用

《刑法》
第 229 条

思维导图

承担资产评估、验资或者验证的机构承担赔偿责任的条件
- 出具的评估结果、验资或者验证证明不实
- 给公司债权人造成损失
- 不能证明自己没有过错

第二百五十八条 【公司登记机关违法的法律责任】

旧	新
第二百零八条 公司登记机关对不符合本法规定条件的登记申请予以登记，或者对符合本法规定条件的登记申请不予登记的，对直接负责的主管人员和其他直接责任人员，依法给予行政处分。	第二百五十八条 公司登记机关违反法律、行政法规规定未履行职责或者履行职责不当的，对负有责任的领导人员和直接责任人员依法给予政务处分。

要点注释

本条是关于公司登记机关违法行为的法律责任的规定。

思维导图

公司登记机关违法的法律责任
- 负有责任的领导人员依法给予政务处分
- 直接责任人员依法给予政务处分

拓展应用

《市场主体登记管理条例》
第 50 条

《公职人员政务处分法》
第 7~8 条

《国务院关于实施〈中华人民共和国公司法〉注册资本登记管理制度的规定》
第 10 条

第二百五十九条 【冒用公司或分公司名义的法律责任】

旧	新
第二百一十条　未依法登记为有限责任公司或者股份有限公司，而冒用有限责任公司或者股份有限公司名义的，或者未依法登记为有限责任公司或者股份有限公司的分公司，而冒用有限责任公司或者股份有限公司的分公司名义的，由公司登记机关责令改正或者予以取缔，可以并处十万元以下的罚款。	第二百五十九条　未依法登记为有限责任公司或者股份有限公司，而冒用有限责任公司或者股份有限公司名义的，或者未依法登记为有限责任公司或者股份有限公司的分公司，而冒用有限责任公司或者股份有限公司的分公司名义的，由公司登记机关责令改正或者予以取缔，可以并处十万元以下的罚款。

▶ 是根据公司法及有关法律规定的条件设立，股东以其出资额为限对公司承担责任，按股份比例享受收益，公司以其全部资产对公司的债务承担责任的企业法人

▶ 指公司资本为股份所组成的公司，股东以其认购的股份为限对公司承担责任的企业法人。

要点注释

本条是关于假冒有限责任公司或者股份有限公司及其分公司名义的法律责任的规定。

拓展应用

《刑法》
第 224 条

《市场主体登记管理条例》
第 43 条

◆ 思维导图

```
                          ┌─ 责令改正或者予以取缔
冒用公司或分公司
名义的法律责任 ─┤
                          └─ 可以并处十万元以下的罚款
```

第二百六十条 【未依法开业或停业、办理变更登记的法律责任】

旧	新
第二百一十一条 公司成立后无正当理由超过六个月未开业的,或者开业后自行停业连续六个月以上的,可以由公司登记机关吊销营业执照。 公司登记事项发生变更时,未依照本法规定办理有关变更登记的,由公司登记机关责令限期登记;逾期不登记的,处以一万元以上十万元以下的罚款。	第二百六十条 公司成立后无正当理由超过六个月未开业的,或者开业后自行停业连续六个月以上的,公司登记机关**可以吊销营业执照,但公司依法办理歇业的除外**。 公司登记事项发生变更时,未依照本法规定办理有关变更登记的,由公司登记机关责令限期登记;逾期不登记的,处以一万元以上十万元以下的罚款。

要点注释

本条是关于逾期未开业、停业连续六个月以上或者不依法办理变更登记的法律责任的规定。

本条在原法第二百一十一条规定的基础上进行了修改,新增了"公司依法办理歇业"的除外情形,使本条规定更加严谨。

思维导图

逾期开业、不当停业及未依法办理变更登记的法律责任
- 责令限期登记
- 逾期不登记的,处以一万元以上十万元以下的罚款

拓展应用

《市场主体登记管理条例》
第46条

第二百六十一条 【外国公司违法设立分支机构的法律责任】

旧	新
第二百一十二条 外国公司违反本法规定,擅自在中国境内设立分支机构的,由公司登记机关责令改正或者关闭,可以并处五万元以上二十万元以下的罚款。	**第二百六十一条** 外国公司违反本法规定,擅自在**中华人民共和**国境内设立分支机构的,由公司登记机关责令改正或者关闭,可以并处五万元以上二十万元以下的罚款。

> 外国公司分支机构是外国公司依照中国的法律在中国设立并登记的机构。

要点注释

本条是关于外国公司擅自在中国境内设立分支机构的法律责任的规定。

拓展应用

《外国企业常驻代表机构登记管理条例》
第 35 条

思维导图

外国公司擅自设立分支机构的法律责任
- 责令改正或者关闭
- 可以并处五万元以上二十万元以下的罚款

第二百六十二条 【利用公司名义从事严重违法行为的法律责任】

旧	新
第二百一十三条 利用公司名义从事危害国家安全、社会公共利益的严重违法行为的,吊销营业执照。	**第二百六十二条** 利用公司名义从事危害国家安全、社会公共利益的严重违法行为的,吊销营业执照。

要点注释

本条是关于利用公司名义从事危害国家安全、社会公共利益的严重违法行为的法律责任的规定。

思维导图

利用公司名义从事危害国家安全与社会公共利益的法律责任 —— 吊销营业执照

第二百六十三条 【民事赔偿优先】

旧	新
第二百一十四条 公司违反本法规定，应当承担民事赔偿责任和缴纳罚款、罚金的，其财产不足以支付时，先承担民事赔偿责任。	**第二百六十三条** 公司违反本法规定，应当承担民事赔偿责任和缴纳罚款、罚金的，其财产不足以支付时，先承担民事赔偿责任。

要点注释

在公司法适用的范围内，出现多种财产责任相竞合时，民事赔偿责任优先。民事赔偿优先原则所隐含的价值标准就是市场主体的权利救济高于政府的罚没收入。

思维导图

财产支付顺序 —— 民事赔偿责任 —— 缴纳罚款、罚金

拓展应用

《刑法》
第 36 条

第二百六十四条 【刑事责任】

旧	新
第二百一十五条　违反本法规定，构成犯罪的，依法追究刑事责任。	第二百六十四条　违反本法规定，构成犯罪的，依法追究刑事责任。

要点注释

　　本条是关于违反本法规定，构成犯罪的，依法追究刑事责任的规定。本条对应原法第二百一十五条的规定，本次修订未作变动。

拓展应用

《**刑法**》
第158~159条、第162条

第十五章 附 则

第二百六十五条 【本法相关用语的含义】

旧	新
第二百一十六条 本法下列用语的含义： （一）高级管理人员，是指公司的经理、副经理、财务负责人，上市公司董事会秘书和公司章程规定的其他人员。 （二）控股股东，是指其出资额占有限责任公司资本总额百分之五十以上或者其持有的股份占股份有限公司股本总额百分之五十以上的股东；出资额或者持有股份的比例虽然不足百分之五十，但依其出资额或者持有的股份所享有的表决权已足以对股东会、股东大会的决议产生重大影响的股东。 （三）实际控制人，是指虽不是公司的股东，但通过投资关系、协议或者其他安排，能够实际支配公司行为的人。 （四）关联关系，是指公司控股股东、实际控制人、董事、监事、高级管理人员与其直接或者间接控制的企业之间的关系，以及可能导致公司利益转移的其他关系。但是，国家控股的企业之间不仅因为同受国家控股而具有关联关系。	第二百六十五条 本法下列用语的含义： （一）高级管理人员，是指公司的经理、副经理、财务负责人，上市公司董事会秘书和公司章程规定的其他人员。 （二）控股股东，是指其出资额占有限责任公司资本总额**超过**百分之五十或者其持有的股份占股份有限公司股本总额**超过**百分之五十的股东；出资额或者持有股份的比例虽然**低于**百分之五十，但依其出资额或者持有的股份所享有的表决权已足以对股东会的决议产生重大影响的股东。 （三）实际控制人，是指通过投资关系、协议或者其他安排，能够实际支配公司行为的人。 （四）关联关系，是指公司控股股东、实际控制人、董事、监事、高级管理人员与其直接或者间接控制的企业之间的关系，以及可能导致公司利益转移的其他关系。但是，国家控股的企业之间不仅因为同受国家控股而具有关联关系。

要点注释

本条是关于本法一些用语含义的规定。相比原法，对实际控制人的定义删除了"不是公司股东"的限定条件；将控股股东的持股比例要求"百分之五十以上"修改为"超过百分之五十"，不再包含本数。

🔄 思维导图

用语定义
- 高级管理人员
- 控股股东
- 实际控制人
- 关联关系

拓展应用

《最高人民法院关于适用〈中华人民共和国公司法〉时间效力的若干规定》

第 5 条

案例精析

卫某申请执行异议案

来源：北京市第二中级人民法院发布五个限制消费执行异议典型案例之四

裁判要点

关于公司实际控制人的认定散见于《中华人民共和国公司法》《上市公司收购管理办法》等法律法规中，且认定标准并不一致。而在执行程序中没有对"实际控制人"和"影响债务履行的直接责任人员"有明确界定，导致实践中认定标准不统一。鉴于现执行工作方面的法律、司法解释没有明确规定实际控制人的认定标准，执行实施和裁判部门可以参照《中华人民共和国公司法》的规定进行认定。

第二百六十六条 【施行日期和过渡调整】

旧	新
第二百一十八条　本法自2006年1月1日起施行。	第二百六十六条　本法自2024年7月1日起施行。本法施行前已登记设立的公司，出资期限超过本法规定的期限的，除法律、行政法规或者国务院另有规定外，应当逐步调整至本法规定的期限以内；对于出资期限、出资额明显异常的，公司登记机关可以依法要求其及时调整。具体实施办法由国务院规定。

要点注释

2023年修订的公司法新增了本法实施前认缴期超过法定期限的过渡安排。规定了出资期限、出资额明显异常的行政处理方式。

《国务院关于实施〈中华人民共和国公司法〉注册资本登记管理制度的规定》

第2条、第3条、第13条

拓展应用

《最高人民法院关于适用〈中华人民共和国公司法〉若干问题的规定（一）》

第1~2条、第5条

《最高人民法院关于适用〈中华人民共和国公司法〉时间效力的若干规定》

第7条、第8条

附录

最高人民法院关于适用《中华人民共和国公司法》时间效力的若干规定

（2024年6月27日最高人民法院审判委员会第1922次会议通过　2024年6月29日最高人民法院公告公布　自2024年7月1日起施行　法释〔2024〕7号）

为正确适用2023年12月29日第十四届全国人民代表大会常务委员会第七次会议第二次修订的《中华人民共和国公司法》，根据《中华人民共和国立法法》《中华人民共和国民法典》等法律规定，就人民法院在审理与公司有关的民事纠纷案件中，涉及公司法时间效力的有关问题作出如下规定。

第一条　公司法施行后的法律事实引起的民事纠纷案件，适用公司法的规定。

公司法施行前的法律事实引起的民事纠纷案件，当时的法律、司法解释有规定的，适用当时的法律、司法解释的规定，但是适用公司法更有利于实现其立法目的，适用公司法的规定：

（一）公司法施行前，公司的股东会召集程序不当，未被通知参加会议的股东自决议作出之日起一年内请求人民法院撤销的，适用公司法第二十六条第二款的规定；

（二）公司法施行前的股东会决议、董事会决议被人民法院依法确认不成立，对公司根据该决议与善意相对人形成的法律关系效力发生争议的，适用公司法第二十八条第二款的规定；

（三）公司法施行前，股东以债权出资，因出资方式发生争议的，适用公司法第四十八条第一款的规定；

（四）公司法施行前，有限责任公司股东向股东以外的人转让股权，因股权转让发生争议的，适用公司法第八十四条第二款的规定；

（五）公司法施行前，公司违反法律规定向股东分配利润、减少注册资本造成公司损失，因损害赔偿责任发生争议的，分别适用公司法第二百一十一条、第二百二十六条的规定；

（六）公司法施行前作出利润分配决议，因利润分配时限发生争议的，适用公司法第二百一十二条的规定；

（七）公司法施行前，公司减少注册资本，股东对相应减少出资额或者股份数量发生争议的，适用公司法第二百二十四条第三款的规定。

第二条　公司法施行前与公司有关的民事法律行为，依据当时的法律、司法解释认定无效而依据公司法认定有效，因民事法律行为效力发生争议的下列情形，适用公司法的规定：

（一）约定公司对所投资企业债务承担连带责任，对该约定效力发生争议的，适用公司法第十四条第二款的规定；

（二）公司作出使用资本公积金弥补亏损的公司决议，对该决议效力发生争议的，适用公司法第二百一十四条的规定；

（三）公司与其持股百分之九十以上的公司合并，对合并决议效力发生争议的，适用公司法第二百一十九条的规定。

第三条　公司法施行前订立的与公司有关的合同，合同的履行持续至公司法施行后,因公司法施行前的履行行为发生争议的,适用当时的法律、司法解释的规定;因公司法施行后的履行行为发生争议的下列情形,适用公司法的规定:

(一)代持上市公司股票合同,适用公司法第一百四十条第二款的规定;

(二)上市公司控股子公司取得该上市公司股份合同,适用公司法第一百四十一条的规定;

(三)股份有限公司为他人取得本公司或者母公司的股份提供赠与、借款、担保以及其他财务资助合同,适用公司法第一百六十三条的规定。

第四条 公司法施行前的法律事实引起的民事纠纷案件,当时的法律、司法解释没有规定而公司法作出规定的下列情形,适用公司法的规定:

(一)股东转让未届出资期限的股权,受让人未按期足额缴纳出资的,关于转让人、受让人出资责任的认定,适用公司法第八十八条第一款的规定;

(二)有限责任公司的控股股东滥用股东权利,严重损害公司或者其他股东利益,其他股东请求公司按照合理价格收购其股权的,适用公司法第八十九条第三款、第四款的规定;

(三)对股份有限公司股东会决议投反对票的股东请求公司按照合理价格收购其股份的,适用公司法第一百六十一条的规定;

(四)不担任公司董事的控股股东、实际控制人执行公司事务的民事责任认定,适用公司法第一百八十条的规定;

(五)公司的控股股东、实际控制人指示董事、高级管理人员从事活动损害公司或者股东利益的民事责任认定,适用公司法第一百九十二条的规定;

(六)不明显背离相关当事人合理预期的其他情形。

第五条 公司法施行前的法律事实引起的民事纠纷案件,当时的法律、司法解释已有原则性规定,公司法作出具体规定的下列情形,适用公司法的规定:

(一)股份有限公司章程对股份转让作了限制规定,因该规定发生争议的,适用公司法第一百五十七条的规定;

(二)对公司监事实施挪用公司资金等禁止性行为、违法关联交易、不当谋取公司商业机会、经营限制的同类业务的赔偿责任认定,分别适用公司法第一百八十一条、第一百八十二条第一款、第一百八十三条、第一百八十四条的规定;

(三)对公司董事、高级管理人员不当谋取公司商业机会、经营限制的同类业务的赔偿责任认定,分别适用公司法第一百八十三条、第一百八十四条的规定;

(四)对关联关系主体范围以及关联交易性质的认定,适用公司法第一百八十二条、第二百六十五条第四项的规定。

第六条 应当进行清算的法律事实发生在公司法施行前,因清算责任发生争议的,适用当时的法律、司法解释的规定。

应当清算的法律事实发生在公司法施行前,但至公司法施行日未满十五日的,适用公司法第二百三十二条的规定,清算义务人履行清算义务的期限自公司法施行日重新起算。

第七条 公司法施行前已经终审的民事纠纷案件,当事人申请再审或者人民法院按照审判监督程序决定再审的，适用当时的法律、司法解释的规定。

第八条　本规定自 2024 年 7 月 1 日起施行。

国务院关于实施《中华人民共和国公司法》注册资本登记管理制度的规定

（2024 年 6 月 7 日国务院第 34 次常务会议通过　2024 年 7 月 1 日中华人民共和国国务院令第 784 号公布　自公布之日起施行）

第一条　为了加强公司注册资本登记管理，规范股东依法履行出资义务，维护市场交易安全，优化营商环境，根据《中华人民共和国公司法》（以下简称公司法），制定本规定。

第二条　2024 年 6 月 30 日前登记设立的公司，有限责任公司剩余认缴出资期限自 2027 年 7 月 1 日起超过 5 年的，应当在 2027 年 6 月 30 日前将其剩余认缴出资期限调整至 5 年内并记载于公司章程，股东应当在调整后的认缴出资期限内足额缴纳认缴的出资额；股份有限公司的发起人应当在 2027 年 6 月 30 日前按照其认购的股份全额缴纳股款。

公司生产经营涉及国家利益或者重大公共利益，国务院有关主管部门或者省级人民政府提出意见的，国务院市场监督管理部门可以同意其按原出资期限出资。

第三条　公司出资期限、注册资本明显异常的，公司登记机关可以结合公司的经营范围、经营状况以及股东的出资能力、主营项目、资产规模等进行研判，认定违背真实性、合理性原则的，可以依法要求其及时调整。

第四条　公司调整股东认缴和实缴的出资额、出资方式、出资期限，或者调整发起人认购的股份数等，应当自相关信息产生之日起 20 个工作日内通过国家企业信用信息公示系统向社会公示。

公司应当确保前款公示信息真实、准确、完整。

第五条　公司登记机关采取随机抽取检查对象、随机选派执法检查人员的方式，对公司公示认缴和实缴情况进行监督检查。

公司登记机关应当加强与有关部门的信息互联共享，根据公司的信用风险状况实施分类监管，强化信用风险分类结果的综合应用。

第六条　公司未按照本规定调整出资期限、注册资本的，由公司登记机关责令改正；逾期未改正的，由公司登记机关在国家企业信用信息公示系统作出特别标注并向社会公示。

第七条　公司因被吊销营业执照、责令关闭或者被撤销，或者通过其住所、经营场所无法联系被列入经营异常名录，出资期限、注册资本不符合本规定且无法调整的，公司登记机关对其另册管理，在国家企业信用信息公示系统作出特别标注并向社会公示。

第八条　公司自被吊销营业执照、责令关闭或者被撤销之日起，满 3 年未向公司登记机关申请注销公司登记的，公司登记机关可以通过国家企业信用信息公示系统予以公告,公告期限不少于60日。

公告期内,相关部门、债权人以及其他利害关系人向公司登记机关提出异议的,注销程序终止。公告期限届满后无异议的,公司登记机关可以注销公司登记,并在国家企业信用信息公示系统作出特别标注。

第九条 公司的股东或者发起人未按照本规定缴纳认缴的出资额或者股款,或者公司未依法公示有关信息的,依照公司法、《企业信息公示暂行条例》的有关规定予以处罚。

第十条 公司登记机关应当对公司调整出资期限、注册资本加强指导,制定具体操作指南,优化办理流程,提高登记效率,提升登记便利化水平。

第十一条 国务院市场监督管理部门根据本规定,制定公司注册资本登记管理的具体实施办法。

第十二条 上市公司依照公司法和国务院规定,在公司章程中规定在董事会中设置审计委员会,并载明审计委员会的组成、职权等事项。

第十三条 本规定自公布之日起施行。

图书在版编目（CIP）数据

图解公司法 / 法规应用研究中心编. -- 2 版.
北京 ：中国法制出版社，2024.7. --（图解法律系列）.
ISBN 978-7-5216-4615-3

Ⅰ．D922.291.91-64

中国国家版本馆 CIP 数据核字第 202473AM94 号

策划编辑：韩璐玮　李若瑶　韩亚慧
责任编辑：韩璐玮（hanluwei666@163.com）　　封面设计：周黎明

图解公司法
TUJIE GONGSIFA

编者 / 法规应用研究中心
经销 / 新华书店
印刷 / 三河市紫恒印装有限公司
开本 / 880 毫米 ×1230 毫米　32 开　　　印张 / 11.875　字数 / 147 千
版次 / 2024 年 7 月第 2 版　　　　　　　　2024 年 7 月第 1 次印刷

中国法制出版社出版

书号 ISBN 978-7-5216-4615-3　　　　　　　　　　　　定价：78.00 元

北京市西城区西便门西里甲 16 号西便门办公区
邮政编码：100053　　　　　　　　　　　　　　　　传真：010-63141600
网址：http://www.zgfzs.com　　　　　　　　　编辑部电话：010-63141784
市场营销部电话：010-63141612　　　　　　　　印务部电话：010-63141606

（如有印装质量问题，请与本社印务部联系。）